# Auditoría Informática

Alejandro Chávez

# AUDITORÍA INFORMÁTICA

# DEDICATORIA

Para todos los suscriptores del canal de YouTube de "Auditor Informático" por sus comentarios y solicitudes que dieron origen a este libro.

Para mis exalumnos del Instituto de Especialización para Ejecutivos del diplomado de auditoria interna.

# AUDITORÍA INFORMÁTICA

# CONTENIDO

# AUDITORÍA INFORMÁTICA

# AGRADECIMIENTOS

Agradezco la revisión de este documento y las sugerencias aportadas a Ricardo Esparza, Mario A. Garibay y Carlos Calderón.

# 1 Introducción a la función informática

La auditoría informática evalúa las funciones que realiza un área o departamento de informática, llamado a veces tecnologías de la información o simplemente departamento de sistemas. Por esta razón empezaremos por entender primero la estructura del área informática y sus funciones.

# 1.1 La función informática en las organizaciones

El departamento de TI (Tecnologías de la Información) en las organizaciones existe para administrar los activos informáticos y para mantener funcionando las aplicaciones que las organizaciones necesitan para crear y entregar sus servicios a los clientes de forma eficiente y segura. Por esta razón es necesario para los auditores informáticos entender las funciones, estructura y principales actividades de un departamento informático.

**NOTA:** Al principio al ver la cantidad de conceptos y términos que se usan en informática puede ser una tarea abrumadora para un auditor que no tenga formación en TI, pero respira hondo y recuerda que no tienes que aprender todo en un solo día y que la experiencia y la constancia es lo que te convertirá en un mejor auditor.

## 1.2 Términos relacionados a la función informática

Es importante familiarizarse con algunos términos y definiciones comunes en informática, ya que estos, son fundamentales para comprender y evaluar la tecnología de la información. Aquí tienes una lista de algunos de los términos más comunes en este campo:

1. **Sistema de Información:** Conjunto de componentes interrelacionados que trabajan juntos para opilar, procesar, almacenar y distribuir información.

2. **Infraestructura de TI:** Conjunto de hardware, software, redes y recursos necesarios para operar y gestionar los servicios de TI.

3. **Arquitectura de TI:** Estructura y diseño de la infraestructura de TI que define cómo se organizan y conectan los componentes del sistema.

4. **Software:** Programas y aplicaciones utilizadas para realizar tareas específicas en una computadora o sistema de información.

5. **Hardware:** Componentes físicos de una computadora o

sistema informático, como procesadores, memoria, discos duros, etc.

6. **Redes:** Sistema de interconexión de dispositivos y recursos de TI que permiten la comunicación y el intercambio de datos.

7. **Servidor:** Computadora o dispositivo que proporciona servicios y recursos a otros dispositivos conectados a una red.

8. **Virtualización:** Tecnología que permite crear múltiples instancias virtuales de recursos de TI en un solo hardware físico. Sirve para para que un mismo equipo (servidor) sea visto y usado como si fueran 2 o más equipos.

9. **Nube (Cloud):** Modelo de entrega de servicios y recursos de TI a través de internet.

10. **Backup (Copia de Seguridad):** Proceso de hacer copias de datos y archivos para protegerlos contra pérdida o daño.

11. **Seguridad de la Información:** Protección de la confidencialidad, integridad y disponibilidad de la

información contra amenazas.

12. **Firewall:** Dispositivo de seguridad que controla el tráfico de red y protege una red privada de conexiones no autorizadas.

13. **Política de Seguridad:** Conjunto de reglas y directrices que definen el enfoque y los requisitos de seguridad de una organización.

14. **Gestión de Proyectos de TI:** Conjunto de procesos para planear, ejecutar y controlar los proyectos de TI para lograr objetivos específicos.

15. **Gestión de Servicios de TI:** Conjunto de procesos, prácticas y enfoques utilizados para diseñar, entregar y mejorar los servicios de TI.

Estos términos son esenciales para entender la función informática para un auditor en el ámbito de la tecnología de la información.

A medida que adquieras más experiencia y te enfrentes a diferentes entornos informáticos, también encontrarás más términos específicos de la industria y los aprenderás mejor, lo importante es seguir aprendiendo y actualizándose en el campo de la auditoría informática.

**CONSEJO:** Para acelerar el aprendizaje de los conceptos anteriores puedes realizar una búsqueda de los conceptos en internet y buscar videos en YouTube o plataformas de video similares. Te sugiero visitar además de otros canales en YouTube, mi canal llamado "Auditor Informático".

Figura 1.2.1. Canal de YouTube "Auditor Informático"

# 1.3 Operaciones informáticas

Como auditor informático nuevo, es importante comprender las operaciones informáticas más comunes que se realizan en una organización.

A continuación, se presentan algunas de las operaciones informáticas clave que deberías aprender:

1. **Gestión de Usuarios:** Administra la creación, modificación y eliminación de cuentas de usuarios en sistemas y aplicaciones, así como la gestión de los permisos de acceso.

2. **Respaldo y Restauración (Backup & Restore):** Se encarga de realizar las copias de seguridad de datos y sistemas para protegerlos contra pérdidas y la posterior restauración en caso de alguna falla.

3. **Actualizaciones y Parches:** Se encarga de instalar, configurar y actualizar las aplicaciones para corregir errores, mejorar la seguridad y agregar nuevas características.

4. **Monitoreo de Sistemas:** Se encarga de la supervisión continua de la infraestructura informática para detectar problemas, rendimiento deficiente o comportamientos

anómalos.

5. **Mantenimiento de Hardware:** Se encarga de la inspección, limpieza y reparación de hardware de TI, como computadoras, servidores y dispositivos de red entre otros activos.

6. **Gestión de Incidentes:** Se encarga de las respuestas y resolución de problemas de TI, como caídas del sistema, errores de aplicaciones o interrupciones de red.

7. **Gestión de Activos de TI:** Se encarga del registro y seguimiento de los activos de tecnología de la información de la organización, como hardware, software y licencias.

8. **Administración de Bases de Datos:** Se encarga de la gestión y mantenimiento de bases de datos, incluida la optimización del rendimiento y la seguridad.

9. **Seguridad de Red:** Se encarga de la implementación y mantenimiento de medidas de seguridad para proteger la red contra accesos no autorizados y ataques.

10. **Supervisión de Rendimiento:** Se encarga de la evaluación

del rendimiento de los sistemas de TI para garantizar un funcionamiento eficiente y su escalabilidad (incremento de capacidad).

11. **Gestión de Proyectos de TI:** Se encarga de la planeación y ejecución de proyectos de tecnología de la información para implementar nuevas soluciones y mejoras.

12. **Soporte Técnico:** Se encarga de apoyar y asistir a los usuarios para resolver incidentes y problemas técnicos y brindar orientación sobre el uso de sistemas y aplicaciones.

13. **Control de Cambios:** Se encarga de la gestión y seguimiento de cambios en el software, hardware y configuraciones para evitar interrupciones no planificadas.

14. **Administración de Contraseñas:** Se encarga de la implementación y cumplimiento de políticas para el manejo seguro y confidencial de contraseñas.

15. **Auditoría de Seguridad:** Se encarga de la realización de evaluaciones y revisiones periódicas para garantizar el cumplimiento de políticas y normativas de seguridad. Debido a que normalmente una auditoría informática es

llevada a cabo por el departamento de auditoría de la empresa o por algún proveedor externo, la función cuando es realizada por el departamento de TI es a veces llamada Autoverificación o auto revisión de controles en lugar de auditoría.

Estas operaciones informáticas son esenciales para el buen funcionamiento y la seguridad de los sistemas de tecnología de la información de una organización.

# 1.4 Roles y puestos de informática

Es importante conocer los roles o nombres de los puestos del personal informático y sus principales actividades.

A continuación, se presentan algunos de los roles o puestos (posiciones) más comunes y sus principales actividades:

1. **Director de Tecnología de la Información (CTO o CIO):** Es la persona responsable de liderar la estrategia tecnológica de la organización, identificar nuevas oportunidades tecnológicas y supervisar la implementación de proyectos informáticos.

2. **Gerente de Sistemas:** Es la persona encargada de supervisar y administrar el equipo de administración de sistemas, garantizando el funcionamiento, mantenimiento y seguridad de los sistemas informáticos.

3. **Administrador de Bases de Datos (DBA):** Es la persona responsable del diseño, implementación y mantenimiento de las bases de datos utilizadas por la organización, asegurando la integridad y disponibilidad de la información.

4. **Administrador de Redes:** Es el encargado de planificar,

configurar y mantener la infraestructura de red, asegurando la conectividad y el rendimiento adecuado de los sistemas.

5. **Administrador de Seguridad Informática:** Es el responsable de implementar y mantener las medidas de seguridad de TI para proteger la información y los sistemas contra amenazas y ataques.

6. **Analista de Seguridad Informática:** Es el encargado de analizar y evaluar la seguridad de los sistemas, identificando vulnerabilidades y recomendando soluciones para mitigar riesgos.

7. **Desarrollador de Software:** Es el responsable de diseñar, desarrollar y mantener aplicaciones y programas de software utilizados por la organización.

8. **Arquitecto de Sistemas o Ingeniero de Sistemas:** Es el encargado de diseñar, implementar y mantener los sistemas informáticos y la infraestructura de TI de la organización.

9. **Especialista en Soporte Técnico:** Es el responsable de brindar asistencia y soporte técnico a los usuarios en la resolución de problemas de hardware o software.

10. **Analista de Datos:** Es el encargado de analizar y procesar datos para obtener información útil y apoyar la toma de decisiones de la organización.

11. **Especialista en Seguridad de la Información:** Es el responsable de implementar y administrar las políticas de seguridad de TI, asegurando el cumplimiento normativo y la protección de la información.

12. **Ingeniero de Cloud Computing:** Es el encargado de diseñar e implementar las soluciones en la nube para la organización, aprovechando los servicios y recursos de la nube.

Estos son algunos de los roles comunes que podrías encontrar en un equipo informático. Es importante destacar que los nombres y funciones específicas pueden variar según la organización y la industria.

# 1.5 Organigrama de Tecnologías de la Información

El organigrama de un área de Tecnologías de la Información (TI) puede variar según el tamaño y la estructura de la organización, podría ser más grande y especializado o menor debido a la falta de personal contratado y por un menor presupuesto disponible. A continuación , vemos un ejemplo general del organigrama de un equipo de TI en una empresa grande y los roles subalternos con los que se relacionan:

1. **Director de Tecnología de la Información (CTO):**
   a. Gerente de Proyectos de TI
   b. Gerente de Operaciones de TI

2. **Gerente de Operaciones de TI:**
   a. Administrador de Sistemas
   b. Administrador de Redes
   c. Administrador de Bases de Datos
   d. Especialista en Seguridad de la Información
   e. Especialista en Soporte Técnico

3. **Gerente de Seguridad de la Información:**
   a. Analista de Seguridad de la Información
   b. Ingeniero de Seguridad de la Información

4. **Gerente de Desarrollo de Software:**
   a. Desarrollador de Software
   b. Analista de Sistemas
   c. Probador de Software (Tester)

5. **Gerente de Infraestructura de TI:**

    a. Ingeniero de Sistemas

    b. Especialista en Virtualización y Cloud Computing

6. **Gerente de Gestión de Activos de TI:**

    a. Analista de Gestión de Activos de TI

    b. Administrador de Licencias de Software

7. **Gerente de Proyectos de TI:**

    a. Coordinador de Proyectos de TI

    b. Analista de Proyectos de TI

8. **Gerente de Monitoreo y Rendimiento de TI:**

    a. Especialista en Monitoreo de Sistemas

    b. Ingeniero de Rendimiento de TI

9. **Gerente de Cumplimiento Normativo de TI:**

    a. Auditor de Seguridad de TI

    b. Especialista en Cumplimiento Normativo

Cabe mencionar que este es solo un ejemplo y que los roles y su disposición pueden variar según las necesidades específicas de la organización.

En algunas empresas más pequeñas, es posible que algunos roles estén agrupados o que un individuo desempeñe múltiples funciones.

**IMPORTANTE:** Es común que los organigramas de TI evolucionen con el tiempo para adaptarse a los cambios en la tecnología y las necesidades empresariales.

## 1.5.1 Organigrama informático "plano"

Tomando los roles y posiciones del punto anterior y organizando de forma que el Director de TI tiene contacto directo con los gerentes de todas las funciones informáticas (directa) quedaría como el siguiente organigrama.

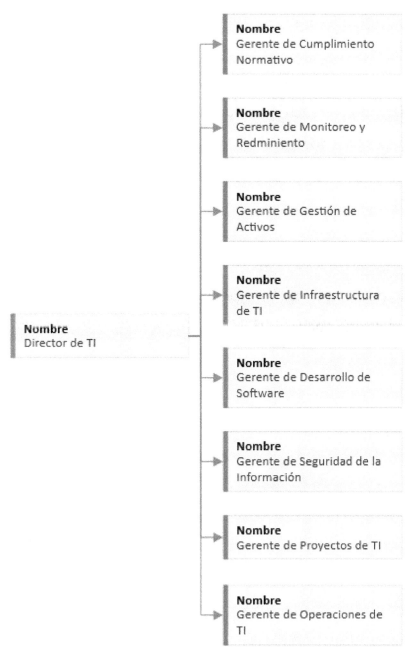

Figura 1.5.1. Organigrama informático "plano"

La ventaja del organigrama anterior es que el director de TI tiene contacto directo con todas las funciones de su área y puede enterarse de "primera mano" de lo que sucede con hablar con el Gerente del área de su interés.

La desventaja es que quizá no tenga el tiempo de reunirse con cada uno para dar indicaciones y soluciones sobre algún tema de importancia. También los gerentes deberán "hacer fila" o esperar turno ya que al ser muchos competirán por el tiempo de atención del director de TI.

## 1.5.2 Organigrama informático agrupado

En un intento por simplificar la organización para el Director de TI, el organigrama podría quedar la siguiente forma.

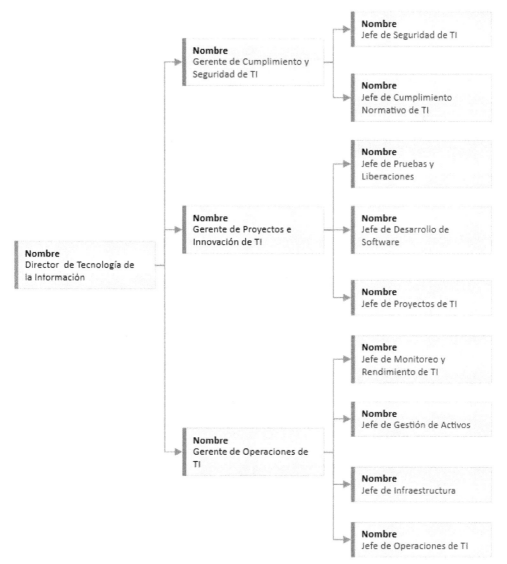

Figura 1.5.2. Organigrama informático agrupado

La ventaja del organigrama anterior es que el Director sólo necesita reunir a 3 Gerentes para tratar asuntos y tomar decisiones. La desventaja es que si sucede algo importante en alguna jefatura y no existe buena comunicación entre el Gerente y el Jefe de esa área, tal vez el Director de TI no se enteré oportunamente del asunto.

En cualquiera de las organizaciones anteriores la clave está en establecer un cuadro de control con indicadores clave y bien definidos para que tanto el Director General como los Gerentes y Jefes tengan a la vista las métricas diarias a la vista y les sirva como herramienta de toma de decisiones y comunicación.

## 1.5.3 Segregación de funciones

Aunque el concepto de segregación de funciones es de auditoría y control interno, es buen momento para conocerlo entender así el porqué de los organigramas anteriores.

En México, tenemos el dicho de que una persona "no puede ser juez y parte", es decir que no puede ser el que realiza una acción y el que revisa o evalúa esa acción. Por ejemplo, no puede ser la misma persona que desarrolla una aplicación la que revisa o prueba esa misma aplicación, para evitar que omita hacer pruebas por asumir que ya hizo su trabajo correctamente en el desarrollo del software.

Otro ejemplo es que no puedes ser la persona que desarrolla el software y la que lo administra ese mismo software, ya que, pensando mal, puedes desarrollar un programa que malverse fondos y además tienes la administración de las aplicaciones para que nadie se entere de forma oportuna.

# 1.6 Principales marcos de trabajo para las tecnologías de la información

Existen varios marcos de trabajo (manuales o documentos) ampliamente utilizados para las tecnologías de la información, que sirven como guías, para realizar las actividades de TI. Estos marcos de trabajo, proporcionan guías, mejores prácticas y estándares para mejorar la gestión de TI y asegurar la entrega efectiva de servicios y soluciones tecnológicas. Algunos de los principales marcos de trabajo para TI son:

1. **ITIL (Information Technology Infrastructure Library):** ITIL es un conjunto de prácticas recomendadas para la gestión de servicios de TI. Proporciona un enfoque detallado para planear, diseñar, implementar y mejorar los servicios de TI en una organización. ITIL se centra en la alineación de los servicios de TI con las necesidades del negocio y mejora la eficiencia y la calidad de los servicios entregados.

2. **COBIT (Control Objectives for Information and Related Technologies):** COBIT es un marco de trabajo desarrollado por ISACA que se enfoca en el gobierno y gestión de TI en una organización. Ayuda a las organizaciones a establecer controles y procesos para lograr objetivos específicos relacionados con la entrega de servicios de TI, la gestión de riesgos y el

cumplimiento normativo.

3. **ISO/IEC 27001:** ISO/IEC 27001 es una norma internacional que establece los requisitos para un sistema de gestión de seguridad de la información (SGSI). Proporciona un enfoque sistemático para identificar, evaluar y mitigar los riesgos de seguridad de la información en una organización.

4. **NIST Cybersecurity Framework:** Desarrollado por el Instituto Nacional de Estándares y Tecnología (NIST) de EE. UU., este marco proporciona orientación para mejorar la ciberseguridad de una organización. Se centra en identificar, proteger, detectar, responder y recuperarse de incidentes de ciberseguridad.

5. **Agile:** Si bien no es un marco específico, Agile es un conjunto de enfoques y metodologías utilizados para el desarrollo y gestión de proyectos de TI. Se enfoca en la colaboración, la adaptabilidad y la entrega incremental de soluciones, lo que permite una mayor flexibilidad y eficiencia en la entrega de proyectos.

6. **PMBOK (Project Management Body of Knowledge):** El PMBOK es una guía desarrollada por el Project Management

Institute (PMI) que proporciona las mejores prácticas para la gestión de proyectos. Incluye procesos y áreas de conocimiento para planificar, ejecutar y cerrar proyectos de TI de manera exitosa.

Estos marcos de trabajo son solo algunos ejemplos de los enfoques utilizados en la gestión de tecnologías de información. Cada uno de ellos tiene su enfoque y aplicación específicos, y su selección dependerá de las necesidades y objetivos particulares de la organización en la que se implementen.

A continuación, vamos a revisar algunos conceptos o términos dentro de cada uno d ellos marcos de trabajo que se vieron anteriormente.

**CONSEJO**: Si te interesa conocer los términos usados en los marcos de trabajo mencionados arriba, sigue leyendo el siguiente capítulo, de lo contrario puedes saltar a otro capítulo y volver cuando lo necesites.

## 1.6.1 Conceptos de la Gestión de Servicios Informáticos

Es fundamental familiarizarse con algunos términos y definiciones clave relacionados con la prestación de servicios tecnológicos. Aquí tienes una lista de algunos de los términos más comunes en este campo:

1. **Gestión de Servicios de TI (ITSM):** Es un conjunto de prácticas y enfoques utilizados para diseñar, entregar, gestionar y mejorar los servicios de tecnologías de la información.

2. **ITIL (Information Technology Infrastructure Library):** La Biblioteca de Infraestructura Tecnológica e Información, es un Marco de referencia de buenas prácticas para la gestión de servicios de TI que abarca la planificación, implementación y mejora de los servicios.

3. **Catálogo de Servicios:** Representa el catálogo o lista de servicios que una organización de TI ofrece a sus usuarios, junto con descripciones, niveles de servicio y costos asociados.

4. **Acuerdo de Nivel de Servicio (SLA):** Es un Acuerdo formal entre el proveedor de servicios (interno o externo) y

el cliente que define los niveles de servicio esperados y los compromisos de rendimiento.

5. **Mesa de Servicio (Service Desk):** Es el único punto de contacto para los usuarios que necesitan asistencia y soporte técnico. En otras palabras, es el centro de servicio o Call Center donde el personal técnico de TI atiende las solicitudes de ayuda d ellos usuarios.

6. **Gestión de Incidentes:** Es un proceso para gestionar y restaurar servicios de TI después de interrupciones no planificadas.

7. **Gestión de Problemas:** Es un proceso para identificar y abordar las causas subyacentes de incidentes recurrentes o problemas que afectan la calidad de los servicios.

8. **Gestión de Cambios:** Es un proceso para planear, evaluar, aprobar e implementar cambios en los servicios de TI para minimizar riesgos y disrupciones.

9. **Gestión de Activos y Configuraciones (CMDB):** Usa una base de datos que contiene información sobre los elementos de configuración y sus relaciones en el entorno de TI.

10. **Gestión de Versiones:** Es un proceso para planear, implementar y controlar las versiones de software y hardware en el entorno de TI.

11. **Gestión de Continuidad del Servicio (ITSCM):** Es un proceso para garantizar que los servicios de TI puedan recuperarse y restaurarse después de un incidente o desastre.

12. **Gestión de Capacidad:** Proceso para asegurar que los recursos de TI sean adecuados para satisfacer las demandas actuales y futuras de los servicios.

13. **Gestión de Disponibilidad:** Proceso para garantizar que los servicios de TI estén disponibles y accesibles según lo acordado en los SLA.

14. **Gestión de Seguridad de la Información:** Proceso para proteger la información y los sistemas de TI contra amenazas y riesgos de seguridad.

15. **Gestión de Proveedores:** Proceso para seleccionar, evaluar y gestionar a los proveedores externos que suministran bienes y servicios de TI.

Estos términos son esenciales para comprender la gestión de servicios informáticos y desempeñarse eficazmente como auditor en este campo.

**CONSEJO:** Para saber más de la gestión o administración de servicios de TI busca en Internet las palabras ITIL, ITSM e ISO 20000.

# 1.6.2 Conceptos de la Gestión de Proyectos Informáticos

En la gestión de proyectos informáticos, es importante familiarizarse con algunos términos y definiciones clave relacionados con la planeación, ejecución y control de proyectos tecnológicos. Aquí tienes una lista de algunos de los términos comunes en este campo:

1. **Proyecto:** Esfuerzo temporal con un objetivo específico para crear un producto, servicio o resultado único.

2. **Gestión de Proyectos:** Aplicación de conocimientos, habilidades, herramientas y técnicas para llevar a cabo las actividades del proyecto de manera efectiva.

3. **Alcance del Proyecto:** Descripción detallada de los entregables y los trabajos que deben realizarse para lograr los objetivos del proyecto.

4. **Plan de Proyecto:** Documento que define las actividades, recursos, plazos y presupuesto necesarios para completar el proyecto con éxito.

5. **Línea Base del Proyecto:** Versión aprobada del plan de proyecto que sirve como referencia para medir el desempeño y controlar cambios.

6. **Equipo de Proyecto:** Grupo de personas que trabajan juntas para lograr los objetivos del proyecto.

7. **Cronograma del Proyecto:** Representación gráfica de las actividades del proyecto y su secuencia en el tiempo.

8. **Presupuesto del Proyecto:** Estimación de los costos necesarios para ejecutar el proyecto.

9. **Riesgo del Proyecto:** Eventos o situaciones inciertas que pueden afectar positiva o negativamente los objetivos del proyecto.

10. **Plan de Mitigación de Riesgos:** Estrategia para reducir o eliminar los riesgos identificados en el proyecto.

11. **Partes interesadas (Stakeholders):** Personas o grupos de personas que tienen interés en el proyecto y pueden afectar o ser afectados por su ejecución y resultados. Algunos miembros de las partes interesadas son los patrocinadores del proyecto y los directores, gerentes o encargados de departamentos que se beneficiarán con un proyecto.

12. **Control de Cambios:** Proceso para gestionar y evaluar los cambios en el alcance, cronograma o presupuesto del proyecto.

13. **Hitos del Proyecto:** Puntos clave en el cronograma que representan eventos importantes o entregables alcanzados.

14. **Evaluación de Proyecto:** Revisión y análisis de la ejecución del proyecto para evaluar su progreso y desempeño.

15. **Cierre del Proyecto:** Proceso para finalizar todas las actividades del proyecto una vez que se han logrado los objetivos.

Estos términos son fundamentales para comprender la gestión de proyectos informáticos y desempeñarse de manera efectiva como auditor en este campo.

**CONSEJO:** Para aprender más sobre la gestión de proyectos puedes leer la guía del PMBOK.

# 1.6.3 Conceptos de Seguridad Informática

Es crucial familiarizarse con algunos términos y definiciones clave relacionados con la protección de la información y los sistemas de tecnologías de la información. Aquí tienes una lista de algunos de los términos más comunes en este campo:

1. **Seguridad de la Información:** Protección de la confidencialidad, integridad y disponibilidad de la información contra amenazas y riesgos.

2. **Ciberseguridad:** Prácticas y medidas utilizadas para proteger los sistemas informáticos y la información contra ataques cibernéticos.

3. **Vulnerabilidad:** Debilidad en un sistema o aplicación que podría ser explotada para comprometer su seguridad.

4. **Amenaza:** Cualquier evento o circunstancia potencial que pueda causar daño a los sistemas o a la información.

5. **Riesgo de Seguridad:** Probabilidad de que ocurra una amenaza y su impacto potencial en la seguridad.

6. **Cifrado:** Proceso de transformar datos en un formato

ilegible para proteger su confidencialidad.

7. **Firewall:** Dispositivo de seguridad que controla el flujo de tráfico de red y protege una red privada de conexiones no autorizadas.

8. **Malware:** Software malicioso diseñado para dañar, robar información o tomar el control de sistemas informáticos.

9. **Autenticación:** Proceso de verificar la identidad de un usuario para garantizar que tenga acceso autorizado a sistemas o datos.

10. **Autorización:** Proceso de otorgar permisos y niveles de acceso adecuados a usuarios autorizados.

11. **Incidente de Seguridad:** Evento o suceso que indica una posible violación de la seguridad de la información.

12. **Gestión de Incidentes de Seguridad:** Proceso para detectar, responder y mitigar incidentes de seguridad.

13. **Política de Seguridad:** Conjunto de reglas y directrices que definen el enfoque y los requisitos de seguridad de una

organización.

14. **Auditoría de Seguridad:** Evaluación de los controles y prácticas de seguridad para garantizar el cumplimiento de políticas y normativas.

15. **Ingeniería Social:** Técnicas que manipulan a las personas para obtener información confidencial o acceder a sistemas.

Estos términos son esenciales para comprender y evaluar adecuadamente la gestión de seguridad informática.

**CONSEJO:** Para aprender más sobre seguridad informática puedes buscar en Internet los términos de NIST, ISACA, COBIT, ISO 27001 entre otros marcos de trabajo.

# 1.6.4 Conceptos de Cumplimiento Normativo

Es esencial familiarizarse con algunos términos y definiciones clave relacionados con el cumplimiento de regulaciones y normas en el ámbito de la tecnología de la información. Aquí tienes una lista de algunos de los términos más comunes en este campo:

1. **Cumplimiento Normativo:** Adherencia a leyes, regulaciones, estándares y políticas aplicables en un determinado contexto.

2. **Normativa de Seguridad:** Conjunto de estándares y regulaciones que establecen los requisitos para proteger la información y los sistemas informáticos.

3. **Reglamento General de Protección de Datos (GDPR):** Normativa de la Unión Europea que regula la protección y privacidad de los datos personales de los ciudadanos de la UE.

4. **Ley de Protección de Datos Personales:** Legislación que establece las reglas y principios para el tratamiento de datos personales en una jurisdicción específica.

5. **Ley de Seguridad de la Información:** Normativa que

establece los requisitos para la protección de la información y la seguridad de los sistemas informáticos.

6. **ISO 27001:** Estándar internacional para la gestión de la seguridad de la información en una organización.

7. **Auditoría de Cumplimiento:** Evaluación independiente de las prácticas y controles de una organización para asegurar el cumplimiento normativo.

8. **Política de Cumplimiento:** Documento que establece los procedimientos y responsabilidades para garantizar el cumplimiento de las regulaciones y normas.

9. **Evaluación de Riesgos de Cumplimiento:** Proceso para identificar y evaluar los riesgos relacionados con el incumplimiento normativo.

10. **Reporte de Conformidad:** Documento que demuestra que una organización ha cumplido con las regulaciones y normas aplicables.

11. **Control Interno:** Procesos y procedimientos implementados para garantizar el cumplimiento normativo y

la protección de los activos de la organización.

12. **Responsable de Cumplimiento:** Persona o departamento designado para asegurar que la organización cumpla con las regulaciones y normas.

13. **Incumplimiento:** Falta de cumplimiento con las regulaciones y normas aplicables.

14. **Sanciones por Incumplimiento:** Penas o multas impuestas a una organización por no cumplir con las regulaciones y normas.

15. **Política de Retención de Datos:** Documento que establece la duración y el manejo de los datos almacenados por una organización.

Estos términos son fundamentales para comprender el cumplimiento normativo en el ámbito de la tecnología de la información y desempeñarse efectivamente como auditor en este campo.

# 1.7 Arquitectura de sistemas informáticos

La Arquitectura de Sistemas Informáticos se enfoca en el diseño y organización estructurada de los componentes y elementos que conforman un sistema informático. En otras palabras, la Arquitectura de Sistemas Informáticos describe la disposición y relaciones de hardware, software, redes, bases de datos y otros elementos tecnológicos que componen un sistema informático. Es una guía esencial para los ingenieros y desarrolladores, ya que les permite comprender cómo todos los componentes trabajan juntos de manera eficiente y coordinada para brindar un servicio o funcionalidad específica.

## 1.7.1 Ejemplo de arquitectura de sistemas de información

Por ejemplo, para el funcionamiento de un sistema integral (ERP) al que se conectaran 10 usuarios se necesitan los siguientes componentes:

1. **Componentes en Servidores**
   a. Computadora Servidor de aplicaciones
   b. Computadora Servidor de base de datos
   c. Computadora Servidor de pruebas
   d. Licencias de sistema operativo de servidor (3)
   e. Licencias de base de datos (10)
   f. Licencias de uso de software ERP (10)

g. Licencias de virtualización de servidores (3)

h. Licencias de uso de software de administrador de ERP (1)

i. Instalación y configuración de licencias de Sistema operativo de servidor, base de datos, software ERP y virtualización de servidores.

## 2. Componentes en red

a. Computadora Servidor de red

b. Computadora para Firewall

c. Concentrador

d. Cables de red para 10 nodos

e. Modem para red interna

f. Modem para servicio de internet

g. Licencias de uso de software de sistema operativo (2)

h. Licencias de uso de software para administración de red (2)

## 3. Componentes en Computadoras Cliente

a. Computadoras cliente laptop (10)

b. Sistema operativo profesional (10)

c. Licencias de acceso a Módulos de sistemas ERP (10)

## 4. Componentes humanos

a. Un administrador de servidores

b. Un administrador de la red (telecomunicaciones)

c. Un administrador de la aplicación ERP

d. Un ingeniero de soporte técnico para apoyo de los 10 usuarios finales con laptop

Como se muestra en el listado anterior, para poder ofrecer un servicio informático (ERP) a los usuarios de la empresa, se requiere de una gran cantidad de componentes tecnológicos y humanos para hacerlo posible.

La arquitectura de sistemas informáticos también tiene en cuenta aspectos como la escalabilidad, el rendimiento, la seguridad y la confiabilidad del sistema, lo que es vital para garantizar que el sistema pueda adaptarse y crecer en función de las necesidades cambiantes de la organización y del entorno tecnológico.

En resumen, la Arquitectura de Sistemas Informáticos es una disciplina crucial para el diseño, desarrollo y mantenimiento exitoso de sistemas informáticos complejos y funcionales.

En resumen, la arquitectura de sistemas de información está formada por todo el hardware, software, reglamentos, guías de operación y personal técnico para mantener funcionando las aplicaciones y servicios informáticos que la empresa necesita para administrar sus procesos.

## 1.7.2 Los componentes de una computadora

Una computadora puede tener varias formas y usos, pero todas ellas tienen algunos componentes comunes como el almacenamiento, el procesador, la memoria y otros más, veamos cuales son y para qué sirven.

### 1.7.2.1 El Almacenamiento

El almacenamiento principal de los datos es donde se graba la información que tú generas o descargas a tu computadora, en las laptops, por ejemplo, el almacenamiento primario son los "discos duros" con capacidades de Gigabytes o Terabytes. Estos discos duros que actualmente pueden ser electromecánicos (tecnología anterior) o discos de estado sólido (SSD) guardan tus archivos, documentos y bases de datos.

Cuando el disco duro de tu computadora se llena, ya no puedes grabar más información, ni leer información necesaria para el funcionamiento de tu computadora, es decir tu computadora se bloquea y ya no es útil hasta que liberes el espacio suficiente para que vuelva a ser operativa, por esta razón las empresas y las personas deben revisar la rapidez con que están consumiendo su espacio en almacenamiento para que al llegar al 70% (aproximadamente) se eliminen los archivos no necesarios o se haga una inversión para adquirir más espacio de almacenamiento. Cuando llegas o sobrepasa el 70% de tu almacenamiento se recomienda trasladar los archivos que consultas de forma esporádica (poca frecuencia) a un almacenamiento secundario.

El almacenamiento secundario se hace conectando dispositivos a tu computadora por puertos USB o de otro tipo que permiten la entrada y salida de información a través de ellos, un ejemplo son los discos duros externos o memorias USB.

## 1.7.2.2 El Procesador

El procesador es el "motor" de tu computadora, mientras más veloz, es capaz de realizar más acciones u operaciones por segundo para ayudar en la lectura, procesamiento y grabación de tu información.

Tomando como ejemplo a la marca Intel, fabricante de los procesadores de muchas computadoras en el mundo, al momento de escribir este libro Intel tenía la línea de procesadores "i" que esta formada por los procesadores i3, i5, i7 e i9 donde mientras más grande el número, más veloz el procesador y por lo tanto mayor la capacidad para solucionar varias tareas al mismo tiempo.

Cuando el procesador de tu computadora este trabajando al 85% o más durante 3 minutos o más, durante varias veces al día, es el momento de considerar cambiar de procesador (si es posible) o cambiar tu computadora por una con un procesador superior para poder atender las solicitudes (demanda) de tus aplicaciones de forma adecuada, de lo contrario en pocas semanas o meses tu computadora podría bloquearse durante varios minutos al día, retrasando todas las aplicaciones, envíos y recepción de información de tu negocio o tu puesto lo que puede ocasionar que no se pueda facturar, tomar pedidos, consultar por internet o enviar correos electrónicos. En el mundo informático al procesador se le define como CPU (Central Processing Unit o Unidad Central de Procesamiento). Existen en algunos modelos de computadoras un procesador especial llamado GPU (Graphics Processing Unit) encargado de mejorar la rapidez del video de tu computadora para mejorar las imágenes, los videos y las gráficas dinámicas.

### 1.7.2.3 La Memoria RAM

La memoria RAM es la parte donde se cargan el software que abres, como el sistema operativo y las aplicaciones que usas todos los días. Mientras más memoria RAM tengas, podrás tener abiertas más aplicaciones, por el contrario, si tienes poca memoria RAM tal vez no tengas espacio para abrir tus aplicaciones y los archivos que necesitas, por lo que tendrás que cerrar una aplicación para poder abrir otra.

Si recibes continuamente un mensaje de que no tienes memoria suficiente es momento de aumentar la memoria de tu computadora o comprar una computadora con una mayor memoria (el doble o más) para tener el espacio suficiente para trabajar con las aplicaciones que necesitas.

### 1.7.2.4 La Red

La red no es un componente de la computadora, ya que se encuentra fuera de ella, pero influye a la hora de enviar o recibir información a otra computadora, por ello es importante tener un ancho de banda suficientemente rápido para las necesidades de todos los empleados de la empresa. Si la cantidad de información que se envía a la red supera la capacidad de la red para transportarla, entonces se produce un "congestionamiento" y puede ser que transcurran varios segundos, minutos u horas para que recibas o envíes la información, mientras vas a percibir que tu computadora se pone muy lenta.

### 1.7.2.5 Monitorear los recursos de tu computadora

Es muy importante monitorear los componentes antes mencionados (almacenamiento, procesador, memoria y red), ya que cuando el nivel de uso de cualquiera de ellos llegue al 100% de forma continua por varios minutos, entonces nuestros servicios informáticos estarán bloqueados y no podremos realizar ninguna operación con la computadora.

**IMPORTANTE:** En las computadoras con el sistema operativo Windows, se cuenta con la aplicación del "Administrador de tareas" que te permite monitorear los recursos al interior de tu computadora como se muestra en la siguiente imagen.

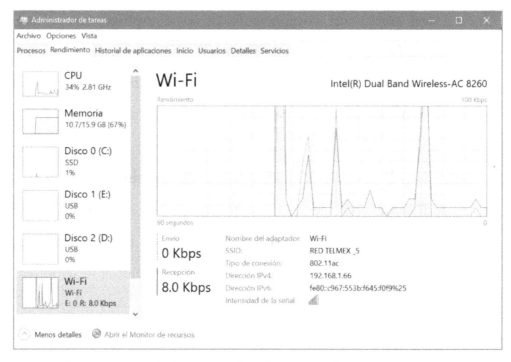

Figura 1.7.2.5 Administrador de tareas de Windows 11

Es muy importante que el encargado de la infraestructura de TI presente de forma semanal o mensual el porcentaje de recursos que consume cada aplicación (uso de la aplicación) para monitorear oportunamente cuando el uso llegue a 80% para preparar el desembolso de dinero para ampliar la capacidad d ellos activos de TI para mantener la operación que necesita el negocio.

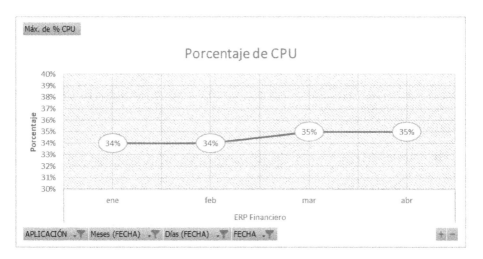

Figura 1.7.2.6 Incremento de uso de CPU (procesador)

## 1.7.3 Los tipos de computadoras

Las computadoras se dividen en varias categorías, por ejemplo, de acuerdo con su uso las computadoras se pueden dividir en los siguientes tipos:

- **Servidores:** Son computadoras conectadas en red que atienden las peticiones de varias computadoras como laptops, celulares o computadoras de escritorio, puedes pensar en ellas como centrales de trenes o aviones a donde llegan y parten varios vehículos (computadoras clientes), estas computadoras son administradas por el personal técnico informático de la empresa o de algún proveedor. Los servidores a su vez se dividen en los siguientes subtipos:

    o **Servidores de comunicaciones:** Se encargan de dar el servicio de red interna de la empresa, del acceso del servicio de internet, del correo electrónico y otras aplicaciones de comunicación como podrían ser servicios de Chat y mensajería.

    o **Servidores de aplicaciones:** Se encargan de ejecutar las aplicaciones del negocio como compras, producción, ventas, contabilidad y otros servicios sustantivos, la información que se crea con las aplicaciones es guardada en los servidores de bases de datos.

    o **Servidores de bases de datos:** Son servidores dónde

se guarda la información que recibe, genera y envía la empresa.

○ **Servidores de seguridad:** Son servidores que están revisando las entradas y salidas de la información verificando la privacidad, confidencialidad y gestión de accesos. En caso de algún incidente se genera una alarma y se turna al personal técnico y al comité de riesgos.

• **Clientes:** Son computadoras como laptops, celulares y otros dispositivos que envían y reciben información a las computadoras servidores y que son de uso personal.

Además de los servidores y los clientes existen otros dispositivos periféricos conectados a ellos como son impresoras, lectores de código o escáneres, y otros dispositivos especializados.

# 1.8 Aplicaciones de software

Una computadora no sirve si no tiene aplicaciones instaladas para ser usadas, las aplicaciones pueden dividirse en los siguientes tipos:

- **Sistema Operativo:** Viene instalado de fabrica (normalmente) y se encarga de que tu computadora encienda y se puedan instalar y ejecutar otras aplicaciones, además se asegura de poder detectar y administrar recursos como el almacenamiento, el procesador, la memoria y la red. Un ejemplo de estas aplicaciones es Microsoft Windows Server y Microsoft Windows 11 profesional.

- **Aplicaciones de oficina o gestión**: Es cualquier tipo de aplicación para generar la información administrativa u operativa de tu negocio, por ejemplo, la suite de Microsoft 365 o Google Suite.

- **Aplicaciones Integrales**: Son aplicaciones de gran tamaño que automatizan los flujos de trabajo del negocio y que son usados por varias personas para completar diferentes pasos dentro de los procesos, por ejemplo, los sistemas tipo ERP (Enterprise Resource Planning o Sistema Integral Empresarial), SCM (Supply Chain Management o Gestión de la cadena de suministro) o CRM (Customer Relationship Management o Gestión de la relación con los clientes). En un sistema ERP como SAP, por ejemplo, se tienen módulos como contabilidad, tesorería, costos y presupuestos, conectados entre sí y con otros módulos como almacén, producción y recursos humanos entre otros.

- **Aplicaciones de monitoreo:** Son aplicaciones que están mostrando el rendimiento de otra aplicación o recurso.

- **Aplicaciones de comunicaciones:** Se encargan de enviar y recibir paquetes de información hacia y desde un servidor de comunicaciones.

- **Aplicaciones específicas:** Existen aplicaciones especializadas como, por ejemplo, las aplicaciones que permiten administrar una impresora 3D para crear o fabricar piezas de plástico.

A continuación, se muestran algunas imágenes de los principales proveedores de aplicaciones en el mundo.

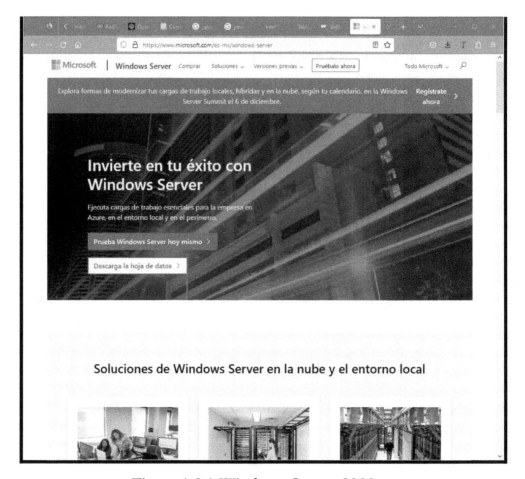

Figura 1.8.1 Windows Server 2022

(Fuente https://www.microsoft.com/es-mx/windows-server)

Windows Server es una aplicación de tipo sistema operativo para una computadora tipo servidor, el fabricante es Microsoft.

Figura 1.8.2 Aplicaciones de productividad de Microsoft 365

(Fuente: https://www.microsoft.com/es-mx/microsoft-365)

Microsoft 365 es un conjunto de aplicaciones en la nube de tipo oficina o productividad, el fabricante es Microsoft.

Figura 1.8.3 Aplicación Integral Financiera de SAP (Fuente:
https://www.sap.com/latinamerica/products/financial-
management.html?url_id=banner-lao-homepage-row2-pos3-finance-
230510)

SAP Gestión Financiera es una aplicación integral (ERP) especializada en la administración y flujo del dinero en los negocios, el fabricante es SAP AG.

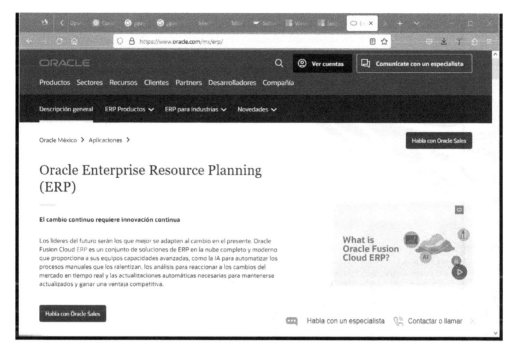

Figura 1.8.4 Aplicación Integral ERP de Oracle (Fuente:

https://www.oracle.com/mx/erp/)

Oracle ERP es una aplicación integral de negocios, el fabricante es Oracle.

Figura 1.8.5 Aplicación Integral CRM de Microsoft (Fuente: https://dynamics.microsoft.com/es-mx/crm/crm-software/)

Dynamics 365 es una aplicación tipo CRM para administrar la relación con los clientes, el fabricante es Microsoft.

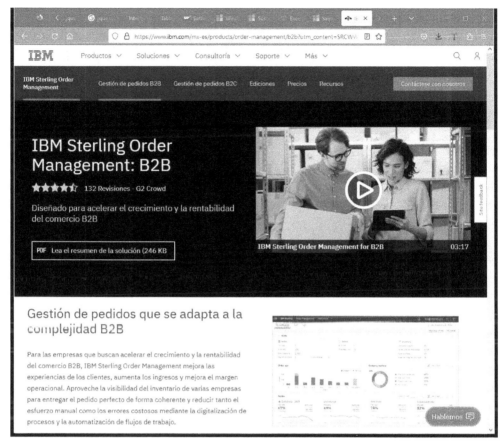

Figura 1.8.6 Aplicación SCM de IBM (Fuente:

https://www.ibm.com/mx-es/products/order-management)

Sterling Order Management es una aplicación integral del tipo SCM que administra la cadena de suministro desde los proveedores, el fabricante es IBM.

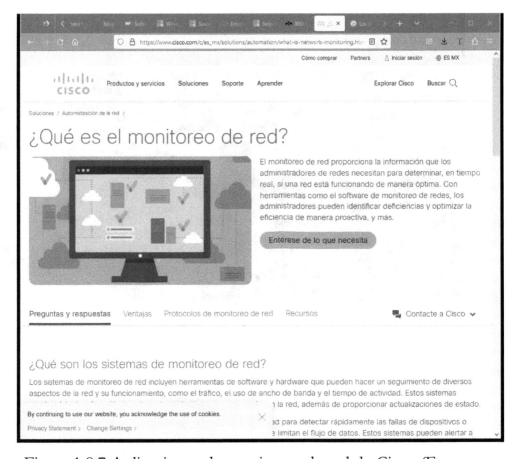

Figura 1.8.7 Aplicaciones de monitoreo de red de Cisco (Fuente:

https://www.cisco.com/c/es_mx/solutions/automation/what-is-network-monitoring.html)

La empresa Cisco es una de las lideres en telecomunicaciones y seguridad de redes.

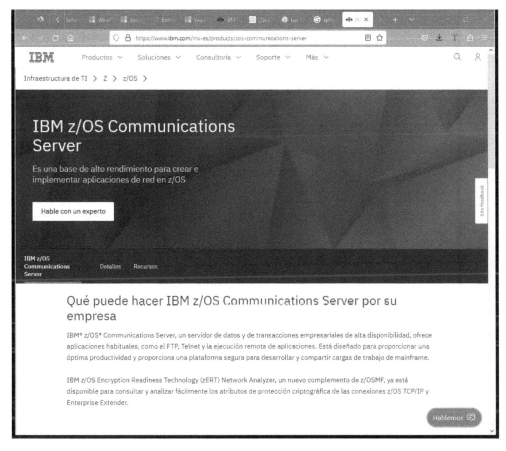

Figura 1.8.8 Aplicación de comunicaciones de IBM (Fuente:

https://www.ibm.com/mx-es/products/zos-communications-

server)

OS Communications Server es una aplicación para administrar las comunicaciones digitales, funciona en computadoras tipo servidor y el fabricante es IBM.

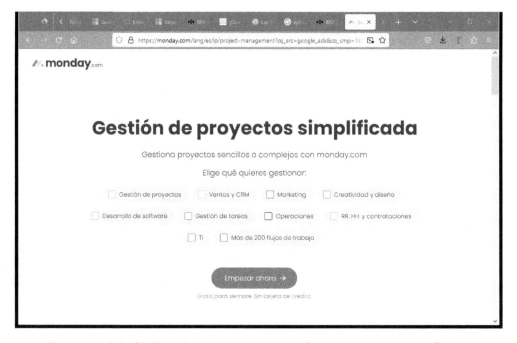

Figura 1.8.9 Aplicación para gestión de proyectos Monday

(Fuente: https://monday.com/lang/es/lp/project-management)

Monday.com es un conjunto de aplicaciones que se arrendan en la nube y sirve para trabajar en equipo y administrar proyectos.

Para consultar sobre más tipos de software acude a tus proveedores de tecnología, a otros distribuidores autorizados y a tutoriales en internet.

**CONSEJO:** Para buscar alternativas al software que ya tienes para buscar una alternativa de cambio, visita el sitio de Alternativeto.net.

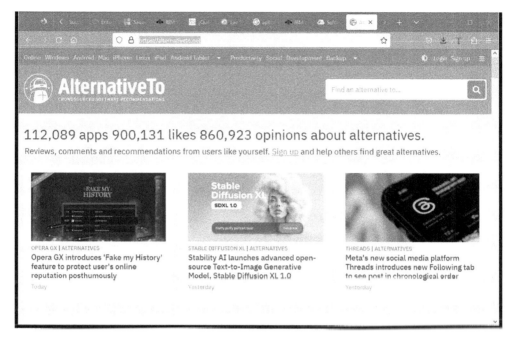

Figura 1.8.10 Servicio para buscar alternativas de software

(Fuente: https://alternativeto.net/)

El servicio en la nube de www.alternativeto.net sirve para buscar alternativas de aplicaciones que se adapten a tus necesidades y presupuesto.

# 1.9 Bases de datos y gestión de la información

Una base de datos es un archivo o conjunto de archivos y documentos relacionados que guardan la información ingresada, procesada y extraída sobre las actividades de una empresa para administrar sus procesos, al interior se usa para administrar sus procesos internos y al exterior se usa para cumplir con necesidades de terceros como los clientes, el gobierno y otras empresas u organizaciones.

El ejemplo más simple de una base de datos puede ser un archivo de texto, una hoja electrónica o una presentación con información de la empresa. Al momento de escribir este libro las aplicaciones más usadas para generar este tipo de archivos eran las siguientes:

- **Documentos de texto:** Microsoft Word, Google Documentos, Notepad

- **Hojas de cálculo:** Microsoft Excel, Google Hoja de cálculo (Google Sheets)

- **Presentaciones:** Microsoft PowerPoint, Google Presentaciones (Google Slides)

El ejemplo más sofisticado de una base de datos podría estar formado de cientos o miles de tablas relacionadas que contienen información de procesos, acciones, operaciones y trámites realizados por los empleados de un negocio.

Al momento de escribir este libro las marcas comerciales de bases de datos más usadas eran:

- Oracle Database

- Microsoft SQL Server

- MySQL

- PostgreSQL

- MongoDB

- IBM DB2

- MariaDB

- Amazon RDS

Las bases de datos mencionadas anteriormente son los repositorios donde la información se lee, se graba y se modifica. Para acceder a esta información se usan aplicaciones desarrolladas en algún lenguaje de programación.

# 1.10 Redes y telecomunicaciones

Para comunicar a 2 o más computadoras entre si se requiere de muchos componentes, primero tenemos el medio físico que puede ser a través de cables o de medios inalámbricos como el WiFi o el Bluetooth entre otros.

Además, se requiere del uso de dispositivos como los módems y los concentradores para comunicar y controlar a todos los dispositivos de la red.

La función del modem es enviar y recibir información entre 2 equipos, Hace tiempo los módems tenía la limitante de soportar sólo 25 equipos conectados, esto ha mejorado y actualmente un modem soporta 50 dispositivos o equipos conectados y seguro que pronto pasaran a soportar 75 o 100 dispositivos con un mismo modem.

Figura 1.10.1 Modem para conectar 25 equipos

# 1.11 Seguridad de la información

La seguridad de la información se refiere a la protección de la confidencialidad, integridad y disponibilidad de la información, así como de los sistemas que la almacenan, procesan y transmiten la información. Es esencial para garantizar que los datos y activos informáticos de una organización estén protegidos contra amenazas, riesgos y ataques potenciales.

Para un auditor informático, la seguridad de la información es de suma importancia porque implica evaluar y asegurar que los controles y medidas de seguridad implementados por una organización sean adecuados y efectivos para proteger la información y los sistemas de tecnología de la información. El auditor debe verificar que las políticas y procedimientos establecidos cumplan con los estándares de seguridad, normativas y marcos legales aplicables.

La seguridad de la información se centra en aspectos como:

1. **Confidencialidad:** Garantizar que la información solo esté disponible para las personas autorizadas y que se proteja de accesos no autorizados.

2. **Integridad:** Asegurar que la información sea precisa, completa y confiable, evitando cambios no autorizados o

alteraciones indebidas.

3. **Disponibilidad:** Asegurar que la información esté disponible para los usuarios autorizados cuando la necesiten, evitando interrupciones o fallas.

4. **Autenticación:** Verificar la identidad de los usuarios y garantizar que tengan los derechos adecuados para acceder a la información.

5. **Control de accesos:** Limitar el acceso a la información solo a aquellos que realmente necesitan acceder a ella.

6. **Protección contra amenazas:** Implementar medidas para proteger la información contra virus, malware, ataques cibernéticos y otros riesgos.

7. **Respaldo y recuperación:** Establecer procedimientos para respaldar y recuperar la información en caso de pérdida o daño.

En resumen, la seguridad de la información es esencial para salvaguardar los activos y la reputación de una organización frente a posibles incidentes de seguridad informática. Los auditores informáticos juegan un papel fundamental en asegurar que se implementen las medidas adecuadas de seguridad y que se cumplan los estándares y regulaciones establecidos para proteger la información y los sistemas de tecnología de la información de una organización.

# 2 Auditoría General

Antes de entrar a la auditoria informática vamos a repasar algunos conceptos de la auditoría general que son la base de cualquier otro tipo de auditoría.

## 2.1 Definición de auditoría

Es un proceso sistemático y objetivo de examinar, evaluar y verificar de manera independiente la información, registros, operaciones, sistemas y actividades de una entidad, con el fin de determinar si se cumplen los estándares, normas, leyes, regulaciones y políticas aplicables.

En otras palabras, la auditoría es una actividad profesional que se lleva a cabo por un auditor para evaluar y asegurar la exactitud, integridad y fiabilidad de la información financiera y operativa de una organización.

## 2.2 Objetivo de la auditoría

El objetivo principal de una auditoría es proporcionar una opinión independiente y objetiva sobre si los estados financieros o procesos evaluados son razonables y están libres de errores significativos, fraudes o irregularidades. La auditoría juega un papel fundamental en la transparencia, confianza y rendición de cuentas tanto para los directivos de la organización como para los inversores, accionistas, reguladores y otras partes interesadas.

## 2.3 Tipos de Auditoría

Existen diferentes tipos de auditorías, incluyendo auditorías financieras, auditorías de cumplimiento, auditorías de sistemas de gestión, auditorías de seguridad informática, entre otras, y cada una se enfoca en diferentes aspectos de la organización para asegurar el cumplimiento de normas, la eficacia de los controles internos y la mejora continua de la gestión.

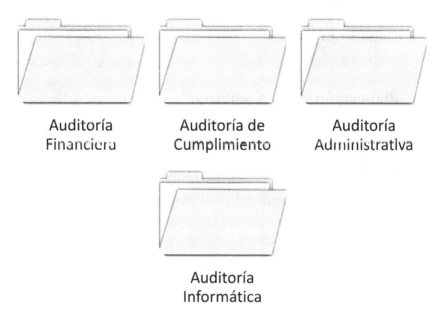

Figura 2.1 Tipos de Auditoría

# 2.4 El proceso de auditoria

El proceso general de auditoría sigue una serie de pasos secuenciales que permiten al auditor llevar a cabo su trabajo de manera organizada y sistemática.

Aunque cada auditoría puede tener particularidades dependiendo del tipo de auditoría y la entidad auditada, el proceso general de auditoría incluye las siguientes etapas:

1. **Planeación de la Auditoría:**
   - Definición del alcance y los objetivos de la auditoría.
   - Identificación de los riesgos y áreas críticas a auditar.
   - Establecimiento del equipo de auditoría y asignación de responsabilidades.
   - Desarrollo de un plan de trabajo detallado y un cronograma.

2. **Recopilación de Información y Documentación:**
   - Obtención de datos e información relevante sobre la entidad auditada, sus operaciones, sistemas y procesos.
   - Revisión de documentación, registros contables y otros soportes que respalden la información a auditar.
   - Identificación y análisis de los controles internos existentes.

3. **Evaluación de Riesgos y Control Interno:**

   • Identificación y evaluación de los riesgos que puedan afectar la veracidad y fiabilidad de la información.

   • Evaluación de la efectividad de los controles internos implementados por la entidad para mitigar riesgos.

4. **Ejecución de Pruebas y Procedimientos de Auditoría:**

   • Realización de pruebas sustantivas para verificar la exactitud y validez de los registros y transacciones.

   • Aplicación de pruebas de cumplimiento para evaluar el cumplimiento de políticas, procedimientos y regulaciones.

5. **Análisis y Evaluación de Resultados:**

   • Comparación de los hallazgos de la auditoría con los criterios de referencia, normas y estándares aplicables.

   • Identificación de desviaciones y posibles problemas o áreas de mejora.

6. **Elaboración de Conclusiones y Opinión:**

   • Formulación de conclusiones basadas en los resultados de la auditoría y la evaluación de riesgos.

   • Emisión de una opinión o informe sobre la situación de la entidad auditada y el cumplimiento de los estándares.

## 7. Comunicación de Resultados:

- Presentación del informe de auditoría a la dirección y otras partes interesadas.

- Discusión de las observaciones y recomendaciones con la gerencia.

## 8. Seguimiento y Cierre:

- Verificación de la implementación de las recomendaciones y acciones correctivas sugeridas.

- Cierre formal de la auditoría y registro de los resultados.

Es importante mencionar que, durante todo el proceso de auditoría, el auditor debe mantener su independencia, objetividad e imparcialidad para garantizar la integridad y credibilidad de los resultados obtenidos. Además, la auditoría debe llevarse a cabo de acuerdo con las normas y estándares de auditoría aplicables, que varían según el tipo de auditoría y la jurisdicción en la que se realice el trabajo.

Figura 2.2 Proceso de auditoria

A continuación, veremos algunos conceptos importantes.

## 2.5 Conceptos de auditoría

Para un auditor, es importante familiarizarse con algunos términos y definiciones comunes en el campo de la auditoría. Aquí tienes una lista de algunos de los términos más relevantes para repasarlos antes de pasar a la auditoría informática:

1. **Auditoría:** Proceso sistemático y documentado de obtener y evaluar de manera objetiva evidencia para determinar si las

actividades y resultados relacionados con un sistema, proceso o entidad cumplen con los criterios de auditoría y para comunicar los resultados a las partes interesadas.

2. **Hallazgo:** Resultado de la evaluación de la evidencia recopilada durante una auditoría que indica la no conformidad con los criterios de auditoría o cualquier otra situación que requiere acción correctiva.

3. **No conformidad:** Desviación significativa o falta de cumplimiento de un requisito, norma o política establecida.

4. **Evidencia:** Información que respalda las conclusiones y hallazgos de una auditoría. Puede ser de naturaleza documental, testimonial, observacional o analítica.

5. **Criterios de auditoría:** Normas, políticas, procedimientos o requisitos con los que se comparan los hallazgos durante una auditoría para evaluar el desempeño y el cumplimiento.

6. **Riesgo:** Posibilidad de que ocurra un evento que afecte negativamente los objetivos de una entidad. En auditoría, los riesgos pueden relacionarse con errores, fraudes, incumplimientos legales, entre otros.

7. **Acción correctiva:** Medida tomada para eliminar la causa de una no conformidad detectada durante una auditoría y prevenir su recurrencia.

8. **Acción preventiva:** Medida tomada para eliminar la causa de una potencial no conformidad o riesgo antes de que ocurra.

9. **Plan de auditoría:** Documento que establece los objetivos, el alcance, los recursos, la programación y otros detalles para la realización de una auditoría.

10. **Objetivo de auditoría:** Propósito o resultado esperado de la auditoría, generalmente vinculado a la revisión y evaluación de un área o proceso específico.

11. **Entidad auditada:** Organización, departamento, proceso o sistema sujeto a la auditoría. Este término también es conocido en algunos países como el "sujeto de la auditoría".

12. **Programa de auditoría:** Conjunto de auditorías planificadas en un período específico para abordar los riesgos y objetivos de auditoría identificados.

13. **Responsable de auditoría:** Persona o equipo designado para llevar a cabo la auditoría y cumplir con los procedimientos y objetivos establecidos.

14. **Alcance de auditoría:** Extensión y límites de la auditoría, incluyendo las áreas, procesos y unidades organizativas que serán revisadas.

15. **Conclusiones de auditoría:** Juicios basados en la evidencia obtenida durante la auditoría, que reflejan la evaluación de la conformidad y el desempeño.

16. **Segregación de funciones:** La segregación de funciones es un principio de control interno que se utiliza para reducir el riesgo de fraude, errores y abuso en una organización. Consiste en dividir las tareas y responsabilidades relacionadas con procesos críticos entre diferentes personas o grupos para evitar que una sola persona tenga control absoluto sobre una actividad o proceso completo.

Estos son solo algunos de los términos fundamentales que un auditor debería aprender para desenvolverse en el campo de la auditoría informática de manera efectiva.

Algunos de los términos de auditoría son tan importantes que vamos a desglosarlos a continuación.

## 2.5.1 Entidad auditada o Sujeto de auditoría

El "sujeto de auditoría" se refiere a la entidad, sistema, proceso, área o elemento específico que es objeto de análisis y evaluación durante una auditoría. En otras palabras, es el enfoque principal de la auditoría y representa aquello que se revisará y evaluará para determinar su cumplimiento con ciertos criterios, normas o estándares.

El sujeto de auditoría puede variar dependiendo del tipo de auditoría que se esté llevando a cabo. Por ejemplo, en una auditoría informática, el sujeto de auditoría podría ser el departamento de TI, alguna función de TI, alguna aplicación en particular o el sistema de gestión de seguridad de la información de una organización. En una auditoría financiera, el sujeto de auditoría serían los estados financieros de una empresa. En una auditoría de procesos, el sujeto de auditoría podría ser un proceso específico dentro de una empresa.

El objetivo principal de definir un sujeto de auditoría es proporcionar una guía clara y específica para el trabajo del auditor, asegurando que el enfoque de la auditoría esté bien definido y acotado. Al determinar el sujeto de auditoría, el auditor puede concentrar sus esfuerzos en la evaluación de aspectos relevantes y críticos, facilitando así la identificación de hallazgos, riesgos y oportunidades de mejora.

Además, establecer el sujeto de auditoría (entidad auditada) también ayuda a comunicar claramente a las partes interesadas el alcance y los objetivos de la auditoría, lo que promueve la transparencia y la confianza en el proceso de auditoría. En resumen, el sujeto de auditoría es esencial para la correcta planificación y ejecución de una auditoría, ya que proporciona un marco de referencia claro para el trabajo del auditor.

## 2.5.2 Control interno

El control interno se refiere al conjunto de políticas, procedimientos, prácticas y estructuras organizativas diseñadas para promover la eficiencia operativa, la eficacia de las operaciones, la confiabilidad de la información financiera y el cumplimiento de las leyes y regulaciones aplicables.

Para un auditor informático, el control interno es de vital importancia, ya que juega un papel fundamental en el aseguramiento de la seguridad, integridad y disponibilidad de los sistemas de información y la gestión de riesgos tecnológicos en una organización.

El control interno se define como el proceso implementado por la dirección y el personal de una organización para proporcionar una seguridad razonable en cuanto a la consecución de objetivos establecidos en tres categorías:

1. **Efectividad y eficiencia de las operaciones:** Los controles internos deben asegurar que las operaciones de la organización se lleven a cabo de manera efectiva y eficiente, logrando los resultados deseados y utilizando los recursos de manera óptima.

2. **Fiabilidad de la información financiera:** Los controles internos deben garantizar que la información financiera generada por la organización sea precisa, confiable y oportuna, permitiendo la toma de decisiones informadas.

3. **Cumplimiento de las leyes y regulaciones:** Los controles internos deben asegurar que la organización cumpla con las leyes y regulaciones aplicables, así como con las políticas y procedimientos internos establecidos.

**Importancia del control interno para un auditor informático:**

El control interno permite obtener los siguientes puntos para la organización.

1. **Evaluación de Riesgos:** El control interno permite al

auditor informático identificar y evaluar los riesgos asociados con la tecnología de la información en la organización. Esto ayuda a determinar qué áreas requieren una atención especial durante la auditoría.

2. **Seguridad de la Información:** Los controles internos relacionados con la seguridad informática son esenciales para proteger los datos y sistemas de la organización contra amenazas y riesgos de seguridad.

3. **Confianza en la Información:** Un control interno efectivo garantiza la precisión y confiabilidad de la información producida por los sistemas de información de la organización, lo que es crucial para la toma de decisiones informadas.

4. **Eficiencia Operativa:** El control interno optimiza los procesos y operaciones de TI, mejorando la eficiencia y reduciendo los errores y retrabajos.

5. **Cumplimiento Normativo:** Los controles internos aseguran que la organización cumpla con las leyes, regulaciones y políticas internas relacionadas con la tecnología de la información.

6. **Detección de Fraude y Errores:** Un control interno sólido ayuda a prevenir, detectar y mitigar fraudes y errores en los procesos de TI de la organización.

En resumen, el control interno es una parte integral del trabajo del auditor informático, ya que permite asegurar que los sistemas de información de la organización estén protegidos, funcionen eficientemente y generen información confiable y oportuna para apoyar la toma de decisiones.

## 2.5.3 El Riesgo

La definición de riesgo se refiere a la posibilidad de que ocurra un evento o situación que pueda tener un impacto negativo en los objetivos de una organización. En el contexto de la auditoría, un riesgo se relaciona con la probabilidad de que se presenten problemas o deficiencias en los procesos, sistemas, controles internos o la gestión de una empresa que puedan afectar sus operaciones, cumplimiento normativo, seguridad, reputación o logro de metas.

**Importancia del riesgo para un auditor:**

1. **Identificación de Áreas Críticas:** El conocimiento de los riesgos permite al auditor identificar las áreas más críticas

que deben ser examinadas durante la auditoría. Esto asegura que los recursos se enfoquen en los aspectos más importantes para la organización.

2. **Evaluación de Controles Internos:** Los riesgos ayudan al auditor a evaluar la eficacia de los controles internos existentes. Al comprender los riesgos, el auditor puede determinar si los controles son suficientes y adecuados para mitigarlos.

3. **Planificación de la Auditoría:** El riesgo influye en la planificación de la auditoría, ya que el auditor prioriza las áreas de mayor riesgo y adapta los procedimientos de auditoría en consecuencia.

4. **Recomendaciones de Mejora:** Al identificar los riesgos, el auditor puede proporcionar recomendaciones específicas para mejorar los procesos y controles internos de la organización, reduciendo así el riesgo de problemas futuros.

5. **Enfoque en Resultados Relevantes:** Al centrarse en los riesgos, el auditor asegura que su informe final proporcione información relevante y útil para la dirección y los interesados en la toma de decisiones.

6. **Cumplimiento Normativo:** La identificación y evaluación de riesgos ayuda al auditor a verificar si la organización cumple con las regulaciones y leyes aplicables.

7. **Transparencia y Confianza:** Los informes de auditoría que abordan los riesgos de manera transparente y completa brindan una mayor confianza a los interesados y partes interesadas.

En resumen, la comprensión y evaluación de los riesgos es esencial para un auditor, ya que le permite enfocar sus esfuerzos en las áreas más críticas, proporcionar recomendaciones valiosas y asegurar que la auditoría sea relevante y efectiva en la identificación de áreas de mejora y mitigación de riesgos en la organización auditada.

## 2.5.4 Tipos de Riesgo

Los auditores suelen enfrentarse a diferentes tipos de riesgos durante el proceso de auditoría. Algunos de los riesgos más comunes que un auditor puede identificar y evaluar incluyen:

1. **Riesgos financieros:** Relacionados con la incorrecta presentación o registro de la información financiera, como errores en los estados financieros, malversación de fondos,

fraude contable, entre otros.

2. **Riesgos operativos:** Relacionados con la eficiencia y eficacia de los procesos operativos de una organización, como deficiencias en el control interno, fallas en los sistemas de información, interrupción de servicios, etc.

3. **Riesgos de cumplimiento:** Relacionados con el incumplimiento de leyes, regulaciones, políticas internas o requisitos contractuales.

4. **Riesgos de seguridad de la información:** Relacionados con la vulnerabilidad y exposición de los activos de información de una organización, como acceso no autorizado, robo de datos, malware, etc.

5. **Riesgos de negocio:** Relacionados con la capacidad de una organización para lograr sus objetivos estratégicos y financieros, como cambios en el mercado, competencia, innovación tecnológica, etc.

6. **Riesgos de continuidad del negocio:** Relacionados con la capacidad de una organización para mantener sus operaciones en caso de desastres naturales, fallas

tecnológicas o situaciones de crisis.

7. **Riesgos de reputación:** Relacionados con el impacto negativo en la imagen o reputación de una organización debido a acciones, comportamientos o eventos desfavorables.

8. **Riesgos de fraude:** Relacionados con la posibilidad de que se cometan actos fraudulentos en la organización, ya sea por empleados internos o terceros.

9. **Riesgos de recursos humanos:** Relacionados con la disponibilidad y competencia del personal para cumplir con las responsabilidades y tareas asignadas.

10. **Riesgos tecnológicos:** Relacionados con la fiabilidad y seguridad de los sistemas informáticos, infraestructura de TI y tecnologías utilizadas en la organización.

Es importante que el auditor identifique y comprenda estos diferentes tipos de riesgos para poder evaluarlos adecuadamente durante la auditoría, y así proporcionar una evaluación completa y precisa de la situación de la organización. La gestión y mitigación de estos riesgos son fundamentales para garantizar que la organización logre sus objetivos y proteja sus activos y reputación.

## 2.5.5 Riesgos Comunes

Dentro de los tipos de riesgos mencionados anteriormente, los auditores pueden estar interesados en identificar riesgos específicos que puedan afectar el funcionamiento, cumplimiento, seguridad y éxito general de la organización. A continuación, se presentan algunos ejemplos de riesgos específicos dentro de cada tipo de riesgo:

1. **Riesgos financieros:**
    a. **Errores en los estados financieros** que afecten la precisión y confiabilidad de la información contable.
    b. **Manipulación de registros financieros** para ocultar pérdidas o generar ganancias ficticias (fraude contable).
    c. **Incumplimiento de las políticas de control interno** que puedan conducir a la pérdida de activos o recursos financieros.

2. **Riesgos operativos:**
    a. **Deficiencias en el control interno** que puedan resultar en errores, pérdida de datos o mal uso de activos.
    b. **Interrupción de servicios críticos** debido a fallos en

sistemas o infraestructura tecnológica.

c. **Procesos ineficientes** que afecten la productividad y calidad del trabajo.

3. **Riesgos de cumplimiento:**

a. **Incumplimiento de leyes y regulaciones** relevantes para el sector en el que opera la organización.

b. **No cumplir con las políticas** y procedimientos internos establecidos por la empresa.

c. **No cumplir con los requisitos contractuales** acordados con clientes o proveedores.

4. **Riesgos de seguridad de la información:**

a. **Fallos en la protección de datos** personales o confidenciales, lo que podría dar lugar a una violación de la privacidad.

b. **Ataques cibernéticos** y accesos no autorizados a sistemas y datos.

c. **Vulnerabilidades de seguridad** en los sistemas informáticos y redes.

5. **Riesgos de negocio:**

a. **Cambios en el mercado** o la demanda de productos

y servicios que puedan afectar la viabilidad y rentabilidad del negocio.

b. **No adaptarse a las tendencias tecnológicas** y cambios en la industria.

c. **Competencia intensa** que pueda disminuir la participación en el mercado.

6. **Riesgos de continuidad del negocio:**

   a. **Falta de un plan de continuidad** de negocios para hacer frente a desastres naturales, cortes de energía o incidentes graves.

   b. **Falta de pruebas y simulacros** para evaluar la efectividad del plan de continuidad.

7. **Riesgos de reputación:**

   a. **Comentarios negativos** o crisis en redes sociales que afecten la percepción pública de la organización.

   b. **Mala gestión de relaciones** públicas y comunicaciones en situaciones críticas.

8. **Riesgos de fraude:**

   a. **Actos fraudulentos** cometidos por empleados o terceros que puedan afectar la integridad de los procesos y operaciones.

b. **Fraude** en el uso de información y recursos de la organización.

9. **Riesgos de recursos humanos:**

   a. **Rotación alta del personal** clave que pueda afectar la continuidad y eficiencia de las operaciones.

   b. **Falta de habilidades** y capacitación adecuadas para el personal para cumplir con sus responsabilidades.

10. **Riesgos tecnológicos:**

    a. **Fallos en la infraestructura** de TI que puedan resultar en la pérdida de datos o la interrupción de servicios.

    b. **No cumplir** con los estándares de seguridad de la información y mejores prácticas tecnológicas.

Identificar y evaluar estos riesgos específicos es esencial para el auditor, ya que le permite enfocar sus esfuerzos en áreas críticas y proporcionar recomendaciones para mejorar la gestión de riesgos y fortalecer los controles internos en la organización.

## 2.5.6 Materialización de un Riesgo

La materialización de un riesgo para un auditor informático se refiere al escenario en el cual un riesgo identificado se ha convertido en un problema o incidente real. En otras palabras, el riesgo previamente identificado y evaluado ha ocurrido y ha tenido un impacto negativo en la organización. Cuando un riesgo se materializa, puede resultar en pérdidas financieras, daño a la reputación, interrupción de operaciones o violación de la seguridad de la información.

Para el auditor informático, la materialización de un riesgo es un aspecto crítico, ya que implica que los controles o medidas de mitigación implementados no han sido suficientes para evitar que el riesgo se convierta en un problema real. En este escenario, el auditor debe analizar la situación con mayor profundidad para comprender las causas y consecuencias de la materialización del riesgo y determinar si existen deficiencias en los controles internos o en la gestión de riesgos de la organización.

La materialización de un riesgo puede llevar a una revisión exhaustiva de los procesos, sistemas y políticas de la organización para identificar áreas de mejora y fortalecer la capacidad de manejar futuros riesgos. También puede requerir la implementación de nuevas medidas de control o la revisión de las existentes para evitar que el mismo riesgo se materialice nuevamente en el futuro.

## 2.5.7 Segregación de funciones

La segregación de funciones es un principio de control interno que se utiliza para reducir el riesgo de fraude, errores y abuso en una organización. Consiste en dividir las tareas y responsabilidades relacionadas con procesos críticos entre diferentes personas o grupos para evitar que una sola persona tenga control absoluto sobre una actividad o proceso completo.

El objetivo de la segregación de funciones es crear una estructura de control en la que las siguientes funciones clave estén asignadas a diferentes personas o departamentos:

1. **Autorización:** La persona que autoriza una transacción o acción no debe ser la misma que la ejecuta o la que lleva a cabo el registro contable. Por ejemplo, el responsable de aprobar un pago no debería ser el mismo que firma los cheques.

2. **Custodia:** La persona responsable de custodiar o manejar los activos físicos, como el efectivo o los inventarios, no debe ser la misma que realiza las transacciones relacionadas o mantiene los registros contables.

3. **Registro Contable:** La persona que registra las

transacciones contables no debe tener acceso o control directo sobre los activos involucrados en esas transacciones.

4. **Conciliación y Revisión:** La conciliación de cuentas y la revisión de registros deben realizarse por personas independientes que no estén involucradas en la ejecución de las transacciones o en la autorización de actividades.

Beneficios de la segregación de funciones:

- Reduce el riesgo de fraude, ya que se requiere la cooperación de múltiples personas para cometer un acto fraudulento.
- Mejora la precisión y la integridad de los registros contables al evitar conflictos de intereses.
- Ayuda a detectar y prevenir errores y malas prácticas mediante la revisión cruzada de actividades.
- Fortalece el control interno y la protección de los activos de la organización.

Es importante señalar que la segregación de funciones no siempre es posible en pequeñas organizaciones donde el personal es limitado. En tales casos, es fundamental implementar controles compensatorios adecuados para mitigar los riesgos asociados con la falta de segregación. La segregación de funciones es un elemento clave en el diseño de controles efectivos para asegurar la integridad y la transparencia en las operaciones de una organización.

## 2.5.8 Criterios de Auditoria

Los criterios de auditoría son los estándares, políticas, procedimientos, leyes, reglamentos u otros documentos de referencia que se utilizan como punto de comparación para evaluar el desempeño, cumplimiento o eficacia del sujeto de auditoría. Estos criterios establecen las expectativas y normas con las que se comparan los hallazgos y resultados obtenidos durante la auditoría. Los criterios son fundamentales para llevar a cabo una auditoría objetiva, imparcial y coherente, ya que proporcionan un marco de referencia claro y definido para evaluar la conformidad y efectividad de las actividades, procesos o sistemas bajo revisión.

Algunos ejemplos de criterios de auditoría pueden ser:

1. **Normas y estándares internacionales**, como las normas ISO, que establecen mejores prácticas y requisitos para ciertos procesos o sistemas.

2. **Políticas y procedimientos internos de la organización auditada**, que reflejan las reglas y lineamientos internos que deben cumplirse.

3. **Leyes y regulaciones aplicables a la industria o sector** en el que opera la organización, como las leyes de protección de datos, seguridad informática, entre otras.

4. **Objetivos y metas establecidos por la organización**, que sirven como referencia para evaluar el rendimiento y logro de resultados.

5. **Buenas prácticas o benchmarks de la industria**, que se utilizan para comparar el desempeño con otras organizaciones similares.

6. **Estándares de calidad**, que establecen criterios de excelencia y satisfacción del cliente.

7. **Requisitos contractuales**, en el caso de auditorías de cumplimiento de contratos o acuerdos.

Los criterios de auditoría son esenciales para proporcionar una base objetiva y razonable para la evaluación y emisión de conclusiones y recomendaciones en una auditoría.

# 3 Auditoría informática

La auditoría informática comparte mucho de su esencia con los otros tipos de auditoría como la auditoria financiera, auditoria fiscal, auditoria administrativa, etc. sin embargo, contiene también peculiaridades propias que la hacen diferente. En este capítulo veremos una introducción a este tipo especial de auditoría.

# 3.1 Definición de auditoria informática

La auditoría informática es un proceso sistemático e independiente que tiene como objetivo evaluar y verificar la eficiencia, eficacia, seguridad, integridad y cumplimiento normativo de los sistemas de información, tecnologías informáticas y procesos relacionados en una organización.

La auditoría informática es llevada a cabo por profesionales especializados conocidos como auditores informáticos, quienes examinan y evalúan aspectos técnicos y de gestión para proporcionar una evaluación imparcial y objetiva de la seguridad y eficiencia de los sistemas informáticos.

Los resultados y recomendaciones derivados de una auditoría informática ayudan a mejorar la gestión y el uso de la tecnología de la información dentro de la organización, brindando mayor confianza a los directores y gerentes (stakeholders) y reduciendo los riesgos asociados a los activos digitales.

Cabe mencionar que el uso y aseguramiento de las tecnologías de información es un tema tan amplio que los auditores informáticos frecuentemente necesitan apoyo de profesionales técnicos para determinar el correcto funcionamiento y la seguridad de los sistemas informáticos.

# 3.2 Objetivos y beneficios de la auditoria informática

Una auditoría informática debe especificar los objetivos que persigue y los beneficios que se obtendrán al final del proceso.

## 3.2.1 Objetivos de una auditoría informática.

Los objetivos de la auditoría informática son diversos y se centran en evaluar y mejorar la eficiencia, seguridad y cumplimiento normativo de los sistemas de información y tecnologías informáticas de una organización. A continuación, se detallan algunos de los objetivos clave:

1. **Evaluación de controles de seguridad:** Verificar la efectividad de los controles de seguridad implementados para proteger la confidencialidad, integridad y disponibilidad de la información sensible.

2. **Identificación de vulnerabilidades y riesgos:** Detectar y evaluar posibles vulnerabilidades en el entorno informático que puedan ser explotadas por amenazas internas o externas.

3. **Cumplimiento normativo:** Verificar que la organización cumpla con las leyes, regulaciones y normativas aplicables a la seguridad y privacidad de la información.

4. **Eficiencia y optimización de recursos:** Evaluar el uso eficiente de los recursos tecnológicos, identificando posibles áreas de mejora y optimización.

5. **Evaluación de la gestión de proyectos informáticos:** Verificar que los proyectos informáticos se estén llevando a cabo de acuerdo con las mejores prácticas y cumpliendo con los objetivos establecidos.

6. **Evaluación de la continuidad del negocio:** Asegurar que se tengan planes y medidas adecuadas para mantener la continuidad del negocio ante posibles incidentes o desastres informáticos.

7. **Garantizar la integridad de los datos:** Asegurar que los datos almacenados y procesados por los sistemas informáticos sean precisos, confiables y estén libres de manipulación no autorizada.

Ahora veamos algunos de los beneficios que pueden obtenerse con una auditoría.

## 3.2.2 Beneficios de la auditoría informática

Después de realizada una auditoría se pueden obtener uno o más d ellos siguientes beneficios:

1. **Mayor seguridad y protección:** La auditoría informática permite identificar y corregir vulnerabilidades y debilidades en los sistemas, lo que mejora la seguridad de la información y protege a la organización contra amenazas y ataques cibernéticos.

2. **Cumplimiento normativo:** Ayuda a la organización a cumplir con las leyes y regulaciones relacionadas con la seguridad y privacidad de la información, evitando posibles sanciones legales y daños a la reputación.

3. **Mayor confianza de los dirigentes (stakeholders):** Los resultados de una auditoría informática brindan una evaluación objetiva de los controles y prácticas de seguridad, lo que genera confianza entre clientes, socios comerciales y otros stakeholders.

4. **Optimización de recursos:** Identifica áreas de mejora y optimización de recursos tecnológicos, lo que puede llevar a una reducción de costos y una utilización más eficiente de

los activos digitales.

5. **Mejora de la gestión y toma de decisiones:** Los hallazgos y recomendaciones de la auditoría informática proporcionan información valiosa para mejorar la gestión de TI y la toma de decisiones estratégicas.

6. **Prevención de pérdida de datos:** Contribuye a evitar la pérdida de datos críticos o sensibles, lo que puede tener un impacto significativo en la continuidad del negocio.

7. **Respaldo ante incidentes:** Una auditoría informática previa puede ser utilizada como un respaldo en caso de incidentes de seguridad o litigios relacionados con el uso de la tecnología de la información.

El grado o porcentaje en la obtención de los beneficios depende del interés y los recursos disponibles para realizar las medidas recomendadas en una auditoría.

# 3.3 Conceptos de auditoría informática

Como auditor nuevo en el campo de la auditoría informática, es esencial familiarizarse con algunos términos y definiciones específicos relacionados con la tecnología de la información y la seguridad informática. Aquí tienes una lista de algunos de los términos más relevantes:

1. **Seguridad informática:** Protección de la información y los sistemas informáticos contra amenazas y riesgos, asegurando la confidencialidad, integridad y disponibilidad de los datos.

2. **Vulnerabilidad:** Debilidad en un sistema o aplicación que podría ser explotada para comprometer su seguridad.

3. **Exploit:** Código o técnica utilizada para aprovechar una vulnerabilidad y obtener acceso no autorizado a un sistema.

4. **Firewall:** Dispositivo de seguridad que controla el flujo de tráfico de red y protege una red privada de conexiones no autorizadas.

5. **Malware:** Software malicioso diseñado para dañar, robar información o tomar el control de sistemas informáticos.

6. **Phishing:** Técnica de ingeniería social que busca obtener información confidencial, como contraseñas o datos financieros, haciéndose pasar por una entidad legítima.

7. **Ingeniería social:** Tácticas que manipulan a las personas para obtener información confidencial o acceder a sistemas.

8. **Auditoría de acceso:** Evaluación de los controles de acceso a sistemas y datos para asegurar que solo las personas autorizadas tengan acceso a la información adecuada.

9. **Auditoría de red:** Revisión de la seguridad de la infraestructura de red para identificar vulnerabilidades y riesgos.

10. **Auditoría de sistemas:** Evaluación de la configuración, el rendimiento y la seguridad de los sistemas informáticos.

11. **Auditoría de bases de datos:** Evaluación de la seguridad y la integridad de las bases de datos para garantizar la protección adecuada de la información.

12. **Políticas de seguridad:** Conjunto de reglas y directrices que definen el enfoque y los requisitos de seguridad de una

organización.

13. **Continuidad del negocio:** Planificación y preparación para garantizar la disponibilidad de sistemas y datos en caso de interrupciones o desastres.

14. **Criptografía:** Técnicas para cifrar y proteger la información de manera que solo pueda ser leída por personas autorizadas.

15. **Análisis forense:** Proceso de recolección y análisis de evidencia digital para investigar incidentes de seguridad y actividades sospechosas.

Estos son solo algunos de los términos fundamentales en la auditoría informática. A medida que el auditor adquiera experiencia, se encontrará con muchos otros términos específicos del campo, y es importante seguir actualizándose para mantenerse al día con las últimas tendencias y tecnologías de seguridad informática.

Los conceptos mencionados arriba y algunos relacionados se detallan a continuación.

### 3.3.1 Riesgos informáticos

La definición de riesgos informáticos se refiere a las posibles amenazas y vulnerabilidades que pueden afectar la seguridad, disponibilidad e integridad de los sistemas de información y los datos de una organización. Para un auditor informático, conocer los riesgos informáticos es esencial para evaluar adecuadamente la seguridad y eficiencia de los controles internos en el entorno tecnológico de una empresa.

**Definición de riesgos informáticos:**

Los riesgos informáticos son eventos o circunstancias potenciales que podrían dar lugar a pérdidas o impactos negativos para los sistemas de información y los recursos tecnológicos de una organización. Estos riesgos pueden incluir desde amenazas cibernéticas como virus y ataques de hackers hasta problemas de rendimiento, fallas de hardware o errores humanos que podrían afectar la disponibilidad y la confidencialidad de los datos.

**Importancia de conocer los riesgos informáticos para un auditor informático:**

1. **Evaluación de la Seguridad:** Conocer los riesgos informáticos permite al auditor identificar las posibles debilidades y vulnerabilidades en los sistemas de

información y la infraestructura tecnológica de la organización. Esto facilita la evaluación de la efectividad de las medidas de seguridad implementadas.

2. **Priorización de Riesgos:** Entender los riesgos informáticos ayuda al auditor a priorizar las áreas críticas que deben ser examinadas durante la auditoría y enfocar los esfuerzos en las áreas más vulnerables.

3. **Recomendaciones y Mejoras:** Al conocer los riesgos, el auditor puede proporcionar recomendaciones específicas para mejorar los controles internos y la gestión de riesgos en la organización, fortaleciendo así la seguridad y protección de los activos de información.

4. **Detección de Problemas Potenciales:** La comprensión de los riesgos informáticos permite al auditor estar alerta y detectar problemas potenciales durante el proceso de auditoría, lo que ayuda a evitar o mitigar posibles amenazas y consecuencias negativas.

5. **Cumplimiento Normativo:** El conocimiento de los riesgos informáticos ayuda al auditor a evaluar si la organización cumple con las leyes y regulaciones relacionadas con la

seguridad de la información y la privacidad de los datos.

6. **Informes Precisos:** Al identificar y comprender los riesgos informáticos, el auditor puede proporcionar informes precisos y detallados sobre el estado de la seguridad y la gestión de riesgos informáticos en la organización.

En resumen, conocer los riesgos informáticos es fundamental para que el auditor informático pueda realizar una evaluación efectiva de los sistemas de información y la seguridad tecnológica de una organización. Esto le permite proporcionar recomendaciones valiosas para mejorar la protección de los activos de información y la eficiencia de los controles internos en el entorno tecnológico de la empresa.

## 3.3.2 Riesgos informáticos comunes

Los auditores informáticos suelen evaluar una amplia gama de riesgos informáticos que pueden afectar la seguridad, integridad y disponibilidad de los sistemas de información de una organización. Algunos de los tipos de riesgos informáticos comunes que los auditores pueden considerar incluyen:

1. **Riesgos de seguridad de la información:**
   a. Acceso no autorizado a sistemas y datos confidenciales.

b. Malware, virus y otros ataques cibernéticos.

c. Brechas de seguridad en la red y vulnerabilidades en sistemas y aplicaciones.

2. **Riesgos de integridad de datos:**

   a. Manipulación o alteración no autorizada de datos.

   b. Falta de controles para garantizar la precisión y exactitud de la información almacenada.

3. **Riesgos de disponibilidad de sistemas:**

   a. Interrupciones en los servicios de TI que afectan la disponibilidad de sistemas críticos.

   b. Falta de planes de contingencia y recuperación ante desastres.

4. **Riesgos de cumplimiento:**

   a. No cumplir con las regulaciones y leyes de protección de datos.

   b. No cumplir con los estándares y políticas de seguridad de la información.

5. **Riesgos de gestión de cambios:**

   a. Implementación de cambios en sistemas y aplicaciones sin una evaluación adecuada de impacto.

b. Errores en la gestión de cambios que puedan afectar el funcionamiento de los sistemas.

6. **Riesgos de acceso y privilegios:**

    a. Asignación inapropiada de permisos y privilegios a usuarios.

    b. Falta de segregación de funciones que pueda dar lugar a un acceso indebido.

7. **Riesgos de gestión de activos:**

    a. Pérdida o robo de equipos y dispositivos de TI.

    b. No contar con un inventario actualizado de activos de TI.

8. **Riesgos de continuidad del negocio:**

    a. Falta de planes de contingencia para mantener la operación en situaciones de crisis.

    b. No realizar pruebas y simulacros periódicos para garantizar la efectividad de los planes.

9. **Riesgos de terceros:**

    a. Dependencia de proveedores externos que puedan afectar la operación de TI.

    b. No evaluar adecuadamente los riesgos asociados con

terceros y proveedores de servicios.

**10. Riesgos de seguridad física:**

    a. Acceso no autorizado a las instalaciones donde se encuentran los sistemas de TI.

    b. Falta de medidas de seguridad física para proteger la infraestructura de TI.

Estos riesgos informáticos son solo algunos ejemplos, y pueden variar según la naturaleza de la organización y su entorno tecnológico. Los auditores informáticos están capacitados para identificar y evaluar estos riesgos, y proporcionar recomendaciones para mitigarlos y mejorar la seguridad y el rendimiento de los sistemas de información.

## 3.3.3 Controles informáticos

La definición de control informático se refiere a las políticas, procedimientos, prácticas y mecanismos implementados en una organización para garantizar la seguridad, integridad y disponibilidad de los sistemas de información y los datos. Los controles informáticos están diseñados para proteger la infraestructura tecnológica y los activos de información, minimizar los riesgos relacionados con la tecnología y garantizar que las operaciones de TI se realicen de manera efectiva y eficiente.

**Importancia del control informático para el auditor informático:**

Los controles informáticos ayudan a asegurar los siguientes elementos.

1. **Evaluación de la Seguridad:** El auditor informático debe evaluar la efectividad de los controles informáticos implementados para proteger los sistemas y datos de la organización contra amenazas cibernéticas y riesgos de seguridad.

2. **Identificación de Vulnerabilidades:** El conocimiento de los controles informáticos permite al auditor identificar posibles vulnerabilidades y debilidades en la infraestructura tecnológica de la organización.

3. **Cumplimiento Normativo:** Los controles informáticos juegan un papel importante en el cumplimiento de las leyes, regulaciones y políticas relacionadas con la seguridad de la información y la privacidad de los datos.

4. **Eficiencia y Eficacia:** La revisión de los controles informáticos permite al auditor evaluar la eficiencia y eficacia de los procesos y operaciones de TI, identificando áreas de mejora.

5. **Gestión de Riesgos:** El control informático ayuda al auditor a evaluar y gestionar los riesgos tecnológicos que podrían afectar la continuidad del negocio y los objetivos organizacionales.

6. **Prevenir Fraudes y Errores:** Los controles informáticos son esenciales para prevenir y detectar fraudes y errores que podrían surgir en el procesamiento de datos y la ejecución de transacciones.

7. **Garantizar la Confidencialidad y Privacidad:** Los controles informáticos son cruciales para asegurar que la información confidencial y los datos personales estén protegidos contra accesos no autorizados.

8. **Asegurar la Disponibilidad:** Los controles informáticos ayudan a garantizar que los sistemas y servicios de TI estén disponibles cuando se necesiten, evitando interrupciones en las operaciones.

En resumen, el control informático es fundamental para el auditor informático, ya que le permite evaluar la seguridad, eficiencia y efectividad de la infraestructura tecnológica y los procesos de TI de una organización. Además, la revisión de los controles informáticos ayuda a identificar riesgos y vulnerabilidades, proporcionando recomendaciones para mejorar la seguridad y el desempeño de los sistemas de información.

# 3.4 Marco legal y normativo

Al considerar el Marco legal y normativo de la auditoría informática, lo más importante es asegurarse de que se cumplan todas las leyes, regulaciones y estándares aplicables a la seguridad y privacidad de la información. Aquí hay algunos aspectos clave a tener en cuenta:

1. **Conocimiento de las leyes y regulaciones relevantes:** Es fundamental que los auditores informáticos estén al tanto de las leyes y regulaciones que afectan directamente a la organización y su manejo de la información. Ejemplos comunes incluyen el Reglamento General de Protección de Datos (GDPR) en Europa, leyes de privacidad de datos en diferentes países, regulaciones específicas para ciertos sectores, entre otras.

2. **Evaluación de la conformidad:** La auditoría informática debe asegurarse de que la organización cumpla con todos los requisitos legales y normativos aplicables. Esto incluye la revisión de políticas y procedimientos para garantizar que estén alineados con las regulaciones vigentes.

3. **Protección de datos personales:** Es esencial garantizar que se implementen medidas adecuadas para proteger la

privacidad y seguridad de los datos personales de los clientes, empleados y otros individuos cuyos datos se procesan dentro de la organización.

4. **Seguridad de la información:** Los auditores deben asegurarse de que se apliquen medidas de seguridad adecuadas para proteger la información sensible y crítica de la organización contra accesos no autorizados, alteraciones o eliminaciones no autorizadas.

5. **Respaldo legal para las acciones de auditoría:** Los auditores deben estar conscientes de las restricciones legales en cuanto a la obtención y manejo de evidencias durante el proceso de auditoría. Es importante respetar la confidencialidad y la privacidad de la información obtenida durante el proceso de auditoría.

6. **Cumplimiento de estándares de seguridad:** Además de las leyes específicas, existen estándares de seguridad reconocidos internacionalmente, como la norma ISO 27001, que proporcionan directrices sobre las mejores prácticas en seguridad de la información. Los auditores deben evaluar si la organización cumple con estos estándares.

7. **Actualización constante:** El marco legal y normativo en el ámbito de la auditoría informática está en constante evolución. Los auditores deben mantenerse actualizados con los cambios y actualizaciones en las leyes y regulaciones relevantes. Para este punto se recomienda que los auditores acompañen al personal informático a los eventos de presentación de nuevos productos que realizan los proveedores informáticos, ya sea de forma presencial o en línea.

Cumplir con el marco legal y normativo es fundamental para evitar sanciones legales, pérdida de confianza de los stakeholders y daños a la reputación de la organización. Además, una auditoría informática que considera adecuadamente estos aspectos garantiza una gestión más segura y responsable de la información y los activos digitales.

# 3.4.1 Principales Marcos Legales y Normativos para las Tecnologías de Información en el mundo.

A continuación, se mencionan algunos de los principales marcos legales y normativos referentes a las tecnologías de la información vigentes en el mundo:

1. **GDPR (Reglamento General de Protección de Datos) - Unión Europea:** Regula la protección y privacidad de datos personales de los ciudadanos de la Unión Europea.

2. **HIPAA (Ley de Portabilidad y Responsabilidad del Seguro Médico) - Estados Unidos:** Se enfoca en la privacidad y seguridad de la información de salud.

3. **CCPA (California Consumer Privacy Act) - Estados Unidos:** Proporciona derechos de privacidad para los residentes de California y regula el manejo de datos personales por parte de empresas que operan en California.

4. **SOX (Ley Sarbanes-Oxley) - Estados Unidos:** Establece requisitos para la gestión de la información financiera y contable de las empresas públicas.

5. **ISO/IEC 27001 - Norma Internacional:** Proporciona los

requisitos para el sistema de gestión de seguridad de la información (SGSI) y su certificación.

6. **ISO/IEC 20000-1 - Norma Internacional:** Establece los requisitos para el sistema de gestión de servicios de TI y su certificación.

7. **NIST SP 800-53 - Estados Unidos:** Marco de seguridad del Instituto Nacional de Estándares y Tecnología (NIST) para sistemas de información federales.

8. **COBIT (Control Objectives for Information and Related Technologies) - Internacional:** Proporciona un marco para el gobierno y gestión de TI.

9. **ITIL (Information Technology Infrastructure Library) - Internacional:** Proporciona buenas prácticas para la gestión de servicios de TI.

10. **PCI DSS (Payment Card Industry Data Security Standard) - Internacional:** Establece los requisitos de seguridad para las organizaciones que procesan, almacenan o transmiten datos de tarjetas de pago.

Es importante destacar que estos marcos legales y normativos pueden variar según el país o región, y las organizaciones deben estar al tanto de las regulaciones aplicables a su industria y ubicación geográfica para garantizar el cumplimiento.

Los auditores informáticos deben estar familiarizados con estos marcos legales y normativos para evaluar el cumplimiento y la seguridad de la información en las organizaciones que auditan.

## 3.4.2 GDPR

El GDPR (Reglamento General de Protección de Datos) es una regulación de privacidad de datos adoptada por la Unión Europea (UE) que entró en vigor el 25 de mayo de 2018. Su objetivo principal es proteger los datos personales y la privacidad de los ciudadanos de la UE y establecer un marco legal unificado para el tratamiento de datos personales en los Estados miembros.

El GDPR establece una serie de derechos para los ciudadanos de la UE en relación con sus datos personales, así como obligaciones para las organizaciones que procesan estos datos. Algunos aspectos clave del GDPR incluyen:

1. **Consentimiento:** Las organizaciones deben obtener el consentimiento explícito y claro de los individuos para procesar sus datos personales.

2. **Derechos de los ciudadanos:** Los ciudadanos de la UE tienen el derecho de acceder, corregir y eliminar sus datos personales, así como el derecho a la portabilidad de datos y a ser informados sobre el procesamiento de sus datos.

3. **Notificación de brechas de seguridad:** Las organizaciones deben notificar a las autoridades de protección de datos y a los ciudadanos afectados en caso de una violación de seguridad que implique datos personales.

4. **Responsabilidad del responsable y encargado del tratamiento:** Las organizaciones que procesan datos personales deben demostrar su cumplimiento del GDPR y establecer medidas adecuadas para proteger los datos.

5. **Transferencias internacionales de datos:** El GDPR regula la transferencia de datos personales fuera de la UE y establece requisitos específicos para estas transferencias.

6. **Sanciones por incumplimiento:** El GDPR impone multas significativas por el incumplimiento de sus disposiciones, pudiendo llegar hasta el 4% del volumen de negocios global anual o 20 millones de euros, la cantidad que resulte mayor.

**Importancia para un auditor informático:**

El GDPR es de suma importancia para un auditor informático por varias razones:

1. **Cumplimiento normativo:** El auditor debe asegurarse de que la organización cumpla con todas las disposiciones del GDPR en relación con la protección de datos personales.

2. **Evaluación de la seguridad de la información:** El auditor debe revisar y evaluar los controles y medidas de seguridad implementadas para proteger los datos personales de los ciudadanos de la UE.

3. **Identificación de riesgos:** El auditor debe identificar posibles riesgos y vulnerabilidades en el tratamiento de datos personales y proponer medidas para mitigarlos.

4. **Revisión de políticas y procedimientos:** El auditor debe asegurarse de que la organización cuente con políticas y procedimientos adecuados para el manejo de datos personales en cumplimiento con el GDPR.

5. **Protección de la reputación de la organización:** El incumplimiento del GDPR puede tener graves consecuencias para la reputación de la organización, por lo que el auditor debe garantizar que se tomen las medidas adecuadas para cumplir con la regulación y evitar posibles sanciones.

En resumen, el GDPR es una regulación fundamental para proteger la privacidad y los derechos de los ciudadanos de la UE en relación con sus datos personales. Para un auditor informático, es esencial asegurarse de que la organización cumpla con todas las disposiciones del GDPR y proteja adecuadamente los datos personales de los individuos.

Para acceder a la norma GDPR visita https://eur-lex.europa.eu/legal-content/EN/TXT/?uri=CELEX:32016R0679

Figura 3.3 Página de consulta de las leyes para la Unión Europea

### 3.4.3 HIPAA

El marco de trabajo de HIPAA (Ley de Portabilidad y Responsabilidad del Seguro Médico) se estableció en los Estados Unidos para proteger la privacidad y la seguridad de la información de salud de los pacientes. HIPAA aplica a las entidades de atención médica, proveedores de servicios de salud, planes de salud y ciertas entidades comerciales que manejan información de salud protegida (PHI, por sus siglas en inglés).

El marco de trabajo de HIPAA consta de dos reglas principales:

1. **La Regla de Privacidad de HIPAA:** Establece los

estándares para proteger la privacidad de la información de salud de los pacientes y establece los derechos de los pacientes en relación con sus registros médicos.

2. **La Regla de Seguridad de HIPAA:** Establece los requisitos para salvaguardar la confidencialidad, integridad y disponibilidad de la información de salud protegida. Esta regla se enfoca en las medidas de seguridad que las organizaciones deben implementar para proteger la información de salud contra el acceso no autorizado, el uso o divulgación inadecuados.

**Importancia para el auditor informático:**

El cumplimiento de HIPAA es de gran importancia para el auditor informático debido a los siguientes aspectos:

1. **Protección de Datos Sensibles:** HIPAA aborda la información de salud protegida, que es altamente sensible y privada. El auditor debe asegurarse de que las entidades de atención médica y los proveedores de servicios de salud cumplan con las medidas adecuadas para proteger estos datos de posibles violaciones y mal uso.

2. **Identificación de Riesgos y Vulnerabilidades:** El auditor informático debe evaluar los controles de seguridad implementados por las organizaciones para detectar posibles riesgos y vulnerabilidades que puedan afectar la seguridad y privacidad de la información de salud.

3. **Cumplimiento Normativo:** HIPAA impone sanciones significativas a las organizaciones que no cumplen con sus requisitos. El auditor debe verificar que las entidades cumplan con las reglas de HIPAA y, en caso de incumplimiento, recomendar acciones correctivas.

4. **Protección de la Reputación:** El incumplimiento de HIPAA puede dañar la reputación de las organizaciones y afectar la confianza de los pacientes. El auditor debe asegurarse de que se implementen las medidas adecuadas para proteger la reputación de la organización.

En resumen, el marco de trabajo de HIPAA es fundamental para garantizar la protección de la información de salud protegida y la privacidad de los pacientes. El auditor informático juega un papel crítico en evaluar el cumplimiento de HIPAA y proporcionar recomendaciones para mejorar la seguridad y protección de la información de salud.

Para consultar la norma HIPAA visita https://www.hhs.gov/hipaa/index.html

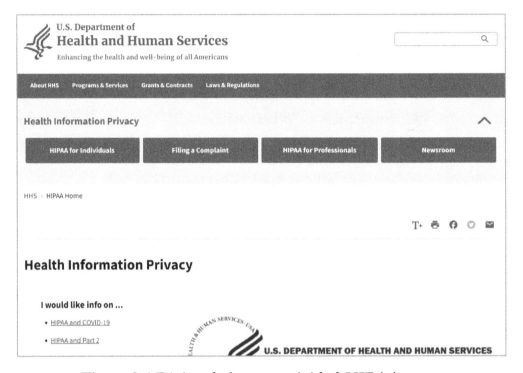

Figura 3.4 Página de la normatividad HIPAA

### 3.4.4 CCPA

La CCPA (California Consumer Privacy Act) es una ley de privacidad de datos que se aplica a las empresas que operan en California, Estados Unidos, y que entró en vigor el 1 de enero de 2020. La CCPA tiene como objetivo proteger la privacidad de los datos personales de los residentes de California y otorgarles ciertos derechos sobre cómo se recopilan, procesan y comparten sus datos.

**Algunos aspectos clave de la CCPA son:**

1. **Derechos de los Consumidores:** La CCPA otorga a los consumidores de California el derecho a saber qué datos personales se están recopilando sobre ellos, el derecho a acceder a esos datos, el derecho a solicitar la eliminación de sus datos y el derecho a optar por no participar en la venta de sus datos.

2. **Obligaciones para las Empresas:** Las empresas que cumplen con ciertos criterios (como ingresos anuales superiores a un umbral o manejo de grandes cantidades de datos personales) están sujetas a cumplir con las regulaciones de la CCPA. Deben proporcionar notificaciones claras a los consumidores sobre cómo se recopilan y procesan sus datos y deben cumplir con las solicitudes de los consumidores relacionadas con sus datos personales.

3. **Sanciones por Incumplimiento:** La CCPA establece sanciones financieras significativas para las empresas que no cumplan con sus disposiciones, lo que puede resultar en multas y responsabilidad civil.

**Importancia para el auditor informático:**

La CCPA es importante para el auditor informático por varias razones:

1. **Evaluación del Cumplimiento:** El auditor informático debe evaluar si las empresas sujetas a la CCPA cumplen con sus requisitos y proporcionan a los consumidores de California los derechos establecidos en la ley.

2. **Protección de Datos Personales:** La CCPA se enfoca en la protección de datos personales, y el auditor debe revisar las medidas de seguridad implementadas por las empresas para proteger esta información.

3. **Identificación de Riesgos:** El auditor informático debe identificar posibles riesgos y vulnerabilidades en el manejo de datos personales por parte de las empresas y proponer medidas correctivas.

4. **Privacidad y Transparencia:** La CCPA requiere que las empresas sean transparentes sobre cómo recopilan y procesan los datos personales, lo que es fundamental para proteger la privacidad de los consumidores.

5. **Revisión de Políticas y Procedimientos:** El auditor debe asegurarse de que las empresas tengan políticas y procedimientos adecuados para cumplir con las regulaciones de la CCPA y responder a las solicitudes de los consumidores.

En resumen, la CCPA es una ley de privacidad de datos significativa que afecta a las empresas que operan en California y tiene implicaciones importantes para la protección de datos personales. El auditor informático desempeña un papel clave en evaluar el cumplimiento de la CCPA y garantizar que las empresas cumplan con sus requisitos y protejan adecuadamente la privacidad de los consumidores de California.

Para consultar la norma CCPA visita el enlace https://oag.ca.gov/privacy/ccpa

Figura 3.5 Página web para consultar la normatividad de CCPA

## 3.4.5 SOX (Ley Sarbanes-Oxley)

La SOX (Ley Sarbanes-Oxley) es una ley federal de Estados Unidos que se promulgó en el año 2002 con el objetivo de mejorar la transparencia y la responsabilidad en la gestión financiera de las empresas públicas. La SOX fue creada en respuesta a una serie de escándalos financieros en compañías importantes, como Enron y WorldCom, que afectaron la confianza de los inversores y el público en general.

**Algunos aspectos clave de la SOX son:**

1. **Creación de la PCAOB (Public Company Accounting Oversight Board):** La SOX estableció la PCAOB, una

entidad encargada de supervisar y regular a las firmas de auditoría que trabajan con empresas públicas.

2. **Auditorías Internas y Control Interno:** La SOX requiere que las empresas establezcan y mantengan controles internos efectivos sobre sus informes financieros y procesos. También exige una evaluación anual de la efectividad de esos controles internos.

3. **Responsabilidad Ejecutiva:** La SOX responsabiliza a los ejecutivos de alto nivel por la precisión y veracidad de los informes financieros y establece penalizaciones severas, incluyendo penas de prisión, para aquellos que actúen de manera fraudulenta.

4. **Protección de Denunciantes (Whistleblowers):** La SOX protege a los denunciantes que informan de irregularidades financieras y ofrece salvaguardias contra posibles represalias por parte de la empresa.

## Importancia para el auditor informático:

La SOX es importante para el auditor informático por diversas razones:

1. **Evaluación de Controles Internos:** El auditor informático debe evaluar los controles internos implementados por la empresa para garantizar la exactitud y confiabilidad de los informes financieros. Esto puede incluir la revisión de los sistemas y procesos de TI utilizados en la generación y el respaldo de la información financiera.

2. **Seguridad de la Información:** La SOX también se relaciona con la seguridad de la información, ya que los controles internos también deben proteger la integridad y confidencialidad de los datos financieros y sensibles.

3. **Cumplimiento Normativo:** El auditor informático debe asegurarse de que la empresa cumpla con todos los requisitos establecidos por la SOX en relación con los controles internos, informes financieros y responsabilidad ejecutiva.

4. **Supervisión de la PCAOB:** Si el auditor está trabajando con una empresa pública, debe estar consciente de la supervisión de la PCAOB y cumplir con las normas y regulaciones establecidas por esta entidad.

En resumen, la SOX es una ley crítica que busca mejorar la

transparencia y la responsabilidad en la gestión financiera de las empresas públicas en Estados Unidos. Para el auditor informático, implica evaluar los controles internos, la seguridad de la información y garantizar el cumplimiento normativo de la empresa en relación con la SOX.

Para ver o descargar la norma SOX visita el enlace https://www.govinfo.gov/app/details/PLAW-107publ204

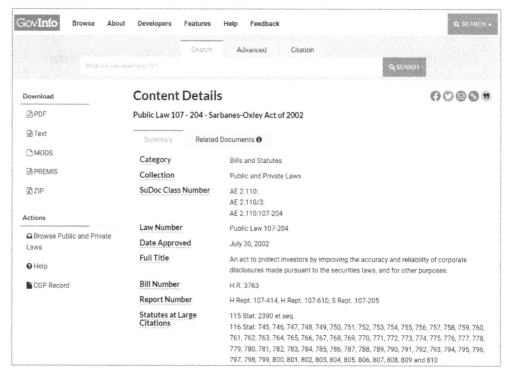

Figura 3.6 Sitio web para descarga de la normatividad SOX Act 2002

# 3.4.6 ISO/IEC 27001 (Requisitos para un sistema de gestión de seguridad de la información)

La norma ISO/IEC 27001 es un estándar internacional que establece los requisitos para implementar un Sistema de Gestión de Seguridad de la Información (SGSI) en una organización. Su objetivo principal es proteger la confidencialidad, integridad y disponibilidad de la información de la empresa, asegurando la gestión adecuada de los riesgos de seguridad de la información.

**Algunos aspectos clave de la norma ISO/IEC 27001 son:**

1. **Evaluación de riesgos:** La organización debe identificar y evaluar los riesgos de seguridad de la información a los que está expuesta y tomar medidas para mitigarlos.

2. **Políticas de seguridad:** Se deben establecer políticas y procedimientos claros para garantizar la seguridad de la información en todos los niveles de la organización.

3. **Gestión de activos de información:** Se deben proteger adecuadamente los activos de información, como datos, sistemas y equipos.

4. **Control de acceso:** Se deben implementar medidas para

garantizar que solo las personas autorizadas tengan acceso a la información.

5. **Gestión de incidentes de seguridad:** La organización debe estar preparada para responder a incidentes de seguridad de la información y tomar medidas correctivas cuando sea necesario.

6. **Mejora continua:** La norma ISO/IEC 27001 promueve la mejora continua del SGSI para garantizar que se mantenga eficaz y actualizado con los cambios en el entorno de seguridad de la información.

## Importancia para el auditor informático:

La norma ISO/IEC 27001 es de suma importancia para el auditor informático por las siguientes razones:

1. **Evaluación del SGSI:** El auditor informático debe evaluar si la organización ha implementado un SGSI de acuerdo con los requisitos de la norma ISO/IEC 27001.

2. **Identificación de debilidades de seguridad:** El auditor debe identificar posibles debilidades en los controles de

seguridad de la información y recomendar medidas para mejorar la protección de la información.

3. **Cumplimiento normativo:** La ISO/IEC 27001 es una norma ampliamente reconocida y puede ser requerida por clientes, socios comerciales o regulaciones gubernamentales. El auditor debe asegurarse de que la organización cumpla con esta norma si es relevante para su contexto.

4. **Asegurar la confianza del cliente:** La certificación en ISO/IEC 27001 puede ser un factor importante para generar confianza entre los clientes y demostrar el compromiso de la organización con la seguridad de la información.

En resumen, la norma ISO/IEC 27001 es fundamental para establecer y mantener un SGSI efectivo en una organización. Para el auditor informático, implica evaluar la implementación de esta norma y asegurarse de que la empresa cuente con controles adecuados para proteger la seguridad de la información.

Para adquirir la norma ISO/IEC 27001 visita https://www.iso.org/standard/27001

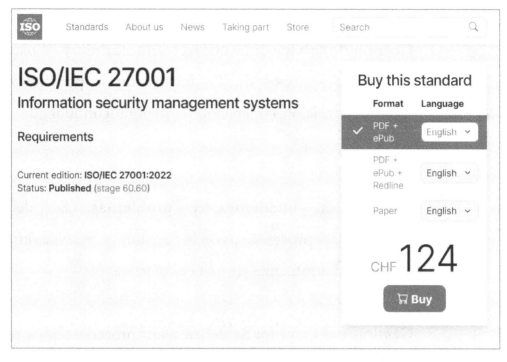

Figura 3.7 Sitio web para adquirir la norma ISO/IEC 27001

## 3.4.7 ISO/IEC 20000-1 (Servicios de Tecnología de la información)

La norma ISO/IEC 20000-1 es un estándar internacional que establece los requisitos para implementar un Sistema de Gestión de Servicios de Tecnologías de la Información (SGSTI) en una organización. Su objetivo principal es asegurar la provisión efectiva y eficiente de servicios de TI que satisfagan los requisitos del cliente y mejoren la calidad de la gestión de servicios.

Algunos aspectos clave de la norma ISO/IEC 20000-1 son:

1. **Gestión de servicios:** La norma establece principios para la gestión de servicios de TI, incluyendo la planificación, diseño, transición, operación y mejora continua de los servicios.

2. **Gestión de incidentes y problemas:** Se deben implementar procesos para la gestión y resolución de incidentes y problemas de manera efectiva.

3. **Gestión del cambio:** Se deben tener procedimientos para gestionar cambios en los servicios de TI de forma controlada y minimizar el impacto en el negocio.

4. **Gestión de la información:** La norma enfatiza la importancia de la gestión de la información, incluyendo la seguridad de la información, para garantizar la calidad de los servicios.

5. **Mejora continua:** La norma promueve la mejora continua de los servicios de TI a través de la evaluación y revisión constante de los procesos.

**Importancia para el auditor informático:**

La norma ISO/IEC 20000-1 es importante para el auditor informático por las siguientes razones:

1. **Evaluación del SGSTI:** El auditor informático debe evaluar si la organización ha implementado un SGSTI de acuerdo con los requisitos de la norma ISO/IEC 20000-1.

2. **Identificación de oportunidades de mejora:** El auditor debe identificar áreas donde se puedan mejorar los servicios de TI para satisfacer mejor las necesidades del cliente y el negocio.

3. **Cumplimiento normativo:** La ISO/IEC 20000-1 es una norma reconocida internacionalmente para la gestión de servicios de TI. El auditor debe asegurarse de que la organización cumpla con esta norma si es relevante para su contexto.

4. **Asegurar la calidad de los servicios:** La implementación de la norma ISO/IEC 20000-1 ayuda a garantizar la calidad de los servicios de TI, lo que puede conducir a una mayor satisfacción del cliente y una mejora en los resultados comerciales.

En resumen, la norma ISO/IEC 20000-1 es esencial para asegurar una gestión efectiva de los servicios de TI en una organización. Para el auditor informático, implica evaluar la implementación de esta norma y asegurarse de que la empresa cumpla con los requisitos para mejorar la calidad de los servicios de TI y satisfacer las necesidades del cliente.

Para adquirir la norma ISO/IEC 20000 visita https://www.iso.org/standard/70636.html

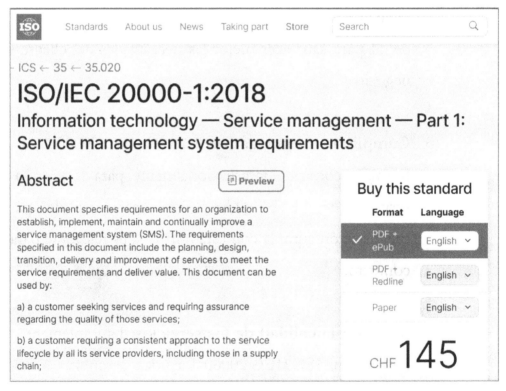

Figura 3.8 Sitio web para adquirir la norma ISO/IEC 20000

# 3.4.8 NIST SP-800-53 (Controles y medidas de seguridad)

La norma NIST SP 800-53, desarrollada por el Instituto Nacional de Estándares y Tecnología (NIST) de los Estados Unidos, es un conjunto de controles y medidas de seguridad que se utiliza para guiar la implementación de sistemas de seguridad de la información en organizaciones federales y otras entidades. Estos controles están diseñados para proteger la información y los sistemas de tecnología de la información contra amenazas y riesgos.

La importancia de la norma NIST SP 800-53 para el auditor informático radica en que proporciona un marco de referencia sólido para evaluar la seguridad de la información en una organización. Algunos puntos clave sobre la norma y su relevancia para el auditor informático son:

1. **Amplio alcance:** La norma NIST SP 800-53 abarca una amplia gama de áreas de seguridad de la información, incluyendo el control de acceso, la gestión de incidentes, la protección de datos, la continuidad del negocio y muchos otros aspectos.

2. **Enfoque basado en riesgos:** La norma se basa en un enfoque de gestión de riesgos, lo que significa que los

controles y medidas se seleccionan y aplican en función de la evaluación de los riesgos específicos que enfrenta la organización.

3. **Orientación práctica:** La NIST SP 800-53 ofrece orientación práctica sobre cómo implementar los controles de seguridad de manera efectiva, lo que es útil para el auditor informático al evaluar el cumplimiento de la organización con estas prácticas.

4. **Relevancia en múltiples sectores:** Aunque inicialmente fue desarrollada para su uso en el gobierno de los Estados Unidos, la norma NIST SP 800-53 ha sido ampliamente adoptada en otras industrias y sectores, lo que la convierte en un marco de referencia valioso para el auditor informático en diversas organizaciones.

5. **Alineación con otros estándares:** La norma NIST SP 800-53 se alinea con otros marcos y estándares de seguridad de la información, como ISO/IEC 27001, lo que permite una comparación más completa y coherente de los controles de seguridad.

En resumen, la norma NIST SP 800-53 es una referencia esencial para la seguridad de la información, y su importancia para el auditor informático radica en su capacidad para evaluar y medir el cumplimiento de una organización con prácticas de seguridad sólidas y basadas en riesgos, ayudando así a proteger la información y los sistemas de TI contra amenazas y riesgos potenciales.

Para consultar la norma NIST-SP-800-53 visita https://csrc.nist.gov/pubs/sp/800/53/r5/upd1/final

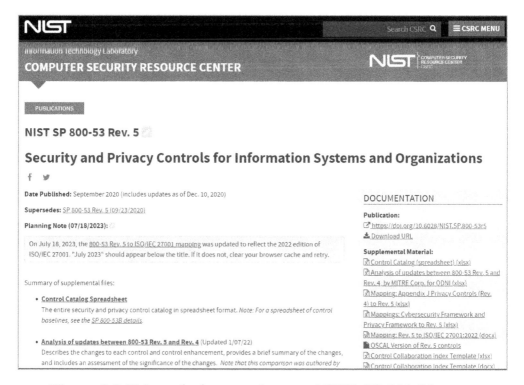

Figura 3.9 Sitio web de consulta para NIST-SP-800-53

## 3.4.9 COBIT

COBIT (Control Objectives for Information and Related Technologies) es un marco de referencia desarrollado por ISACA (Information Systems Audit and Control Association) que proporciona una guía para la gestión y gobernanza de los sistemas de información en las organizaciones. COBIT se centra en brindar controles efectivos para garantizar que los procesos de TI alcancen los objetivos de negocio y cumplan con los requisitos regulatorios.

La importancia de COBIT para el auditor informático radica en lo siguiente:

1. **Estándar reconocido:** COBIT es un marco de referencia ampliamente reconocido y utilizado en todo el mundo para la gestión y gobernanza de TI. Como auditor informático, estar familiarizado con COBIT es esencial para comprender cómo se gestionan y controlan los sistemas de información en una organización.

2. **Alcance integral:** COBIT abarca todas las áreas relevantes de TI, incluyendo la planificación estratégica, la adquisición de recursos, la entrega y soporte de servicios, y el monitoreo y evaluación de los procesos. Esto permite que el auditor informático evalúe la efectividad y eficiencia de los controles

en todas las áreas clave de TI.

3. **Enfoque en los objetivos del negocio:** COBIT se centra en alinear los objetivos de TI con los objetivos de negocio de la organización. Esto asegura que los recursos de TI se utilicen de manera efectiva para respaldar las metas de la empresa y agreguen valor.

4. **Orientación para el cumplimiento:** COBIT ofrece orientación sobre cómo cumplir con los requisitos legales y regulatorios en el ámbito de TI. Esto es crucial para el auditor informático, ya que le permite evaluar si la organización cumple con los marcos normativos aplicables.

5. **Enfoque basado en procesos:** COBIT se basa en procesos, lo que facilita la evaluación y mejora de la efectividad de los procesos de TI. Esto ayuda al auditor informático a identificar oportunidades de mejora y fortalecimiento de los controles.

6. **Marco de evaluación de madurez:** COBIT incluye un marco de evaluación de madurez que permite a las organizaciones medir y comparar la madurez de sus procesos de TI. Como auditor informático, el conocimiento

de este marco es esencial para evaluar el nivel de madurez de los controles de TI en la organización.

En resumen, COBIT es un marco de referencia valioso para la gestión y gobernanza de TI, y su importancia para el auditor informático radica en que proporciona una guía completa para evaluar la efectividad y eficiencia de los controles de TI, alineados con los objetivos de negocio y el cumplimiento normativo.

Para consultar la normatividad de COBIT visita https://www.isaca.org/resources/cobit

Figura 3.10 Sitio web para consultar la norma COBIT.

## 3.4.10 ITIL (Gestión de servicios informáticos)

ITIL (Information Technology Infrastructure Library) es un conjunto de prácticas y recomendaciones para la gestión de servicios de tecnologías de la información (TI). Se enfoca en proporcionar un marco de trabajo para la planificación, diseño, transición, operación y mejora continua de los servicios de TI en una organización. ITIL es ampliamente utilizado en todo el mundo y es considerado un estándar de facto en la industria de TI.

La importancia de ITIL para el auditor informático radica en lo siguiente:

1. **Orientación para la gestión de servicios de TI:** ITIL proporciona una guía detallada sobre cómo gestionar y entregar servicios de TI de manera efectiva. Esto ayuda al auditor informático a evaluar si la organización sigue las mejores prácticas en la gestión de sus servicios de TI.

2. **Enfoque en la satisfacción del cliente:** ITIL pone un fuerte énfasis en la satisfacción del cliente y en alinear los servicios de TI con las necesidades y expectativas del negocio. El auditor informático puede evaluar si los servicios de TI están siendo entregados de manera eficiente y si satisfacen las necesidades del cliente.

3. **Procesos bien definidos:** ITIL define una serie de procesos que abarcan todo el ciclo de vida de los servicios de TI. Estos procesos proporcionan una estructura sólida para la gestión y mejora continua de los servicios de TI.

4. **Mejora continua:** ITIL promueve la cultura de mejora continua en la gestión de servicios de TI. El auditor informático puede evaluar si la organización está implementando mejoras y optimizando sus procesos para lograr una mayor eficiencia y eficacia.

5. **Gestión de incidentes y problemas:** ITIL proporciona un marco para la gestión de incidentes y problemas de TI de manera estructurada. Esto permite al auditor informático evaluar si la organización tiene una gestión adecuada de incidentes y problemas para minimizar el impacto en el negocio.

6. **Alineación con otros marcos y normas:** ITIL se alinea con otros marcos y estándares de la industria, como ISO/IEC 20000, lo que permite al auditor informático realizar comparaciones y evaluar el cumplimiento con múltiples normas y mejores prácticas.

En resumen, ITIL es un marco de referencia valioso para la gestión de servicios de TI, y su importancia para el auditor informático radica en que proporciona una guía estructurada y completa para evaluar la eficiencia, eficacia y alineación de los servicios de TI con las necesidades del negocio.

Para consultar la normatividad de ITIL visita https://www.axelos.com/certifications/itil-service-management

Figura 3.11 Sitio web para adquirir ITIL.

# 3.4.11 PCI DSS (Seguridad en los datos de las tarjetas de pago)

PCI DSS (Payment Card Industry Data Security Standard) es una norma de seguridad de datos creada por las principales compañías de tarjetas de pago, como Visa, Mastercard, American Express y otras, para proteger la información confidencial de los titulares de tarjetas y garantizar la seguridad de las transacciones con tarjetas de crédito y débito.

La importancia de PCI DSS para el auditor informático radica en lo siguiente:

1. **Seguridad de datos de tarjetas de pago:** PCI DSS se centra en proteger la información confidencial de los titulares de tarjetas, como números de tarjetas, nombres y códigos de seguridad. Como auditor informático, es esencial asegurarse de que la organización cumpla con los requisitos de seguridad para proteger esta información.

2. **Cumplimiento normativo:** PCI DSS es una norma reconocida a nivel mundial y es obligatoria para todas las organizaciones que procesan, transmiten o almacenan datos de tarjetas de pago. El auditor informático debe verificar que la organización cumpla con esta norma para evitar posibles

sanciones y pérdida de confianza de los clientes.

3. **Protección contra amenazas de seguridad:** La implementación de las medidas de seguridad requeridas por PCI DSS ayuda a proteger a la organización contra amenazas de seguridad, como robo de datos, fraude con tarjetas y violaciones de la privacidad.

4. **Mejores prácticas de seguridad:** PCI DSS incluye una serie de controles y medidas de seguridad que se consideran mejores prácticas para proteger los datos de tarjetas de pago. El auditor informático debe evaluar si la organización ha implementado estas prácticas de manera adecuada.

5. **Confianza del cliente:** El cumplimiento de PCI DSS demuestra a los clientes que la organización se toma en serio la seguridad de sus datos y contribuye a generar confianza en la marca y en las transacciones con tarjetas de pago.

6. **Responsabilidad compartida:** La seguridad de los datos de tarjetas de pago es una responsabilidad compartida entre la organización y sus proveedores de servicios. El auditor informático debe asegurarse de que se cumplan los requisitos de PCI DSS tanto a nivel interno como con

terceros proveedores.

En resumen, PCI DSS es una norma crucial para garantizar la seguridad de los datos de tarjetas de pago y proteger a las organizaciones contra amenazas de seguridad. Para el auditor informático, es esencial evaluar el cumplimiento de PCI DSS para asegurarse de que la organización esté protegiendo adecuadamente la información confidencial de los titulares de tarjetas y cumpla con los estándares internacionales de seguridad.

Para consultar la norma PCI-DSS visita https://www.pcisecuritystandards.org/document_library/

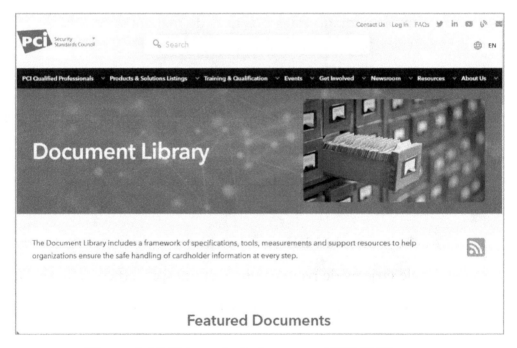

Figura 3.12 Sitio web de la norma PCI-DSS

# 3.4.12 Normatividad Mexicana para las tecnologías de la información

En México, existen varias leyes y normas que aplican a las tecnologías de la información y la seguridad informática. Algunas de las más relevantes son:

1. **Ley Federal de Protección de Datos Personales en Posesión de Particulares (LFPDPPP):** Esta ley regula el tratamiento de datos personales por parte de particulares y establece los principios, derechos y obligaciones para garantizar la privacidad y protección de los datos personales.

2. **Ley Federal de Telecomunicaciones y Radiodifusión (LFTR):** Esta ley regula las telecomunicaciones y los servicios de radiodifusión en México, incluyendo temas relacionados con la protección de datos y la seguridad de la información.

3. **Ley de Firma Electrónica Avanzada (LFEA):** Esta ley establece el marco jurídico para el uso de la firma electrónica avanzada como un medio de identificación y autenticación en transacciones electrónicas.

4. **Ley General de Protección de Datos Personales en**

**Posesión de Sujetos Obligados:** Esta ley regula el tratamiento de datos personales por parte de sujetos obligados, como las dependencias y entidades de la administración pública.

5. **Norma Oficial Mexicana (NOM) NMX-I-27001-1-SCFI-2013:** Esta norma establece los requisitos para la implementación de sistemas de gestión de seguridad de la información, basados en la norma internacional ISO/IEC 27001.

6. **Norma Oficial Mexicana (NOM) NMX-I-133/02-NYCE-2016:** Esta norma establece los criterios para el diseño y construcción de centros de cómputo y salas de cómputo.

7. **Ley Federal del Derecho de Autor (LFDA):** Esta ley protege los derechos de autor en México y regula el uso y reproducción de obras protegidas, incluyendo obras digitales y software.

8. **Ley Federal de Telecomunicaciones y Radiodifusión (LFTR):** Esta ley regula el uso y aprovechamiento del espectro radioeléctrico, las redes y servicios de

telecomunicaciones, y la protección de datos personales en el sector de las telecomunicaciones.

Estas leyes y normas son fundamentales para asegurar la protección de los datos personales, la seguridad de la información y el cumplimiento de las regulaciones en el ámbito de las tecnologías de la información en México. Los auditores informáticos deben estar familiarizados con estas leyes y normas para evaluar el cumplimiento de las organizaciones y garantizar que se tomen las medidas adecuadas para proteger la información y cumplir con las regulaciones vigentes. Algunos sitios para consultar la normatividad mexicana son los siguientes:

- INAI - https://home.inai.org.mx/
- CNBV - https://www.gob.mx/cnbv
- CRE - https://www.gob.mx/cre/
- Diario Oficial de la Federación - https://www.dof.gob.mx/#gsc.tab=0

Para revisar la normatividad mexicana aplicable a las tecnologías de la información, puedes acceder a las páginas web de los organismos y entidades gubernamentales encargados de emitir y mantener las normas en México. Algunas de las instituciones más relevantes son:

1. **Secretaría de Economía - Dirección General de Normas**

**(DGN):** La DGN es la encargada de establecer y mantener las normas técnicas en México. Puedes consultar su sitio web en: https://www.economia-nmx.gob.mx/

2. **Instituto Nacional de Transparencia, Acceso a la Información y Protección de Datos Personales (INAI):** El INAI es el organismo encargado de proteger los datos personales en México. Puedes encontrar información sobre normas y leyes relacionadas con la protección de datos en su sitio web: https://www.inai.org.mx/

3. **Comisión Federal de Telecomunicaciones (COFETEL):** La COFETEL es el organismo encargado de regular el sector de las telecomunicaciones en México. Puedes acceder a su sitio web en: http://www.cft.gob.mx/

4. **Instituto Federal de Telecomunicaciones (IFT):** El IFT es el organismo autónomo encargado de regular el sector de las telecomunicaciones y radiodifusión en México. Puedes consultar su sitio web en: https://www.ift.org.mx/

Además de estos organismos, también puedes consultar el Diario Oficial de la Federación (DOF) (https://www.dof.gob.mx/), donde se publican las leyes, decretos y normas oficiales del país, incluyendo aquellas relacionadas con las tecnologías de la información.

Recuerda que la normatividad puede variar según el área específica de las tecnologías de la información que estés investigando. Te recomiendo revisar los sitios web oficiales de las instituciones mencionadas para obtener información actualizada y precisa sobre la normatividad en tecnologías de la información en México.

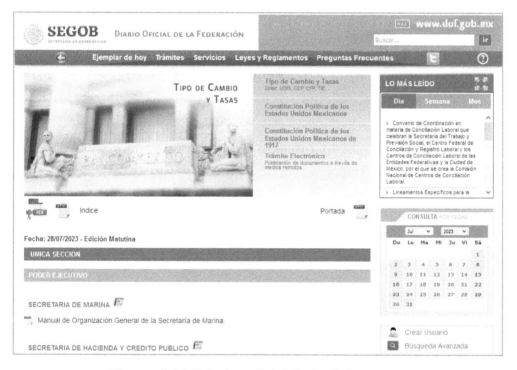

Figura 3.13 Diario oficial de la federación

Figura 3.14 Comisión reguladora de energía

Figura 3.15 Comisión Nacional Bancaria y de Valores ( CNBV)

Figura 3.16 Instituto Nacional de Acceso a la Información (INAI)

# 3.4.13 Normatividad Española para las tecnologías de la información

En España, existen varias leyes y normas que aplican a las tecnologías de la información y la seguridad informática. Algunas de las más relevantes son:

1. **Ley Orgánica 3/2018, de 5 de diciembre, de Protección de Datos Personales y garantía de los derechos digitales (LOPDGDD):** Esta ley regula la protección de datos personales en España y garantiza los derechos digitales de los ciudadanos.

2. **Reglamento General de Protección de Datos (RGPD):** Aunque es una regulación de la Unión Europea, el RGPD también es de aplicación en España y establece los principios y requisitos para el tratamiento de datos personales.

3. **Ley 34/2002, de 11 de julio, de servicios de la sociedad de la información y de comercio electrónico (LSSICE):** Esta ley regula el comercio electrónico y los servicios de la sociedad de la información en España, incluyendo aspectos como la información a los usuarios y el envío de comunicaciones comerciales por medios electrónicos.

4. **Ley de Firma Electrónica (LFE):** Esta ley establece el marco jurídico para el uso de la firma electrónica en España.

5. **Real Decreto-ley 12/2018, de 7 de septiembre, de seguridad de las redes y sistemas de información:** Esta normativa establece las medidas para garantizar la seguridad de las redes y sistemas de información en sectores estratégicos, como energía, transporte, servicios financieros, entre otros.

6. **Esquema Nacional de Seguridad (ENS):** Esta norma tiene por objeto establecer la política de seguridad en el uso de tecnologías de la información en las Administraciones Públicas.

7. **Ley de Propiedad Intelectual:** Esta ley protege los derechos de autor y regula el uso y reproducción de obras protegidas por derechos de propiedad intelectual, incluyendo software.

8. **Normas ISO 27001 e ISO 27002:** Aunque no son leyes, son normas internacionales ampliamente utilizadas en España y en todo el mundo para la gestión de seguridad de la información.

Estas leyes y normas son fundamentales para asegurar la protección de los datos personales, la seguridad de la información y el cumplimiento de las regulaciones en el ámbito de las tecnologías de la información en España. Los auditores informáticos deben estar familiarizados con estas leyes y normas para evaluar el cumplimiento de las organizaciones y garantizar que se tomen las medidas adecuadas para proteger la información y cumplir con las regulaciones vigentes.

Para revisar la normatividad española aplicable a las tecnologías de la información, puedes acceder a las páginas web de los organismos y entidades gubernamentales encargados de emitir y mantener las normas en España. Algunas de las instituciones más relevantes son:

1. **Agencia Española de Protección de Datos (AEPD):** Para temas relacionados con la protección de datos y privacidad, puedes consultar la AEPD: https://www.aepd.es/

2. **Instituto Nacional de Ciberseguridad (INCIBE):** El INCIBE es un centro de referencia nacional en ciberseguridad, y ofrece información sobre normas y buenas prácticas de seguridad informática en su sitio web: https://www.incibe.es/

3. **Asociación Española de Normalización, UNE:** Puedes

encontrar normas técnicas y estándares aplicables a las tecnologías de la información en el sitio web de UNE: https://www.une.org/

4. **Boletín Oficial del Estado (BOE):** El BOE publica las leyes, normas y disposiciones oficiales en España, incluyendo las relacionadas con las tecnologías de la información. Puedes acceder a su sitio web para consultar la normatividad vigente: https://www.boe.es/

Es importante destacar que la normatividad puede variar según el área específica de las tecnologías de la información que estés investigando. Te recomiendo revisar los sitios web oficiales de las instituciones mencionadas para obtener información actualizada y precisa sobre la normatividad en tecnologías de la información en España.

# 3.4.14 Normatividad Argentina para las tecnologías de la información

En Argentina, existen varias leyes y normas que aplican a las tecnologías de la información y la seguridad informática. Algunas de las más relevantes son:

1. **Ley de Protección de Datos Personales (Ley 25.326):** Esta ley regula el tratamiento de datos personales en Argentina y establece los principios, derechos y obligaciones para garantizar la privacidad y protección de los datos personales.

2. **Ley de Firma Digital (Ley 25.506):** Esta ley establece el marco jurídico para el uso de la firma digital como un medio de identificación y autenticación en transacciones electrónicas.

3. **Ley de Delitos Informáticos (Ley 26.388):** Esta ley tipifica los delitos informáticos y establece sanciones para aquellos que incurran en acciones ilegales relacionadas con el acceso, uso y manipulación de sistemas informáticos y datos electrónicos.

4. **Decreto 1279/2018:** Este decreto establece los lineamientos

para la implementación de políticas de ciberseguridad en el ámbito de la administración pública.

5. **Decreto 962/2018:** Este decreto regula la protección de la infraestructura crítica del país y establece medidas de seguridad para los operadores de infraestructuras críticas.

6. **Norma ISO/IEC 27001:** Aunque no es una ley, la norma ISO/IEC 27001 es ampliamente utilizada en Argentina y en todo el mundo para la gestión de seguridad de la información.

7. **Ley de Propiedad Intelectual:** Esta ley protege los derechos de autor y regula el uso y reproducción de obras protegidas por derechos de propiedad intelectual, incluyendo software.

Estas leyes y normas son fundamentales para asegurar la protección de los datos personales, la seguridad de la información y el cumplimiento de las regulaciones en el ámbito de las tecnologías de la información en Argentina. Los auditores informáticos deben estar familiarizados con estas leyes y normas para evaluar el cumplimiento de las organizaciones y garantizar que se tomen las medidas adecuadas para proteger la información y cumplir con las regulaciones vigentes.

Para revisar la normatividad argentina aplicable a las tecnologías de la información, puedes acceder a las páginas web de los organismos y entidades gubernamentales encargados de emitir y mantener las normas en Argentina. Algunas de las instituciones más relevantes son:

1. **Ente Nacional de Comunicaciones (ENACOM):** El ENACOM regula y supervisa las comunicaciones en Argentina, incluyendo aspectos relacionados con las tecnologías de la información. Puedes consultar su sitio web en: https://www.enacom.gob.ar/

2. **Agencia de Acceso a la Información Pública (AAIP):** La AAIP es el organismo encargado de promover y proteger el derecho de acceso a la información pública en Argentina. Puedes acceder a su sitio web en: https://www.argentina.gob.ar/aaip

3. **Dirección Nacional de Protección de Datos Personales (DNPDP):** La DNPDP es el organismo encargado de proteger los datos personales en Argentina. Puedes consultar su sitio web en: https://www.argentina.gob.ar/justicia/dnpdp

4. **Instituto Nacional de Tecnología Industrial (INTI):** El

INTI es un organismo técnico que desarrolla y promueve normas y estándares relacionados con la tecnología y la industria en Argentina. Puedes acceder a su sitio web en: https://www.inti.gob.ar/

Además de estos organismos, también puedes consultar el Boletín Oficial de la República Argentina (https://www.boletinoficial.gob.ar/) donde se publican las leyes, decretos y normas oficiales del país, incluyendo aquellas relacionadas con las tecnologías de la información.

Recuerda que la normatividad puede variar según el área específica de las tecnologías de la información que estés investigando. Te recomiendo revisar los sitios web oficiales de las instituciones mencionadas para obtener información actualizada y precisa sobre la normatividad en tecnologías de la información en Argentina.

## 3.4.15 Normatividad Colombiana para las tecnologías de la información

En Colombia, existen varias leyes y normas que aplican a las tecnologías de la información y la seguridad informática. Algunas de las más relevantes son:

1. **Ley 1581 de 2012:** Esta ley regula la protección de datos personales en Colombia y establece los principios, derechos y obligaciones para garantizar la privacidad y protección de los datos personales.

2. **Ley 1273 de 2009:** Esta ley tipifica los delitos informáticos y establece sanciones para aquellos que incurran en acciones ilegales relacionadas con el acceso, uso y manipulación de sistemas informáticos y datos electrónicos.

3. **Decreto 1074 de 2015:** Este decreto regula el régimen de protección de datos personales y establece disposiciones para su aplicación en el sector público.

4. **Decreto 620 de 2020:** Este decreto establece las normas de ciberseguridad para entidades del sector público.

5. **Ley 527 de 1999:** Esta ley regula el comercio electrónico y

los mensajes de datos en Colombia.

6. **Resolución 2005 de 2012:** Esta resolución establece los lineamientos para la implementación de políticas de seguridad de la información en el sector público.

7. **Norma ISO/IEC 27001:** Aunque no es una ley, la norma ISO/IEC 27001 es ampliamente utilizada en Colombia y en todo el mundo para la gestión de seguridad de la información.

Estas leyes y normas son fundamentales para asegurar la protección de los datos personales, la seguridad de la información y el cumplimiento de las regulaciones en el ámbito de las tecnologías de la información en Colombia. Los auditores informáticos deben estar familiarizados con estas leyes y normas para evaluar el cumplimiento de las organizaciones y garantizar que se tomen las medidas adecuadas para proteger la información y cumplir con las regulaciones vigentes. Para revisar la normatividad de Colombia aplicable a las tecnologías de la información, puedes acceder a las páginas web de los organismos y entidades gubernamentales encargados de emitir y mantener las normas en el país. Algunas de las instituciones más relevantes son:

1. **Superintendencia de Industria y Comercio (SIC):** La SIC

es el organismo encargado de proteger los derechos de los consumidores y promover la competencia leal en Colombia. Puedes consultar su sitio web en: https://www.sic.gov.co/

2. **Unidad de Servicios de Información y Comunicaciones (USIC):** La USIC es la entidad que coordina y promueve el desarrollo de las tecnologías de la información y las comunicaciones en Colombia. Puedes acceder a su sitio web en: https://www.usic.gov.co/

3. **Ministerio de Tecnologías de la Información y las Comunicaciones (MinTIC):** El MinTIC es el ministerio encargado de formular y adoptar políticas, planes, programas y proyectos relacionados con las tecnologías de la información y las comunicaciones. Puedes consultar su sitio web en: https://www.mintic.gov.co/

4. **Comisión de Regulación de Comunicaciones (CRC):** La CRC es el organismo encargado de regular los servicios de comunicaciones en Colombia. Puedes acceder a su sitio web en: https://www.crcom.gov.co/

Además de estos organismos, también puedes consultar el Diario Oficial de Colombia (https://www.dian.gov.co/diariooficial/Paginas/default.aspx), donde se publican las leyes, decretos y normas oficiales del país, incluyendo aquellas relacionadas con las tecnologías de la información.

Recuerda que la normatividad puede variar según el área específica de las tecnologías de la información que estés investigando. Te recomiendo revisar los sitios web oficiales de las instituciones mencionadas para obtener información actualizada y precisa sobre la normatividad en tecnologías de la información en Colombia.

# 3.5 Proceso de la auditoría informática

El proceso de una auditoría informática generalmente sigue una serie de etapas organizadas y estructuradas para evaluar la seguridad, eficiencia y cumplimiento de los sistemas informáticos.

A continuación, se presenta una descripción general del proceso típico de una auditoría informática mostrando sus fases y puntos más importantes:

1. **Fase de Planeación de la Auditoría:**
   a. Definir los objetivos y alcance de la auditoría informática en consulta con la dirección y los responsables del área auditada.
   b. Identificar los sistemas, procesos y áreas que serán auditados.
   c. Establecer el cronograma, recursos y equipo de auditoría.

2. **Fase de Recolección de Información y Documentación:**
   a. Recopilar la información relevante sobre la infraestructura de TI, sistemas, políticas de seguridad, controles y procedimientos.
   b. Revisar la documentación, como políticas de seguridad, procedimientos, diagramas de red y otros documentos relacionados.

**3. Fase de Evaluación de Riesgos:**

   a. Identificar los riesgos potenciales en los sistemas y procesos de TI.

   b. Clasificar los riesgos según su gravedad y probabilidad de ocurrencia.

**4. Fase de Pruebas y Análisis:**

   a. Realizar pruebas y análisis para evaluar la efectividad de los controles de seguridad implementados.

   b. Verificar el cumplimiento de políticas y regulaciones internas y externas.

**5. Fase de Identificación de Hallazgos:**

   a. Documentar los hallazgos de la auditoría, que pueden incluir vulnerabilidades, deficiencias en controles, incumplimiento de políticas, entre otros.

**6. Fase de Comunicación de Hallazgos:**

   a. Presentar los hallazgos a la dirección y responsables del área auditada.

   b. Explicar los riesgos y las implicaciones de los hallazgos y ofrecer recomendaciones para abordar las deficiencias identificadas.

**7. Fase de Acciones Correctivas:**

a. Trabajar con la dirección y los responsables para desarrollar un plan de acción para abordar los hallazgos y deficiencias identificadas.

b. Definir acciones correctivas y asignar responsabilidades para implementarlas.

## 8. Fase de Seguimiento y Cierre:

a. Monitorear el progreso de la implementación de las acciones correctivas.

b. Verificar que las acciones se han llevado a cabo de manera efectiva y que los riesgos han sido mitigados.

c. Cerrar la auditoría una vez que se hayan abordado adecuadamente todos los hallazgos.

## 9. Fase de Informe Final:

a. Preparar el informe final de auditoría, que incluye un resumen de los hallazgos, el estado de implementación de acciones correctivas y recomendaciones para mejorar la seguridad y el cumplimiento.

## 10. Fase de Seguimiento Post-Auditoría:

a. Realizar un seguimiento posterior a la auditoría para evaluar la eficacia de las acciones correctivas y verificar si se han mantenido los estándares de seguridad y cumplimiento en el tiempo.

Es importante recordar que el proceso de auditoría informática puede variar según el tipo de organización, el alcance de la auditoría y las regulaciones aplicables.

A continuación, se muestra el proceso de auditoría con las fases anteriores.

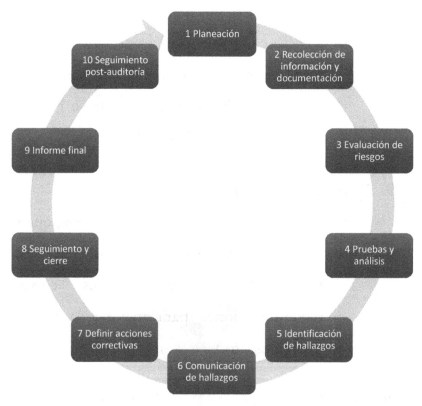

Figura 3.17 Proceso de auditoría informática

El número de fases puede variar debido a criterios personales o para hacer coincidir el proceso de auditoria informática con el proceso de auditoría general. Para conocer más sobre el proceso de auditoría informática consulta el siguiente capítulo.

## 3.6 Cierre e informe final

Al final de la auditoría se convoca a una reunión de presentación donde se entrega el informe final a la Alta Dirección con los hallazgos, conclusiones y recomendaciones para mejorar la eficiencia, seguridad y privacidad de la información.

Si la auditoría es externa, el trabajo termina con la entrega del informe en la presentación ante la Alta Dirección, en cambio en el caso de la auditoria interna se continua con la fase de seguimiento a las recomendaciones hechas en el informe final.

# 4 El Proceso de la Auditoría informática

En este capítulo veremos a detalle las fases del proceso de auditoría, con sus objetivos, actividades, roles que participan y entregables principales.

Ahora vamos a ampliar la información de cada fase comentando los siguientes puntos de cada una:

- Descripción

- Objetivos

- Actividades Clave

- Roles que participan (puestos en la organización auditada)

- Matriz RACI o de responsabilidades

- Resultados y Entregables

- Herramientas y Técnicas Usadas

Con esta información cada auditor puede usar la información como guía a seguir y realizar una buena auditoría informática. A continuación, vamos a conocer el detalle de cada fase.

# 4.1 Fase 1: Planeación de la Auditoría

## 4.1.1 Descripción

La fase de planificación de una auditoría informática es una etapa crítica en el proceso de auditoría, además de ser la primera fase, aquí es donde se establecen las bases para llevar a cabo la evaluación de los sistemas y procesos de tecnología de la información (TI) de una organización.

En esta fase de planeación, se definen los objetivos, alcance, recursos y cronograma de la auditoría.

## 4.1.2 Objetivos Clave

El objetivo de la fase de planeación en una auditoría informática es establecer una estrategia clara y detallada para llevar a cabo la auditoría de manera eficiente y efectiva. Durante esta etapa, se definen los objetivos, alcance, recursos y metodología que se utilizarán en la auditoría. La planeación es esencial para asegurar que la auditoría se realice de manera ordenada y con enfoque, lo que permitirá obtener resultados significativos y confiables.

Los principales objetivos particulares de la fase de planeación son:

1. **Definir los objetivos de la auditoría:** Establecer de manera precisa y concreta los propósitos de la auditoría, qué se espera lograr y qué áreas o aspectos específicos se evaluarán.

2. **Determinar el alcance de la auditoría:** Establecer los límites de la auditoría, es decir, qué sistemas, procesos y actividades serán incluidos en la revisión y cuáles quedarán excluidos.

3. **Identificar los recursos necesarios:** Determinar los

recursos humanos, técnicos y financieros que se requerirán para llevar a cabo la auditoría de manera efectiva.

4. **Establecer la metodología de trabajo:** Definir el enfoque y la secuencia de actividades que se seguirán durante la auditoría, así como las técnicas y herramientas que se utilizarán.

5. **Evaluar los riesgos:** Identificar y evaluar los riesgos potenciales asociados con la auditoría y desarrollar estrategias para mitigarlos.

6. **Establecer el cronograma:** Definir el calendario de trabajo de la auditoría, incluyendo fechas clave, entregables y plazos para cada etapa.

7. **Obtener la aprobación de la dirección:** Presentar el plan de auditoría a la dirección y obtener su aprobación antes de comenzar con la ejecución.

8. **Preparar al equipo de auditoría:** Capacitar y preparar al equipo de auditores para que tengan el conocimiento y las habilidades necesarias para realizar la auditoría de manera efectiva.

La siguiente imagen muestra los objetivos mencionados anteriormente.

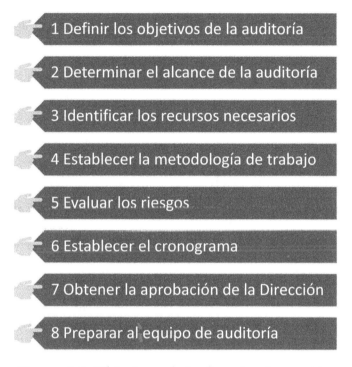

Figura 4.1 Objetivos de la fase de planeación

En resumen, la fase de planeación en una auditoría informática tiene como objetivo establecer una guía clara y estructurada para la realización de la auditoría, asegurando que se aborden los aspectos más relevantes y se logren los objetivos establecidos de manera eficiente y con la calidad requerida.

## 4.1.3 Actividades principales

En esta fase de planeación, se definen los objetivos, alcance, recursos y cronograma de la auditoría. A continuación, se detallan las principales actividades de la fase de planeación de una auditoría informática:

1. **Definir los Objetivos:** En esta etapa, se identifican y definen los objetivos específicos de la auditoría informática. Estos objetivos deben ser claros, medibles y alineados con los objetivos estratégicos de la organización. Por ejemplo, los objetivos pueden incluir evaluar la efectividad de los controles de seguridad informática, verificar el cumplimiento de políticas y regulaciones, o identificar riesgos y vulnerabilidades en los sistemas informáticos.

2. **Definir el Alcance:** Se establece el alcance de la auditoría, es decir, qué sistemas, procesos y áreas de TI serán incluidos en la evaluación y cuáles quedarán fuera. El alcance debe ser realista y abarcar aspectos relevantes para la seguridad y funcionamiento de la organización. También se determina si la auditoría será integral o enfocada en áreas específicas.

3. **Identificar los Recursos:** Se determinan los recursos necesarios para llevar a cabo la auditoría. Esto incluye el

personal del equipo de auditoría, los expertos técnicos que puedan ser requeridos, el tiempo y el presupuesto asignado para la auditoría.

4. **Planear el Cronograma:** Se establece un cronograma detallado que incluye las fechas de inicio y finalización de cada fase de la auditoría, así como las fechas de reuniones con la dirección y responsables del área auditada. El cronograma debe ser realista y tener en cuenta las limitaciones de tiempo y recursos disponibles.

5. **Involucrar y Comunicar a la Dirección:** Es importante involucrar a la dirección y obtener su aprobación y apoyo para la auditoría. Se deben comunicar los objetivos, alcance y cronograma de la auditoría para garantizar que la dirección esté informada y pueda proporcionar la cooperación necesaria.

6. **Preparar la Documentación:** Se prepara la documentación necesaria para llevar a cabo la auditoría, incluyendo los cuestionarios de auditoría, listas de verificación, y otros documentos de trabajo.

7. **Evaluar los Riesgos Preliminares:** Se realizan

evaluaciones preliminares de riesgos para identificar posibles áreas de enfoque en la auditoría y determinar dónde pueden residir los mayores riesgos.

8. **Obtener la Aprobación del Plan de Auditoría:** Una vez que se ha completado la planeación, el plan de auditoría debe ser revisado y aprobado por la Dirección del negocio o los responsables de la organización antes de proceder con la auditoría.

En la siguiente imagen se muestran las actividades anteriores y su secuencia.

Figura 4.2 Actividades de la fase de planeación

La fase de planeación es esencial para asegurar que la auditoría informática sea efectiva, eficiente y cumpla con los objetivos establecidos.

Un plan de auditoría sólido proporciona una guía clara para el equipo de auditoría y asegura que la auditoría se realice de manera estructurada y organizada.

Si las actividades anteriores te quedan claras puedes pasar a la siguiente fase, de lo contrario continúa leyendo que te voy a detallar lo que se hace en cada actividad.

## 4.1.3.1 Cómo Definir el objetivo

Definir el objetivo de la auditoría informática es esencial para establecer claramente el propósito y las metas que se persiguen con la auditoría. A continuación, se presentan algunas de las mejores técnicas para definir el objetivo de la auditoría informática:

1. **Reuniones con la alta dirección y partes interesadas:** Realizar reuniones con la alta dirección y otras partes interesadas clave para comprender los objetivos estratégicos y operativos de la organización. Estas reuniones ayudarán a identificar las áreas críticas que deben ser abordadas en la auditoría y a alinear los objetivos de la auditoría con los objetivos comerciales.

2. **Análisis de riesgos y amenazas:** Realizar una evaluación de riesgos para identificar las amenazas y vulnerabilidades más significativas que enfrenta la organización en términos de seguridad de la información y tecnología. Esto permitirá definir un objetivo específico para abordar los riesgos más importantes.

3. **Revisión de incidentes de seguridad anteriores:** Analizar los incidentes de seguridad y problemas informáticos anteriores para identificar patrones y tendencias. Esto

ayudará a establecer objetivos específicos para abordar las áreas de vulnerabilidad y mejorar la postura de seguridad de la organización.

4. **Análisis de la normativa y cumplimiento:** Revisar las políticas internas y regulaciones externas aplicables a la organización, como leyes de protección de datos, estándares de seguridad y requisitos de cumplimiento. Esto ayudará a definir objetivos para asegurar el cumplimiento normativo y legal.

5. **Entrevistas con el personal de TI y usuarios:** Realizar entrevistas con el personal de TI y los usuarios para entender las necesidades y expectativas en cuanto a la auditoría. Esto ayudará a definir objetivos que sean relevantes y satisfagan las necesidades de las partes interesadas.

6. **Análisis de la infraestructura y arquitectura de TI:** Analizar la infraestructura y la arquitectura de los sistemas de información para identificar áreas de mejora y riesgos potenciales. Esto permitirá definir objetivos específicos para evaluar la efectividad y la eficiencia de la infraestructura de TI.

7. **Revisión de objetivos y alcance de auditorías anteriores:** Examinar los objetivos y alcances de auditorías anteriores para evitar duplicación de esfuerzos y para identificar áreas que requieran seguimiento y mejora.

8. **Identificar áreas críticas y de alto impacto:** Basándose en el análisis de riesgos y la revisión de incidentes anteriores, identificar áreas que sean críticas para la operación y que tengan un alto impacto en la organización en caso de problemas o fallas.

Al utilizar estas técnicas, el equipo de auditoría podrá definir un objetivo claro y bien fundamentado para la auditoría informática, asegurando que la auditoría aborde los riesgos y desafíos más relevantes para la organización y cumpla con las expectativas de las partes interesadas.

**IMPORTANTE:** El objetivo de la auditoría debe ser realista y alcanzable dentro de los recursos y el tiempo disponibles para la auditoría.

## 4.1.3.2 Cómo Definir el Alcance

Definir el alcance de la auditoría informática es un paso crítico para asegurar que la auditoría se realice de manera efectiva y se enfoque en áreas relevantes y significativas. A continuación, se presentan algunas de las mejores técnicas para definir el alcance de la auditoría informática:

1. **Reuniones con la alta dirección y partes interesadas:** Realizar reuniones con la alta dirección y otras partes interesadas clave para comprender los objetivos comerciales, las necesidades y expectativas de la auditoría. Estas reuniones proporcionarán información sobre las áreas críticas que deben ser auditadas y los riesgos potenciales que deben abordarse.

2. **Revisión de la documentación estratégica y de TI:** Analizar la documentación estratégica de la organización, como el plan estratégico, planes de tecnología de la información y políticas de seguridad. Estos documentos proporcionarán una visión de las prioridades estratégicas y los controles clave que deben evaluarse en la auditoría.

3. **Evaluación de riesgos:** Realizar una evaluación de riesgos para identificar las áreas de la organización que presentan

mayores riesgos en términos de seguridad de la información, cumplimiento normativo y continuidad del negocio. Esto ayudará a enfocar la auditoría en áreas críticas y de alto impacto.

4. **Análisis de incidentes de seguridad anteriores:** Revisar incidentes de seguridad anteriores y problemas informáticos para identificar patrones y áreas débiles. Esto permitirá priorizar las áreas que requieren una revisión exhaustiva en la auditoría.

5. **Análisis de las políticas y regulaciones aplicables:** Revisar las políticas internas de la organización y las regulaciones externas aplicables, como leyes de protección de datos, estándares de seguridad y regulaciones de la industria. Esto ayudará a determinar qué áreas deben ser auditadas para cumplir con los requisitos legales y normativos.

6. **Entrevistas con el personal de TI:** Realizar entrevistas con el personal de TI para comprender mejor la estructura de los sistemas de información y los procesos clave de la organización. Esto ayudará a identificar las áreas críticas y los sistemas clave que deben ser incluidos en el alcance de la

auditoría.

7. **Análisis de la estructura organizativa:** Analizar la estructura organizativa y las funciones de TI para determinar cómo se gestionan y operan los sistemas de información en la organización. Esto permitirá identificar las áreas de responsabilidad y las interacciones clave que deben ser auditadas.

8. **Revisión dc auditorías anteriores:** Examinar los informes de auditorías anteriores para identificar áreas que requieren seguimiento y para evitar duplicación de esfuerzos en áreas ya auditadas.

Al combinar estas técnicas, el equipo de auditoría podrá definir un alcance adecuado y relevante para la auditoría informática, asegurando que se aborden las áreas de mayor riesgo y se cumplan los objetivos establecidos.

**IMPORTANTE:** Es importante que el alcance sea realista y alcanzable dentro de los recursos y el tiempo disponibles para la auditoría.

## 4.1.3.3 Cómo Identificar los Recursos Necesarios

Identificar los recursos necesarios para llevar a cabo una auditoría informática es un paso importante para garantizar que la auditoría se realice de manera efectiva y eficiente.

Aquí hay algunas de las mejores técnicas para identificar los recursos necesarios:

1. **Planeación detallada:** Realizar una planeación detallada de la auditoría para identificar las tareas específicas que se llevarán a cabo, los objetivos a alcanzar y los entregables esperados. Esto ayudará a determinar qué recursos son necesarios para cada etapa de la auditoría.

2. **Revisión del alcance y objetivos:** Revisar el alcance y los objetivos de la auditoría para entender qué áreas, sistemas y procesos serán auditados y qué se espera lograr con la auditoría. Esto ayudará a identificar los recursos requeridos para cubrir el alcance definido.

3. **Evaluación de riesgos y complejidad:** Realizar una evaluación de riesgos y complejidad de la auditoría para identificar los desafíos y dificultades potenciales que pueden requerir recursos adicionales. Por ejemplo, si la organización tiene una infraestructura de TI compleja o enfrenta riesgos

significativos, puede ser necesario asignar más recursos para abordar estos aspectos críticos.

4. **Identificación de habilidades y conocimientos:** Identificar las habilidades y conocimientos requeridos para llevar a cabo la auditoría con éxito. Dependiendo del alcance y los objetivos de la auditoría, se pueden necesitar expertos en seguridad de la información, analistas de sistemas, especialistas en cumplimiento normativo, entre otros.

5. **Asignación de personal:** Identificar el personal adecuado disponible en el equipo de auditoría y asignar roles y responsabilidades claras. Esto incluye al líder de auditoría, miembros del equipo, expertos técnicos y cualquier otro recurso humano necesario.

6. **Herramientas y tecnología:** Identificar las herramientas y tecnología necesarias para llevar a cabo la auditoría. Estas pueden incluir software de auditoría, herramientas de análisis de seguridad, software de monitoreo de red y cualquier otra tecnología relevante para recopilar y analizar datos.

7. **Recursos financieros:** Evaluar los recursos financieros disponibles para la auditoría y determinar el presupuesto

necesario para cubrir todos los costos asociados, incluidos los gastos de personal, herramientas y gastos adicionales.

8. **Recursos de tiempo:** Estimar el tiempo necesario para llevar a cabo cada fase de la auditoría y asegurarse de que el equipo y las partes interesadas tengan suficiente tiempo disponible para realizar el trabajo de manera adecuada.

Al utilizar estas técnicas, el equipo de auditoría podrá identificar los recursos necesarios para realizar una auditoría informática exitosa y asegurarse de que se cuenten con todos los elementos clave para llevar a cabo una evaluación completa y precisa de los sistemas y procesos de la organización.

## 4.1.3.4 Cómo Planear el Cronograma

Planear el cronograma de la auditoría informática es fundamental para asegurar que la auditoría se realice de manera oportuna y eficiente, cumpliendo con los objetivos establecidos. Aquí hay algunas de las mejores técnicas para planificar el cronograma de la auditoría informática:

1. **Definir el alcance y los objetivos de la auditoría:** Antes de planificar el cronograma, es importante tener un claro entendimiento del alcance y los objetivos de la auditoría. Esto permitirá determinar la cantidad de tiempo requerido para cubrir todas las áreas relevantes.

2. **Identificar las etapas de la auditoría:** Dividir la auditoría en etapas específicas, como la fase de planificación, recolección de información, análisis, identificación de hallazgos, informe y seguimiento. Esto ayudará a establecer una secuencia lógica de actividades y garantizar que se cubran todos los aspectos importantes.

3. **Estimar la duración de cada etapa:** Realizar una estimación realista del tiempo necesario para completar cada etapa de la auditoría. Esto puede basarse en la complejidad de la organización, el alcance de la auditoría y los recursos

disponibles.

4. **Considerar el calendario de la organización:** Tomar en cuenta el calendario de la organización para evitar conflictos con eventos importantes o periodos de alta carga de trabajo. Asegurarse de que la auditoría se realice en momentos en que la organización pueda proporcionar la información y colaboración necesarias.

5. **Asignar recursos adecuadamente:** Asegurarse de que se asignen suficientes recursos humanos y tecnológicos para cumplir con el cronograma planificado. Esto puede implicar asignar a los miembros del equipo de auditoría y garantizar el acceso a las herramientas y tecnologías necesarias.

6. **Establecer fechas límite realistas:** Establecer fechas límite realistas para cada etapa de la auditoría, tomando en cuenta los tiempos estimados y posibles desafíos que puedan surgir durante el proceso.

7. **Contemplar revisiones y ajustes:** Permitir tiempo para revisiones y ajustes en el cronograma a medida que se avanza en la auditoría. Es posible que surjan nuevos hallazgos o problemas imprevistos que requieran más tiempo para

abordar adecuadamente.

8. **Comunicación efectiva:** Comunicarse con el equipo de auditoría, la alta dirección y otras partes interesadas para asegurar que todos estén informados y alineados con el cronograma planificado.

Al utilizar estas técnicas, el equipo de auditoría podrá planificar un cronograma efectivo y realista para la auditoría informática, asegurando que se cumplan los objetivos establecidos dentro de los límites de tiempo y recursos disponibles.

**IMPORTANTE:** La planificación cuidadosa del cronograma es esencial para el éxito de la auditoría y para garantizar que se logren resultados significativos y de valor para la organización. Si eres nuevo en la realización de esta actividad puedes consultar un marco de trabajo como PMBOK.

## 4.1.3.5 Cómo Comunicarse con la Dirección

Comunicar efectivamente a la dirección es crucial en una auditoría informática, ya que permite transmitir los hallazgos, recomendaciones y resultados de la auditoría de una manera clara y comprensible para la alta dirección.

Aquí hay algunas de las mejores técnicas para lograr una comunicación exitosa:

1. **Informe de auditoría claro y conciso:** Preparar un informe de auditoría claro y conciso que contenga los hallazgos, recomendaciones y conclusiones de la auditoría. El informe debe estar estructurado de manera lógica y presentar la información de manera fácil de entender.

2. **Uso de lenguaje no técnico:** Evitar el uso de jerga técnica en el informe de auditoría y en las comunicaciones verbales. Utilizar un lenguaje claro y accesible para asegurarse de que la alta dirección pueda comprender fácilmente los resultados de la auditoría.

3. **Resaltar los hallazgos clave:** Destacar los hallazgos más importantes y los riesgos significativos que afectan a la organización. Priorizar los problemas críticos que requieren atención inmediata.

4. **Proporcionar contexto y justificación:** Explicar el contexto detrás de los hallazgos y proporcionar la justificación para las recomendaciones propuestas. Esto ayudará a la dirección a comprender mejor la importancia de los problemas identificados y las acciones recomendadas.

5. **Enfocarse en la toma de decisiones:** Presentar la información de manera que facilite la toma de decisiones por parte de la dirección. Proporcionar información relevante y datos cuantificables para respaldar las recomendaciones.

6. **Presentación visual:** Utilizar gráficos, tablas y otros elementos visuales para presentar información compleja de manera más comprensible y visualmente atractiva.

7. **Reuniones de presentación:** Programar reuniones con la alta dirección para presentar los hallazgos y el informe de auditoría en persona. Esto proporciona la oportunidad de aclarar dudas y responder preguntas en tiempo real.

8. **Enfocarse en el valor agregado:** Resaltar el valor agregado de la auditoría y cómo las recomendaciones pueden ayudar a mejorar la seguridad de la información, la eficiencia

operativa y el cumplimiento normativo.

9. **Adaptarse al público:** Adaptar el enfoque de la comunicación según el conocimiento y experiencia de la dirección en temas de tecnología de la información y seguridad. Evitar detalles técnicos innecesarios cuando no sean relevantes.

10. **Seguimiento y retroalimentación:** Estar abierto a recibir retroalimentación de la dirección y estar dispuesto a proporcionar seguimiento y apoyo adicional para implementar las acciones correctivas.

Comunicar a la dirección de manera efectiva ayudará a garantizar que los resultados de la auditoría sean bien entendidos y que se tomen las acciones adecuadas para abordar los problemas identificados.

**IMPORTANTE:** La comunicación clara y transparente es esencial para asegurar el éxito de la auditoría y el impacto positivo en la organización.

### 4.1.3.6 Cómo Involucrar a los directores en la auditoria

Involucrar a los directores en una auditoría informática es fundamental para asegurar el apoyo y la colaboración de la alta dirección en todo el proceso.

Aquí hay algunas de las mejores técnicas para lograrlo:

1. **Comunicación proactiva:** Iniciar la comunicación con la alta dirección desde el inicio del proceso de auditoría. Explicar claramente los objetivos, el alcance y los beneficios de la auditoría. Mantener una comunicación constante y actualizada a medida que avanza la auditoría.

2. **Reuniones de presentación:** Programar reuniones con los directores para presentar el plan de auditoría y discutir los detalles de la auditoría. Escuchar sus preocupaciones y expectativas, y asegurarse de que comprendan el proceso y su importancia.

3. **Establecer expectativas claras:** Asegurarse de que los directores comprendan el papel que desempeñarán en la auditoría y lo que se espera de ellos en términos de apoyo y colaboración.

4. **Resaltar la importancia de su participación:** Explicar

cómo su participación es fundamental para el éxito de la auditoría y cómo sus conocimientos y perspectivas pueden enriquecer el proceso.

5. **Informes de progreso:** Proporcionar informes de progreso regulares a los directores para mantenerlos informados sobre el estado de la auditoría y los hallazgos preliminares.

6. **Presentación de hallazgos y recomendaciones:** Invitar a los directores a la presentación de los hallazgos y las recomendaciones de la auditoría. Esto les permitirá comprender completamente los resultados y discutir las acciones correctivas necesarias.

7. **Enfocarse en los resultados comerciales:** Resaltar cómo los hallazgos y las recomendaciones de la auditoría pueden mejorar la eficiencia operativa, la seguridad de la información y el cumplimiento normativo, lo que contribuirá al éxito general de la organización.

8. **Invitar los comentarios y retroalimentación:** Animar a los directores a proporcionar comentarios y retroalimentación sobre el proceso de auditoría y los resultados. Demostrar que sus opiniones son valoradas y

tomadas en cuenta.

9. **Reconocer y agradecer su participación:** Reconocer y agradecer públicamente la participación y el apoyo de los directores en la auditoría. Esto refuerza su compromiso y motivación para futuras auditorías.

10. **Seguimiento y acciones correctivas:** Proporcionar seguimiento sobre las acciones correctivas tomadas a raíz de la auditoría y cómo han contribuido al mejoramiento de la organización.

Involucrar a los directores en el proceso de auditoría informática crea un ambiente de apoyo y colaboración, lo que mejora la efectividad de la auditoría y facilita la implementación de las recomendaciones para mejorar la gestión de TI y la seguridad de la información.

**IMPORTANTE:** Siempre involucra a los directores para tener su apoyo en toda la auditoría.

### 4.1.3.7 Cómo Preparar la documentación

Preparar la documentación en una auditoría informática de manera adecuada es fundamental para asegurar que toda la información relevante quede registrada de forma clara, precisa y organizada.

Aquí hay algunas de las mejores técnicas para preparar la documentación:

1. **Establecer una estructura clara:** Definir una estructura bien organizada para la documentación de la auditoría. Esto puede incluir una portada, índice, resumen ejecutivo, introducción, alcance, metodología, hallazgos, recomendaciones y conclusiones.

2. **Utilizar plantillas y formatos estandarizados:** Utilizar plantillas y formatos estandarizados para la documentación, lo que facilitará la coherencia y uniformidad en el contenido. Esto también ahorrará tiempo al equipo de auditoría.

3. **Detallar la metodología de la auditoría:** Explicar claramente la metodología utilizada en la auditoría, incluidos los enfoques de muestreo, técnicas de recolección de datos y análisis utilizados. Esto permitirá que otros entiendan cómo se llevó a cabo la auditoría y cómo se llegaron a los hallazgos y recomendaciones.

4. **Registrar la evidencia:** Documentar toda la evidencia recopilada durante la auditoría, incluidos los documentos revisados, entrevistas realizadas y observaciones realizadas. Esto permitirá respaldar los hallazgos y las conclusiones con pruebas sólidas.

5. **Ser claro y conciso:** Utilizar un lenguaje claro y conciso en la documentación, evitando jerga técnica innecesaria o terminología confusa. La documentación debe ser fácil de entender para el lector.

6. **Incluir datos cuantificables:** Donde sea posible, incluir datos cuantificables en la documentación para respaldar los hallazgos y las recomendaciones. Esto brindará una mayor credibilidad a la auditoría.

7. **Enfocarse en los aspectos críticos:** Priorizar los hallazgos y las recomendaciones según su importancia y su impacto en la organización. Centrarse en los aspectos críticos que requieren atención inmediata.

8. **Mantener la confidencialidad:** Asegurarse de que la documentación sea tratada con confidencialidad y que solo

las personas autorizadas tengan acceso a ella.

9. **Revisión por pares:** Realizar una revisión por pares de la documentación para asegurarse de que sea precisa, completa y esté libre de errores.

10. **Presentación visual:** Utilizar gráficos, tablas y otros elementos visuales para presentar la información de manera más clara y atractiva.

Preparar una documentación sólida es esencial para asegurar que la auditoría informática sea efectiva y que los resultados sean bien comprendidos y aceptados por la dirección y otras partes interesadas.

**IMPORTANTE:** La documentación debe ser un reflejo preciso del trabajo realizado y debe proporcionar una base sólida para tomar decisiones informadas y realizar mejoras en la organización.

## 4.1.3.8 Cómo Evaluar los riesgos preliminares

Evaluar los riesgos preliminares en una auditoría informática es un paso fundamental para identificar y priorizar las áreas de mayor riesgo que requerirán una atención especial durante el proceso de auditoría. Aquí hay algunas de las mejores técnicas para realizar esta evaluación:

1. **Análisis de la documentación y políticas:** Revisar la documentación y políticas relacionadas con la seguridad de la información y la gestión de TI. Esto incluye políticas de seguridad, planes de continuidad del negocio, registros de incidentes anteriores y otros documentos relevantes.

2. **Entrevistas con el personal clave:** Realizar entrevistas con el personal clave de TI, incluidos los gerentes y administradores de sistemas, para obtener una comprensión más profunda de los controles y procesos implementados en la organización.

3. **Revisión de la arquitectura de TI:** Examinar la infraestructura de TI y la arquitectura de sistemas para identificar posibles puntos débiles y vulnerabilidades. Esto incluye la revisión de la red, los sistemas operativos, las bases de datos y las aplicaciones utilizadas.

4. **Análisis de incidentes anteriores:** Revisar incidentes de seguridad informática anteriores y evaluar las medidas tomadas para abordarlos. Esto proporcionará información valiosa sobre las áreas que pueden requerir una mayor atención en la auditoría.

5. **Evaluación de riesgos conocidos:** Identificar riesgos conocidos en la industria y el sector en el que opera la organización y evaluar si la organización está tomando las medidas adecuadas para mitigarlos.

6. **Uso de cuestionarios y listas de verificación:** Utilizar cuestionarios y listas de verificación específicas para evaluar diferentes aspectos de la seguridad de la información y los controles de TI. Esto ayudará a asegurar que no se pasen por alto áreas importantes.

7. **Análisis de métricas e indicadores:** Evaluar métricas e indicadores de seguridad y rendimiento de TI para identificar posibles problemas o áreas de mejora.

8. **Consultar marcos de referencia y mejores prácticas:** Utilizar marcos de referencia y estándares reconocidos, como ISO 27001, NIST Cybersecurity Framework o

COBIT, para evaluar el nivel de cumplimiento de la organización en relación con las mejores prácticas de seguridad informática.

9. **Realizar ejercicios de simulación de riesgos:** Realizar ejercicios de simulación de riesgos para evaluar cómo la organización respondería a diferentes escenarios de seguridad y cómo los controles existentes pueden mitigar los riesgos.

10. **Consultar a expertos:** Si es necesario, consultar a expertos en seguridad informática o contratar a una empresa de consultoría especializada para obtener una evaluación más profunda de los riesgos preliminares.

Al utilizar estas técnicas, el equipo de auditoría podrá identificar y priorizar los riesgos preliminares, lo que permitirá enfocar sus esfuerzos y recursos en las áreas de mayor importancia y asegurar que la auditoría aborde los desafíos críticos de la organización.

**IMPORTANTE:** En esta actividad puedes necesitar de apoyo externo contratando profesionales informáticos con más conocimiento para ayudarte.

## 4.1.3.9 Cómo Obtener la aprobación del plan de auditoría

Obtener la aprobación del plan de auditoría informática es esencial para asegurar que el proceso de auditoría se lleve a cabo con el apoyo y la colaboración necesarios.

Aquí hay algunas de las mejores técnicas para obtener la aprobación del plan:

1. **Comunicación clara de los objetivos:** Explicar claramente los objetivos y beneficios de la auditoría informática. Asegurarse de que los interesados comprendan cómo la auditoría contribuirá a mejorar la seguridad de la información, la eficiencia operativa y el cumplimiento normativo.

2. **Presentar el alcance de la auditoría:** Detallar el alcance de la auditoría, es decir, qué áreas, sistemas y procesos serán revisados. Asegurarse de que el alcance sea relevante y abarque los aspectos clave de la organización.

3. **Enfatizar la necesidad de la auditoría:** Destacar la importancia de llevar a cabo la auditoría informática para asegurar que los riesgos de seguridad de la información sean identificados y mitigados adecuadamente.

4. **Mostrar la metodología y el enfoque:** Explicar la metodología y el enfoque que se utilizarán durante la auditoría, incluidas las técnicas de recopilación de información, análisis y evaluación de riesgos. Esto brindará confianza en la rigurosidad y profesionalismo del proceso.

5. **Involucrar a las partes interesadas:** Asegurarse de involucrar a las partes interesadas clave en el proceso de planificación y obtener sus comentarios y aportes para garantizar que se tengan en cuenta las necesidades y preocupaciones de todas las partes involucradas.

6. **Enfocarse en el valor agregado:** Destacar cómo la auditoría informática puede agregar valor a la organización al mejorar la seguridad, la eficiencia y el cumplimiento.

7. **Presentar el equipo de auditoría:** Introducir al equipo de auditoría y destacar su experiencia y habilidades en auditoría informática y seguridad de la información.

8. **Demostrar la independencia del equipo de auditoría:** Asegurarse de que el equipo de auditoría sea percibido como independiente y objetivo en su enfoque para ganar la confianza de los interesados.

9. **Tener un enfoque colaborativo:** Mostrarse abierto a recibir comentarios y sugerencias de los interesados y estar dispuesto a realizar ajustes en el plan de auditoría si es necesario.

10. **Seguimiento y apoyo:** Asegurarse de que el plan de auditoría esté respaldado por la alta dirección y obtener su compromiso para brindar el apoyo necesario para el éxito de la auditoría.

Al utilizar estas técnicas, el equipo de auditoría podrá obtener la aprobación del plan de auditoría informática y garantizar que la auditoría se realice con el apoyo necesario para obtener resultados significativos y de valor para la organización.

## 4.1.4 Roles que participan

En la fase de planeación de una auditoría informática, participan varios puestos o roles que desempeñan funciones clave para garantizar la efectividad y el éxito del proceso.

Algunos de los principales puestos involucrados son:

1. **Auditor líder:** Es el encargado de liderar y coordinar toda la auditoría informática. Tiene la responsabilidad de planificar

y supervisar el trabajo del equipo de auditoría, asegurándose de que se cumplan los objetivos establecidos.

2. **Equipo de auditoría:** Está conformado por auditores internos o externos especializados en tecnologías de la información. Cada miembro del equipo tiene roles y responsabilidades específicas en el proceso de planeación y ejecución de la auditoría.

3. **Gerente o responsable del área auditada:** Es el representante del área o sistema que será auditado. Se comunica con el equipo de auditoría, proporciona la información necesaria y colabora para asegurar el éxito de la auditoría.

4. **Director de TI o CIO (Chief Information Officer):** Es el responsable máximo del área de Tecnologías de la Información. Su participación es crucial para asegurar el apoyo y la colaboración de la alta dirección en la auditoría.

5. **Representante de la alta dirección:** Puede ser el director general, CEO (Chief Executive Officer), o algún otro miembro de la alta dirección que tenga la autoridad para tomar decisiones relevantes relacionadas con la auditoría

informática.

6. **Responsable de seguridad de la información:** En caso de que la auditoría incluya evaluaciones específicas de la seguridad de la información, este rol es esencial para proporcionar información sobre las políticas y controles de seguridad implementados.

7. **Equipo de TI:** Pueden estar involucrados otros profesionales de TI, como ingenieros, administradores de sistemas o desarrolladores, dependiendo del alcance y la complejidad de la auditoría.

8. **Otros interesados:** Dependiendo del enfoque de la auditoría y de los sistemas o procesos auditados, pueden participar otros roles, como especialistas en cumplimiento, expertos en riesgos o representantes de áreas relacionadas.

Es importante que todos estos roles trabajen en colaboración durante la fase de planeación para asegurar que la auditoría tenga un enfoque adecuado, se identifiquen los riesgos relevantes y se establezcan los objetivos apropiados para obtener resultados significativos y útiles para la organización.

## 4.1.5 Matriz RACI

A continuación, te presento una matriz RACI que muestra las actividades clave y los roles involucrados en la fase de planeación de una auditoría informática:

| # | Actividades Principales | Auditor Líder | Equipo de Auditoría | Responsable de TI | Equipo de Seguridad | Equipo Legal y de Cumplimiento | Alta Dirección |
|---|---|---|---|---|---|---|---|
| 1 | Definir Objetivos de la Auditoría | A | C | C | I | I | I |
| 2 | Determinar el Alcance | A | C | I | I | I | I |
| 3 | Identificar Requerimientos | A | C | C | I | I | I |
| 4 | Planificar Recursos | A | C | C | I | I | I |
| 5 | Elaborar Plan de Trabajo | A | C | I | I | I | I |
| 6 | Establecer Cronograma | A | C | I | I | I | I |
| 7 | Definir Métodos de Evaluación | A | C | C | I | I | I |

*MATRIZ RACI — Fase 1: Planeación de la Auditoría*

Figura 4.3 Matriz RACI de la fase de Planeación de la Auditoria

Es importante que esta matriz RACI sea revisada y validada por los participantes involucrados en la planeación de la auditoría informática para asegurar que las responsabilidades estén claramente definidas y acordadas por todos los actores. Además, los roles y sus niveles de participación pueden variar según la organización y el alcance de la auditoría.

**IMPORTANTE:** Si no estas familiarizado con la matriz RACI revisa los anexos.

# 4.1.6 Resultados y Entregables

Durante la fase de planeación de una auditoría informática, se generan varios resultados y entregables claves que sientan las bases para el desarrollo exitoso de la auditoría.

Algunos de los principales resultados o entregables de esta fase son:

1. **Plan de Auditoría:** Es el documento que establece el alcance, los objetivos, las estrategias, el cronograma, los recursos asignados, las técnicas de auditoría y otros detalles relevantes para la ejecución de la auditoría informática.

2. **Matriz de Responsabilidades:** Es una herramienta que muestra los roles y responsabilidades de cada miembro del equipo de auditoría y de los involucrados en la auditoría informática.

3. **Lista de Verificación de Auditoría:** Es un documento que contiene una lista detallada de los puntos que se revisarán durante la auditoría, lo que garantiza que se cubran todos los aspectos importantes del sistema informático bajo evaluación.

4. **Análisis de Riesgos Preliminares:** Documento que identifica y prioriza los riesgos potenciales relacionados con el sistema informático, lo que ayudará a enfocar los esfuerzos de auditoría

en áreas críticas.

5. **Comunicaciones Iniciales:** Corresponde a las cartas o correos electrónicos iniciales enviados a la alta dirección y a los responsables del área auditada, informando sobre la realización de la auditoría y solicitando su cooperación.

6. **Calendario de Actividades:** Es un cronograma detallado que muestra las fechas y plazos estimados para cada actividad de la auditoría informática, incluyendo reuniones, entrevistas, pruebas y presentación de informes.

7. **Evaluación de Recursos:** Un análisis que identifica los recursos necesarios para llevar a cabo la auditoría, como personal, equipos, herramientas de auditoría y acceso a sistemas y datos.

8. **Revisión de Normas y Regulaciones:** Es un informe que resume las leyes, regulaciones y normas aplicables a la industria y al área de TI que deben ser consideradas durante la auditoría.

9. **Plan de Comunicación:** Documento que detalla la estrategia de comunicación que se utilizará durante la auditoría para mantener informadas a las partes interesadas.

10. **Reunión para Presentación del Plan de Auditoría:** Es una reunión donde el auditor líder presenta el plan de auditoría a la alta dirección y otros interesados, respondiendo preguntas y obteniendo su aprobación y compromiso.

Estos entregables son fundamentales para establecer una base sólida para el desarrollo y ejecución efectiva de la auditoría informática, garantizando que todas las partes interesadas estén alineadas en cuanto a los objetivos y el enfoque de la auditoría. Además, el plan de auditoría proporciona un marco estructurado que guiará todas las actividades posteriores de la auditoría y asegurará que se cubran adecuadamente los riesgos y controles relevantes del sistema informático.

## 4.1.7 Herramientas y Técnicas Usadas

Dentro de la fase de planeación de una auditoría informática, los auditores utilizan una variedad de métodos, técnicas y herramientas para garantizar que la auditoría se realice de manera efectiva y eficiente. Algunos de los más comunes son:

1. **Revisión documental:** Los auditores revisan documentos, políticas, procedimientos, manuales y otros registros relacionados con los sistemas y procesos informáticos de la

organización. Esto les permite entender cómo funcionan los sistemas y cuáles son los controles existentes.

2. **Entrevistas:** Las entrevistas con el personal clave de la organización son esenciales para obtener información sobre los sistemas, procesos y controles informáticos. Las entrevistas ayudan a identificar riesgos potenciales y entender cómo se manejan los datos y la seguridad de la información.

3. **Cuestionarios:** Los cuestionarios estructurados se utilizan para recopilar información específica sobre los controles y prácticas informáticas. Pueden ser enviados a los responsables de los sistemas o áreas específicas para obtener respuestas detalladas.

4. **Análisis de riesgos preliminares:** Los auditores utilizan técnicas como el análisis FODA (Fortalezas, Oportunidades, Debilidades, Amenazas) o el análisis PESTEL (Político, Económico, Social, Tecnológico, Ambiental y Legal) para identificar riesgos preliminares asociados con los sistemas informáticos.

5. **Matrices de riesgos:** Se utilizan matrices de riesgos para

clasificar y priorizar los riesgos identificados en función de su impacto potencial y probabilidad de ocurrencia.

6. **Herramientas de mapeo de procesos:** Para entender el flujo de trabajo y los procesos informáticos, los auditores pueden utilizar herramientas como diagramas de flujo o diagramas BPMN (Notación de Modelado de Procesos de Negocio).

7. **Evaluación de controles:** Se lleva a cabo una evaluación de los controles existentes para determinar su efectividad y eficiencia en la protección de los activos informáticos y la mitigación de riesgos.

8. **Planeación del cronograma:** Los auditores pueden utilizar herramientas como diagramas de Gantt para planificar y programar las actividades de la auditoría informática.

9. **Técnicas de estimación:** Para determinar la duración y recursos necesarios para la auditoría, se pueden utilizar métodos de estimación como la técnica Delphi o la estimación basada en escenarios.

10. **Matriz de responsabilidades:** Se utiliza para asignar

responsabilidades y roles a los miembros del equipo de auditoría y al personal de la organización.

Es importante mencionar que la selección de métodos, técnicas y herramientas dependerá del alcance y los objetivos específicos de la auditoría, así como de la naturaleza y complejidad de los sistemas informáticos de la organización auditada. Los auditores deben adaptar su enfoque a las necesidades particulares de cada auditoría.

## 4.1.8 Ejemplo de Plan de Auditoria

A continuación, se presenta un ejemplo simplificado de un Plan de Auditoría Informática terminado que incluye los puntos mencionados anteriormente:

---------------------------------------------------------------------------------

### Plan de Auditoría Informática

**1. Objetivos de la Auditoría:**

1. Evaluar la efectividad de los controles de seguridad informática en la red de la empresa XYZ.

2. Revisar la gestión de activos de TI y la alineación con las necesidades del negocio.

3. Identificar áreas de mejora en la gestión de riesgos de TI y la continuidad del negocio.

## 2. Alcance:

La auditoría se llevará a cabo en la infraestructura de TI de la empresa XYZ, incluyendo los servidores, redes, bases de datos y sistemas de aplicación.

Se revisarán los procedimientos y políticas de seguridad informática, la gestión de accesos y la protección de datos confidenciales.

No se incluirán sistemas externos de proveedores o socios.

## 3. Metodología:

La auditoría se realizará utilizando una combinación de revisión documental, entrevistas con personal clave y pruebas de cumplimiento de los controles de seguridad.

Se utilizará un muestreo aleatorio para evaluar la efectividad de los controles en un subconjunto representativo de sistemas y usuarios.

## 4. Cronograma y Planificación de Recursos:

La auditoría está programada para comenzar el 1 de agosto de 2023 y se espera que dure cuatro semanas.

El equipo de auditoría estará compuesto por un auditor líder, un especialista en seguridad informática y un asistente administrativo.

Se asignarán recursos adicionales para el acceso a información y sistemas durante la auditoría.

## 5. Responsabilidades y Roles:

El Auditor Líder será responsable de la coordinación general de la auditoría y la elaboración del informe final.

El Especialista en Seguridad Informática se centrará en la revisión de los controles de seguridad y la identificación de posibles vulnerabilidades.

El Asistente Administrativo brindará apoyo logístico y administrativo durante la auditoría.

## 6. Comunicación y Reporte:

Se realizará una reunión inicial con la Alta Dirección para presentar los objetivos y el alcance de la auditoría.

Se proporcionarán actualizaciones semanales al equipo de gestión durante la auditoría.

El informe final se presentará en una reunión de cierre con la Alta Dirección, incluyendo recomendaciones de mejora y un plan de acción.

## 7. Evaluación de Riesgos:

Se evaluarán los riesgos potenciales asociados con la auditoría, como la indisponibilidad de sistemas o la posible divulgación no autorizada de información sensible.

Se establecerán controles adicionales para mitigar los riesgos identificados y asegurar la confidencialidad e integridad de la información durante la auditoría.

--------------------------------------------------------------------------------

Este es solo un ejemplo básico de un Plan de Auditoría Informática.

**NOTA:** En la práctica, los planes de auditoría suelen ser más detallados y personalizados según las necesidades y particularidades de cada organización y proyecto de auditoría.

# 4.2 Fase 2: Recolección de información

Veamos lo que se hace en la segunda fase de recolección de la información e inicio de la documentación.

## 4.2.1 Descripción

La fase de recolección de información y documentación de una auditoría informática es una etapa clave en el proceso de auditoría, donde el equipo de auditoría recopila datos y documentación relevante relacionada con los sistemas, procesos y controles de tecnología de la información (TI) de la organización.

Esta fase es fundamental para obtener una comprensión completa del entorno de TI y establecer una base sólida para el análisis y evaluación posterior.

## 4.2.2 Objetivos Clave

El objetivo de la fase de recolección de información y documentación en una auditoría informática es obtener un conocimiento profundo y detallado sobre los sistemas, procesos y controles relacionados con las tecnologías de la información de la organización auditada. Esta fase es fundamental para proporcionar una base sólida para el resto del proceso de auditoría y para garantizar que la evaluación posterior sea completa y precisa.

**Los principales objetivos de esta fase son:**

1. **Recopilar datos relevantes:** Obtener toda la información necesaria para entender cómo se llevan a cabo las operaciones informáticas en la organización y cuáles son los recursos involucrados.

2. **Revisar la documentación:** Examinar políticas, procedimientos, manuales, acuerdos de nivel de servicio (SLAs), contratos y otra documentación relacionada con los sistemas informáticos para evaluar si se están siguiendo las mejores prácticas y cumpliendo con los requisitos legales y normativos aplicables.

3. **Identificar riesgos:** Identificar posibles riesgos y vulnerabilidades en los sistemas y procesos informáticos que puedan afectar la confidencialidad, integridad y disponibilidad de la información.

4. **Evaluar los controles existentes:** Analizar los controles internos implementados para mitigar los riesgos y garantizar que los datos y sistemas estén protegidos adecuadamente.

5. **Comprender el ambiente tecnológico:** Obtener una visión completa del entorno tecnológico de la organización, incluyendo infraestructura de hardware y software, redes, bases de datos y aplicaciones utilizadas.

6. **Identificar áreas críticas:** Identificar áreas clave y sistemas críticos que requieren una atención especial durante la auditoría.

7. **Obtener una visión global:** Comprender la estructura organizativa y la interacción entre los diferentes departamentos y áreas que participan en las operaciones informáticas.

8. **Definir el alcance:** Establecer los límites y alcance de la auditoría informática, para que el equipo de auditoría pueda enfocar sus esfuerzos de manera adecuada.

En resumen, la fase de recolección de información y documentación proporciona una base sólida para la auditoría informática y garantiza que el equipo de auditoría tenga el conocimiento necesario para realizar una evaluación exhaustiva de los sistemas informáticos y su cumplimiento normativo, así como para identificar oportunidades de mejora y fortalecimiento de los controles.

En la siguiente imagen se muestran los objetivos principales de la fase.

Figura 4.3. Objetivos principales de la fase de recolección de información y documentación

## 4.2.3 Actividades Principales

A continuación, se describen las principales actividades de la fase de recolección de información y documentación en una auditoría informática:

1. **Entrevistas y Reuniones:**
   a. El equipo de auditoría se reúne con la dirección, responsables de TI y otros interesados clave para obtener una comprensión del contexto y objetivos de la organización en relación con los sistemas informáticos.
   b. Se llevan a cabo entrevistas para recopilar información sobre los controles de seguridad, políticas, procedimientos y prácticas utilizadas en el entorno de TI.

2. **Revisión de Documentación:**
   a. Se revisan los documentos relevantes, como políticas de seguridad, manuales de procedimientos, diagramas de red, contratos con proveedores de servicios, informes de auditorías anteriores y cualquier otro documento relacionado con la gestión de TI.
   b. La revisión de la documentación proporciona una visión general de las prácticas existentes y ayuda a

identificar áreas de enfoque para la auditoría.

3. **Análisis de Sistemas y Redes:**

    a. Se realiza un análisis de los sistemas y redes de TI para comprender la arquitectura, el diseño y la configuración utilizados en la organización.

    b. Se evalúan las medidas de seguridad implementadas y se identifican posibles vulnerabilidades y riesgos.

4. **Recolección de Datos Técnicos:**

    a. Se recopilan datos técnicos, como registros de eventos, registros de acceso, registros de seguridad y registros de auditoría, para evaluar el funcionamiento de los sistemas y la actividad del usuario.

5. **Evaluación de Controles de Seguridad**:

    a. Se verifica la efectividad de los controles de seguridad implementados, como firewalls, sistemas de detección de intrusos, sistemas de prevención de pérdida de datos, autenticación de usuarios y otros mecanismos de seguridad.

6. **Identificación de Activos de Información:**

    a. Se identifican los activos de información críticos para

la organización, como bases de datos, sistemas de gestión de clientes, sistemas financieros y otros sistemas de información clave.

7. **Revisión de Procesos de TI:**

   a. Se evalúan los procesos de gestión de TI, como el cambio de configuración, gestión de incidentes, gestión de parches y procesos de gestión de activos para garantizar que se sigan las mejores prácticas.

8. **Preparación de Listas de Verificación y Cuestionarios de Auditoría:**

   a. Se preparan listas de verificación y cuestionarios específicos para evaluar aspectos clave de la seguridad, cumplimiento y eficiencia de los sistemas y procesos de TI.

En la siguiente imagen se muestran las actividades anteriores como parte del ciclo de la fase.

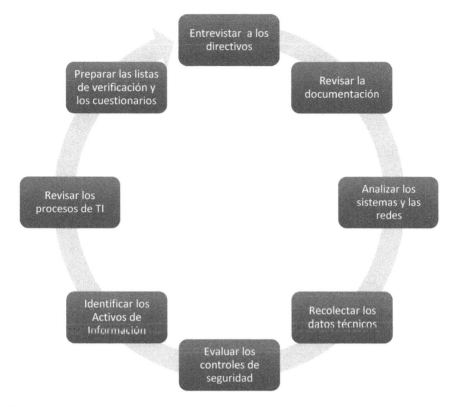

Figura 4.4 Actividades de la fase de Recolección de Información y Documentación

La fase de recolección de información y documentación proporciona una base sólida para el análisis y la evaluación posterior en la auditoría informática. Al recopilar datos, documentos y obtener una comprensión completa del entorno de TI, el equipo de auditoría estará preparado para identificar deficiencias, riesgos y oportunidades de mejora en el siguiente paso del proceso de auditoría.

A continuación, se detalla cada una de las actividades anteriores.

## 4.2.3.1 Cómo hacer entrevistas y reuniones

La actividad de entrevistas y reuniones en la fase de recolección de información y documentación de una auditoría informática consiste en llevar a cabo encuentros con diferentes personas dentro de la organización con el propósito de obtener información relevante para la auditoría. Estas entrevistas y reuniones son esenciales para recopilar datos, comprender los procesos y procedimientos, identificar riesgos y controles, y obtener una visión general de la infraestructura y sistemas de tecnología de la información de la organización.

Durante estas entrevistas y reuniones, el auditor informático se comunicará con los diferentes interesados, como personal de TI, gerentes, usuarios finales y otros responsables de la gestión de la información y los sistemas de la organización. Algunos aspectos clave de esta actividad son:

1. **Identificación de participantes:** El auditor determina quiénes son los interesados clave que deben ser entrevistados, incluyendo aquellos que tienen un conocimiento detallado de los sistemas, procesos y políticas de tecnologías de la información.

2. **Programación de reuniones:** Se programan las entrevistas y reuniones con los participantes para asegurar que estén

disponibles y que haya tiempo suficiente para discutir los temas relevantes.

3. **Preparación de preguntas y temas de discusión:** El auditor prepara un conjunto de preguntas y temas de discusión para cubrir todos los aspectos importantes de la auditoría, como controles de seguridad, procesos de gestión, cumplimiento normativo, entre otros.

4. **Obtención dc información:** Durante las entrevistas y reuniones, el auditor recopila información mediante la formulación de preguntas, escuchando las respuestas y tomando notas detalladas.

5. **Aclaración de dudas:** El auditor puede plantear preguntas adicionales para aclarar cualquier información ambigua o contradictoria que surja durante las entrevistas.

6. **Registro de hallazgos:** El auditor registra los hallazgos y observaciones relevantes que surgieron durante las entrevistas y reuniones para su posterior análisis y uso en el informe de auditoría.

Las entrevistas y reuniones permiten al auditor obtener una visión completa y detallada de los sistemas de tecnología de la información de la organización, identificar posibles riesgos y vulnerabilidades, y evaluar la efectividad de los controles implementados. Es una parte crítica del proceso de auditoría informática para garantizar que se recopile información precisa y completa que respalde el análisis y las conclusiones de la auditoría.

## 4.2.3.2 Cómo revisar la documentación

La actividad de revisión de documentación en la fase de recolección de información y documentación de una auditoría informática consiste en analizar y examinar toda la documentación relevante relacionada con los sistemas de tecnología de la información de la organización que está siendo auditada.

Durante esta actividad, el auditor informático revisa una amplia variedad de documentos, que pueden incluir:

1. **Políticas y procedimientos:** Se revisan las políticas y procedimientos relacionados con la gestión de la seguridad de la información, el acceso a los sistemas, la gestión de incidentes, entre otros.

2. **Manuales de usuario:** Se analizan los manuales de usuario de los sistemas de TI para entender cómo los empleados

interactúan con ellos y si existen limitaciones o vulnerabilidades en su uso.

3. **Contratos y acuerdos:** Se examinan los contratos y acuerdos con proveedores de servicios, socios comerciales o terceros para evaluar cómo se manejan los datos y la seguridad en estas relaciones.

4. **Informes de auditorías anteriores**: Si existen auditorías previas, el auditor revisa los informes para identificar áreas de mejora y asegurarse de que las recomendaciones anteriores se hayan implementado adecuadamente.

5. **Diagramas de red y arquitectura de sistemas:** Se analizan los diagramas de red y la arquitectura de sistemas para comprender cómo están conectados los sistemas y cómo fluye la información entre ellos.

6. **Registros y bitácoras:** Se revisan los registros y bitácoras de los sistemas para identificar actividades inusuales o sospechosas que puedan indicar incidentes de seguridad o problemas operativos.

La revisión de documentación es una actividad crítica porque proporciona una visión detallada de cómo se manejan y controlan los sistemas de TI en la organización. Permite al auditor verificar si se están cumpliendo las políticas y normativas, identificar áreas de riesgo y detectar posibles debilidades en los controles de seguridad y el cumplimiento normativo.

**IMPORTANTE**: La información recopilada durante esta actividad servirá como base para la siguiente etapa del proceso de auditoría, que es el análisis y evaluación de los hallazgos.

### 4.2.3.3 Cómo analizar sistemas y redes

La actividad de análisis de sistemas y redes en la fase de recolección de información y documentación de una auditoría informática consiste en examinar y evaluar detalladamente los sistemas de tecnología de la información (TI) y las redes utilizadas en la organización auditada. El objetivo principal es comprender la infraestructura tecnológica, su funcionamiento, la interconexión de los sistemas y la seguridad de la red. Esta actividad es fundamental para obtener una visión completa de cómo se implementan, gestionan y protegen los activos informáticos de la empresa.

Durante esta actividad, el auditor informático llevará a cabo diferentes tareas, como:

1. **Revisión de la arquitectura de sistemas:** Analizará los diagramas de red, la topología de los sistemas y la distribución de los recursos para entender cómo están interconectados los diferentes componentes de TI.

2. **Evaluación de la seguridad de la red:** Se examinarán los mecanismos de seguridad implementados, como firewalls, VPN, sistemas de detección de intrusiones, entre otros, para verificar si son adecuados y efectivos para proteger la red contra amenazas.

3. **Análisis de la infraestructura de servidores:** Se revisarán los servidores utilizados por la organización, incluyendo su capacidad, configuración y utilización, para asegurarse de que sean adecuados para soportar las operaciones de la empresa.

4. **Revisión de la gestión de accesos:** Se evaluará cómo se gestionan los permisos y accesos a los sistemas y redes para garantizar que solo las personas autorizadas tengan acceso a la información sensible.

5. **Análisis de vulnerabilidades:** Se realizarán pruebas de seguridad para identificar posibles vulnerabilidades en los

sistemas y redes y evaluar si existen riesgos significativos.

6. **Revisión de políticas de seguridad y procedimientos:** Se analizarán las políticas y procedimientos relacionados con la seguridad de la información y las prácticas de TI para asegurarse de que estén alineados con las mejores prácticas y estándares de seguridad.

El análisis de sistemas y redes proporciona al auditor informático una comprensión completa de la infraestructura tecnológica y la seguridad de la organización. Esto le permite identificar riesgos, debilidades y áreas de mejora en los controles de TI, así como hacer recomendaciones para fortalecer la seguridad y la eficiencia de los sistemas y redes.

**IMPORTANTE:** La información obtenida en esta actividad será utilizada para la siguiente etapa de la auditoría, que es el análisis y evaluación de hallazgos y recomendaciones.

### 4.2.3.4 Cómo recolectar datos técnicos

La actividad de recolección de datos técnicos en la fase de recolección de información y documentación de una auditoría informática consiste en obtener información específica y detallada sobre los activos de tecnología de la información (TI) que se encuentran en la organización auditada. Esta actividad se enfoca en obtener datos técnicos relevantes y actualizados que permitan al auditor comprender la configuración, el estado y el rendimiento de los sistemas, aplicaciones, redes y otros componentes de TI de la empresa.

Durante esta actividad, el auditor informático llevará a cabo diferentes tareas, como:

1. **Recopilación de inventarios de hardware y software:** Se recopilará un inventario completo de los dispositivos de hardware (servidores, computadoras, dispositivos móviles, etc.) y el software utilizado en la organización.

2. **Obtención de datos de configuración:** Se recopilarán datos técnicos sobre la configuración de los sistemas y aplicaciones, incluyendo parámetros de configuración, versiones de software, parches instalados, etc.

3. **Recopilación de registros y logs:** Se obtendrán registros y

logs de los sistemas y aplicaciones para analizarlos en busca de eventos relevantes o posibles incidentes de seguridad.

4. **Análisis de rendimiento:** Se recopilarán datos sobre el rendimiento de los sistemas y redes para evaluar su capacidad y eficiencia.

5. **Evaluación de la seguridad de los sistemas:** Se obtendrán datos relacionados con la seguridad de los sistemas, como políticas de acceso, controles de seguridad implementados y registros de eventos de seguridad.

6. **Obtención de datos de red:** Se recopilarán datos sobre la topología de la red, configuración de dispositivos de red, puertos abiertos y otros aspectos relevantes de la infraestructura de red.

El objetivo de la actividad de recolección de datos técnicos es obtener información precisa y detallada sobre la infraestructura de TI de la organización, lo que permitirá al auditor tener una visión completa de los activos informáticos y los controles de seguridad implementados. Esta información será utilizada para analizar el cumplimiento normativo, evaluar los riesgos y realizar un análisis en profundidad de la seguridad de la información y los sistemas.

**IMPORTANTE:** Con base en estos datos técnicos, el auditor podrá identificar posibles debilidades y oportunidades de mejora en los controles de TI de la organización y realizar recomendaciones para fortalecer la seguridad y la eficiencia de los activos informáticos.

### 4.2.3.5 Cómo evaluar controles de seguridad

La actividad de evaluación de controles de seguridad consiste en analizar y evaluar la efectividad de los controles de seguridad implementados en los sistemas y la infraestructura de tecnologías de la información (TI) de la organización auditada. Esta actividad se enfoca en verificar si los controles de seguridad están adecuadamente diseñados, implementados y operando de manera efectiva para proteger los activos de información y mitigar los riesgos de seguridad.

Durante esta actividad, el auditor informático llevará a cabo diversas tareas, entre las que se incluyen:

1. **Revisión de políticas y procedimientos de seguridad:** Se evaluarán las políticas y procedimientos de seguridad establecidos por la organización para garantizar que aborden adecuadamente los riesgos de seguridad y estén alineados con las mejores prácticas y estándares de seguridad.

2. **Análisis de controles de acceso:** Se revisarán los controles de acceso para determinar si se han implementado

adecuadamente y si solo las personas autorizadas tienen acceso a los sistemas y datos confidenciales.

3. **Verificación de controles de autenticación y autorización:** Se evaluarán los mecanismos de autenticación y autorización para garantizar que solo los usuarios autorizados tengan permisos para acceder a ciertos recursos y funciones.

4. **Evaluación de controles de cifrado y protección de datos:** Se verificará si se utilizan técnicas adecuadas de cifrado y protección de datos para salvaguardar la información confidencial.

5. **Revisión de controles de seguridad física:** Se evaluarán los controles de seguridad física implementados en el entorno de TI, como el acceso a salas de servidores y centros de datos.

6. **Análisis de controles de seguridad de la red:** Se revisarán los controles de seguridad de la red, como firewalls, sistemas de detección de intrusiones (IDS) y sistemas de prevención de intrusiones (IPS).

7. **Verificación de registros y logs:** Se analizarán los registros y logs de eventos de seguridad para detectar posibles

incidentes de seguridad y evaluar la efectividad de los controles de seguridad.

El objetivo de la actividad de evaluación de controles de seguridad es determinar si los controles implementados son adecuados y efectivos para proteger la información y los sistemas de la organización frente a las amenazas y riesgos identificados.

**IMPORTANTE:** El auditor informático utilizará los resultados de esta evaluación para identificar posibles debilidades en los controles de seguridad y realizar recomendaciones para mejorar la seguridad de la infraestructura de TI de la organización. Además, esta actividad también contribuirá a verificar el cumplimiento de las políticas y normas de seguridad establecidas por la organización y los estándares de seguridad reconocidos a nivel internacional.

### 4.2.3.6 Cómo identificar activos de información

La actividad de identificación de activos de información en la fase de recolección de información y documentación de una auditoría informática consiste en identificar y catalogar todos los activos de información relevantes de la organización auditada. Los activos de información son todos aquellos recursos que contienen datos o información valiosa para la organización y que necesitan ser protegidos adecuadamente. Estos activos pueden incluir, entre otros:

1. **Datos y bases de datos:** Información almacenada en bases de datos y otros sistemas de almacenamiento.

2. **Documentos y archivos:** Archivos electrónicos y documentos físicos que contienen información importante.

3. **Sistemas de información:** Aplicaciones, software y sistemas utilizados para procesar, almacenar y transmitir información.

4. **Infraestructura de red:** Componentes de red, como ruteadores, switches y servidores, que son fundamentales para la operación de sistemas de información.

5. **Equipos de cómputo:** Computadoras, laptops, tabletas y otros dispositivos utilizados para acceder a la información.

6. **Recursos humanos:** Información relacionada con el personal de la organización, incluidos datos personales y registros de empleados.

7. **Propiedad intelectual:** Información confidencial relacionada con patentes, marcas comerciales, secretos comerciales, etc.

8. **Información financiera:** Datos financieros, estados de

cuentas, registros contables, etc.

Durante esta actividad, el auditor informático identificará y recopilará información sobre todos los activos de información mencionados anteriormente, así como otros activos relevantes para la organización. Esto implica realizar entrevistas con los responsables de cada área, revisar documentos, políticas y procedimientos, así como analizar la infraestructura de TI y los sistemas utilizados por la organización.

**IMPORTANTE:** La identificación precisa de los activos de información es esencial para una auditoría informática exitosa, ya que permite al auditor comprender qué recursos deben ser protegidos y evaluar si existen adecuados controles de seguridad implementados para salvaguardar esos activos contra posibles riesgos y amenazas. Además, esta actividad también facilita la identificación de posibles puntos débiles en la protección de la información y permite realizar recomendaciones para mejorar la seguridad y protección de los activos de información de la organización.

## 4.2.3.7 Cómo revisar los procesos de TI

La actividad de revisión de procesos de TI consiste en analizar y evaluar los procesos y procedimientos que la organización tiene en su área de Tecnologías de la Información (TI).

El objetivo de esta actividad es comprender cómo se llevan a cabo las actividades relacionadas con TI dentro de la organización y verificar si estos procesos están alineados con las mejores prácticas, políticas y estándares establecidos.

Durante esta actividad, el auditor informático revisará y analizará los siguientes aspectos:

1. **Procesos operativos:** Se examinan los procedimientos utilizados para la gestión diaria de los sistemas de información y servicios de TI. Esto puede incluir la administración de cuentas de usuario, el manejo de incidentes, la gestión de cambios, entre otros.

2. **Procesos de seguridad:** Se evalúan los controles y políticas de seguridad implementados para proteger los activos de información y los sistemas de TI. Esto puede incluir la gestión de accesos, la monitorización de eventos, la gestión de parches, entre otros.

3. **Procesos de gestión:** Se analiza cómo se planifican, organizan, dirigen y controlan los recursos de TI en la organización. Esto puede incluir la planificación estratégica de TI, la gestión de proyectos, la gestión de riesgos, entre otros.

4. **Procesos de soporte:** Se revisa cómo se brinda soporte técnico y atención a usuarios en relación con los servicios y sistemas de TI. Esto puede incluir el servicio de atención al cliente, la gestión de problemas, la gestión de activos de TI, entre otros.

Durante la revisión de procesos de TI, el auditor informático utilizará técnicas como entrevistas con el personal involucrado en los procesos, revisión de documentos y políticas, observación de las operaciones, y comparación con estándares y marcos de trabajo reconocidos (como ITIL, COBIT, ISO/IEC 20000, entre otros) para evaluar la eficiencia, eficacia y cumplimiento de los procesos de TI de la organización.

**IMPORTANTE:** Esta actividad es crucial en una auditoría informática, ya que permite al auditor obtener una visión completa de cómo la organización gestiona sus recursos y procesos de TI, identificar posibles áreas de mejora y asegurarse de que se estén cumpliendo los objetivos de TI de la organización. Además, proporciona una base sólida para identificar riesgos y oportunidades de mejora en la gestión de TI de la organización.

### 4.2.3.8 Cómo preparar listas de verificación y cuestionarios

La actividad de preparación de listas de verificación y cuestionarios de auditoría en la fase de recolección de información y documentación de una auditoría informática consiste en desarrollar herramientas que faciliten y estandaricen la recopilación de datos relevantes durante la auditoría.

Esta actividad implica lo siguiente:

1. **Identificación de áreas clave:** El auditor informático identifica las áreas o temas principales que deben ser evaluados durante la auditoría. Estas áreas pueden incluir la seguridad de la información, el cumplimiento normativo, la gestión de riesgos, la gobernanza de TI, entre otros.

2. **Creación de listas de verificación:** Para cada una de las áreas identificadas, se desarrollan listas de verificación que contienen una serie de puntos específicos que el auditor debe revisar o verificar. Estos puntos pueden estar basados en estándares, mejores prácticas, políticas internas o requerimientos legales.

3. **Diseño de cuestionarios:** Además de las listas de verificación, el auditor puede diseñar cuestionarios específicos para obtener información más detallada de los empleados o responsables de las áreas auditadas. Estos cuestionarios pueden ser utilizados durante entrevistas o para recopilar información adicional sobre los procesos, controles y prácticas de la organización.

4. **Personalización de las herramientas:** Es importante que las listas de verificación y cuestionarios sean personalizados para cada auditoría en particular, teniendo en cuenta el alcance y los objetivos específicos de la auditoría.

5. **Utilización de herramientas de auditoría asistidas por software:** En algunos casos, los auditores informáticos pueden utilizar herramientas de software específicas que les ayuden a crear y administrar las listas de verificación y cuestionarios de auditoría de manera más eficiente.

La preparación de listas de verificación y cuestionarios es esencial para una auditoría informática exitosa, ya que proporciona una estructura y guía al auditor durante el proceso de recolección de información.

**IMPORTANTE:** Estas herramientas aseguran que se revisen todos los aspectos relevantes y facilitan la comparación de los hallazgos con los estándares y requerimientos establecidos. Además, ayudan a mantener la consistencia en las auditorías y permiten documentar adecuadamente la evidencia recopilada durante el proceso de auditoría.

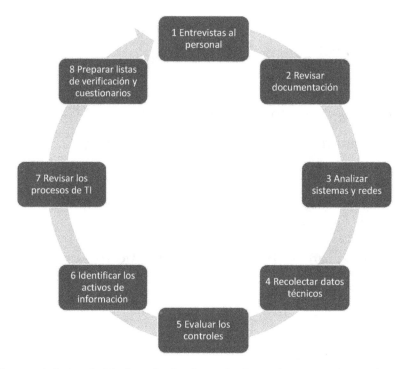

Figura 4.5 Actividades de la fase de Recolección de Información

## 4.2.4 Roles que participan

En la fase de recolección de información y documentación de una auditoría informática, participan varios roles que tienen diferentes responsabilidades y contribuyen a la recopilación de datos necesarios para la evaluación. Algunos de los roles clave son:

1. **Auditor Líder:** Es el encargado de liderar y coordinar toda la auditoría informática. Tiene la responsabilidad de asegurar que se recolecte la información relevante y necesaria para cumplir con los objetivos de la auditoría.

2. **Auditores Internos o Externos:** Son los profesionales de auditoría que realizan las tareas de recopilación de información, revisan la documentación, realizan entrevistas y aplican técnicas de auditoría para evaluar los controles y riesgos informáticos.

3. **Equipo de Apoyo:** Puede incluir personal de apoyo administrativo que ayuda con la logística, programación de reuniones, manejo de documentos y cualquier otra tarea necesaria para el proceso de recolección de información.

4. **Personal de TI y Gestión:** Los empleados de TI y los responsables de las áreas auditadas son fundamentales para proporcionar acceso a los sistemas, la información y la documentación necesaria para la auditoría. También pueden brindar información valiosa sobre los procesos y controles.

5. **Representantes de las Partes Interesadas:** Dependiendo

del alcance de la auditoría, pueden participar representantes de otras áreas de la organización que puedan tener un interés en el resultado de la auditoría.

Es esencial que estos roles trabajen en conjunto para asegurar que la información recopilada sea completa, precisa y relevante para la evaluación de los controles y riesgos informáticos. La colaboración y la comunicación efectiva entre los diferentes roles son fundamentales para el éxito de esta fase de la auditoría.

## 4.2.5 Matriz RACI

Esta es la matriz RACI para la fase de recolección de información.

| MATRIZ RACI Fase 2: Recolección de Información y Documentación | | | | | | | |
|---|---|---|---|---|---|---|---|
| # | Actividades Principales | Auditor Líder | Equipo de Auditoría | Responsable de TI | Equipo de Seguridad | Personal de Sistemas | Usuarios de Departamentos | Alta Dirección |
| 1 | Definir el Alcance de la Auditoría | A | C | C | C | C | C | I |
| 2 | Identificar los Activos de Información | A | C | R | I | I | I | I |
| 3 | Recolectar Políticas, Normativas y Procedimientos | A | C | I | C | C | C | I |
| 4 | Revisar la Arquitectura de la Red y Sistemas | A | C | R | C | I | I | I |
| 5 | Analizar Controles de Seguridad | A | C | R | C | I | I | I |
| 6 | Entrevistar al Personal y Responsables de Áreas | A | C | C | C | I | R | I |
| 7 | Revisar Registros y Documentación de Incidentes | A | C | R | C | I | I | I |
| 8 | Verificar Cumplimiento de Políticas y Normativas | A | C | C | C | I | C | I |
| 9 | Analizar Vulnerabilidades y Riesgos | A | C | R | C | C | I | I |
| 10 | Documentar los Hallazgos y Evidencias | A | C | C | I | I | I | I |

Figura 4.6 Matriz RACI de Recolección de Información y Documentación

Es importante tener en cuenta que el nivel de participación de cada rol puede variar según el alcance y la complejidad de la auditoría, así como según las políticas y procedimientos internos de la organización auditada.

**IMPORTANTE:** Esta matriz RACI debe ser revisada y validada por los participantes involucrados en la fase de recolección de información y documentación para asegurar que las responsabilidades estén claramente definidas y acordadas por todos los actores.

## 4.2.6 Resultados y Entregables

Los resultados y entregables de la fase de recolección de información y documentación en una auditoría informática pueden variar según la organización y el alcance de la auditoría. A continuación, se presentan algunos de los resultados y entregables comunes que suelen generarse en esta fase:

1. **Documentación recopilada:** Incluye todos los documentos relevantes revisados durante la fase, como políticas, procedimientos, manuales, informes, registros, contratos y acuerdos relacionados con la tecnología de la información.

2. **Entrevistas realizadas:** Lista de entrevistas llevadas a cabo con el personal de TI y la alta dirección, con detalles sobre las personas entrevistadas y los temas discutidos.

3. **Hallazgos preliminares:** Un resumen de los hallazgos preliminares identificados durante la fase de recolección de información. Esto puede incluir áreas de mejora, puntos débiles en los controles, riesgos potenciales y oportunidades de optimización.

4. **Información sobre sistemas y procesos:** Un análisis

detallado de los sistemas de información, procesos operativos y controles internos relacionados con la tecnología de la información.

5. **Matriz de responsabilidades:** Una matriz que muestra las actividades clave de la fase de recolección de información y documentación y los roles o responsabilidades de las personas involucradas en cada actividad.

6. **Lista de recursos necesarios:** Un listado de los recursos necesarios para llevar a cabo la auditoría informática, como acceso a sistemas, documentos, registros y personal clave.

7. **Resumen de requisitos de cumplimiento:** Si la auditoría tiene un enfoque específico en el cumplimiento normativo, se puede incluir un resumen de los requisitos de cumplimiento relevantes y su estado de cumplimiento actual.

8. **Cronograma y plan de trabajo:** Un cronograma detallado de actividades y un plan de trabajo para la fase de recolección de información y documentación.

9. **Informe de avance:** Un informe preliminar que resume el progreso de la auditoría hasta el momento, incluyendo los

logros, desafíos y próximos pasos.

Es importante destacar que estos resultados y entregables serán la base para las siguientes etapas de la auditoría informática, como la evaluación de riesgos, pruebas y análisis, y la presentación de los hallazgos finales y recomendaciones.

La fase de recolección de información y documentación es fundamental para obtener una comprensión completa de los sistemas de información y los controles internos de la organización y sentar las bases para una auditoría exitosa y efectiva.

## 4.2.7 Herramientas y Técnicas Usadas

En la fase de recolección de información y documentación de una auditoría informática, se utilizan diversas técnicas y herramientas para recopilar de manera eficiente y efectiva la información necesaria. A continuación, se mencionan algunas de las técnicas y herramientas más comunes utilizadas en esta fase:

1. **Entrevistas:** Los auditores realizan entrevistas con el personal clave de la organización, incluyendo al personal de TI y a la alta dirección. Estas entrevistas permiten obtener información directa sobre los procesos, controles y riesgos relacionados con la tecnología de la información.

2. **Cuestionarios:** Los cuestionarios son una herramienta útil para recopilar información de manera estructurada. Los auditores pueden enviar cuestionarios a los diferentes departamentos de la organización para obtener información sobre sus prácticas y controles de TI.

3. **Revisión de documentos:** Los auditores revisan una amplia variedad de documentos, como políticas, procedimientos, manuales, informes, contratos y acuerdos relacionados con la tecnología de la información. Esta revisión proporciona una comprensión detallada de cómo opera el sistema de TI de la organización.

4. **Observación:** Los auditores pueden observar directamente los procesos y operaciones de TI para obtener una comprensión práctica de cómo se llevan a cabo.

5. **Análisis de datos:** Los auditores pueden realizar análisis de datos para obtener información relevante sobre el rendimiento y la eficiencia de los sistemas de TI.

6. **Herramientas de escaneo y mapeo de redes:** Estas herramientas se utilizan para escanear la infraestructura de TI y mapear la red de la organización, lo que permite identificar

posibles vulnerabilidades y riesgos de seguridad.

7. **Registro de eventos y auditorías de sistemas:** Los auditores pueden revisar los registros de eventos y las auditorías de sistemas para obtener información sobre actividades y eventos relevantes en los sistemas de TI.

8. **Software de gestión de auditorías:** Las herramientas de software específicas para auditorías ayudan a los auditores a organizar y gestionar la información recopilada, facilitando la colaboración y el seguimiento de los hallazgos.

9. **Listas de verificación:** Las listas de verificación pueden ser útiles para asegurarse de que todas las áreas y aspectos relevantes estén siendo abordados durante la fase de recolección de información.

10. **Acceso a sistemas y bases de datos:** Los auditores pueden requerir acceso a sistemas y bases de datos para revisar y analizar los registros y la información operativa.

Es importante que los auditores utilicen una combinación adecuada de estas técnicas y herramientas, adaptándolas al contexto específico de la organización y el alcance de la auditoría.

La variedad de enfoques ayuda a obtener una imagen completa y precisa de la infraestructura y prácticas de TI de la organización, lo que facilita la identificación de riesgos y oportunidades de mejora.

# 4.3 Fase 3: Evaluación de riesgos

## 4.3.1 Descripción

La fase de evaluación de riesgos de una auditoría informática es una etapa crítica en el proceso de auditoría, donde se identifican, analizan y evalúan los riesgos asociados con los sistemas, procesos y controles de tecnología de la información (TI) de una organización.

Esta fase tiene como objetivo determinar la probabilidad e impacto de los riesgos identificados y establecer prioridades para abordarlos adecuadamente.

A continuación, se describen los principales aspectos de la fase de evaluación de riesgos en una auditoría informática:

1. **Identificación de Riesgos**: El equipo de auditoría identifica y documenta una lista completa de posibles riesgos que podrían afectar la seguridad, integridad, disponibilidad y confidencialidad de los sistemas y datos de la organización. Los riesgos pueden incluir amenazas internas y externas, vulnerabilidades tecnológicas, riesgos de cumplimiento y cualquier otro factor que pueda poner en peligro la infraestructura de TI.

2. **Clasificación de Riesgos:** Una vez identificados los riesgos, se clasifican según su gravedad y probabilidad de ocurrencia. La clasificación puede ser cualitativa (baja,

media, alta) o cuantitativa (asignando valores numéricos). Esto permite determinar qué riesgos son más críticos y requerirán una mayor atención durante la auditoría.

3. **Análisis de Impacto:** Se evalúa el posible impacto que cada riesgo podría tener en la organización en términos de pérdidas financieras, daño a la reputación, pérdida de datos, tiempo de inactividad, entre otros. El análisis de impacto ayuda a comprender las consecuencias potenciales de cada riesgo y a priorizar las acciones correctivas.

4. **Evaluación de Controles Existentes:** Se evalúa la efectividad de los controles de seguridad existentes para mitigar los riesgos identificados. Se analiza si los controles son adecuados, están implementados correctamente y si son suficientes para reducir la probabilidad e impacto de los riesgos.

5. **Identificación de Brechas:** Si se encuentran deficiencias en los controles existentes, se identifican las brechas o áreas donde los controles no son efectivos o están ausentes. Estas brechas pueden ser vulnerabilidades que necesitan ser corregidas para mejorar la postura de seguridad de la organización.

6. **Priorización de Riesgos:** Con base en la clasificación y análisis de riesgos, se priorizan los riesgos para enfocar los esfuerzos y recursos en abordar aquellos que representan las mayores amenazas para la organización.

7. **Comunicación con la Dirección:** Los resultados del proceso de evaluación de riesgos se presentan y comunican a la dirección y los responsables del área auditada. Esta comunicación incluye informar sobre los riesgos identificados, sus implicaciones y posibles recomendaciones para su mitigación.

8. **Establecimiento de Estrategias de Mitigación:** Con base en la evaluación de riesgos, se establecen estrategias y planes de acción para mitigar los riesgos identificados. Estas estrategias pueden incluir mejoras en controles de seguridad, capacitación del personal, actualización de sistemas, entre otras acciones.

La fase de evaluación de riesgos es fundamental para enfocar la auditoría en áreas críticas y priorizar las acciones correctivas. Al evaluar los riesgos, el equipo de auditoría informática ayuda a la organización a identificar y abordar las vulnerabilidades, proteger sus activos de información y mejorar su postura de seguridad general.

## 4.3.2 Objetivos Clave

El objetivo de la fase de evaluación de riesgos en una auditoría informática es identificar y evaluar los riesgos que pueden afectar la seguridad, integridad, disponibilidad y confidencialidad de los activos de información y los sistemas de información de una organización. Esta fase es crucial para determinar las áreas de mayor riesgo y establecer prioridades para la auditoría.

Durante la evaluación de riesgos, el auditor informático busca comprender la exposición de la organización a diversas amenazas y evaluar la efectividad de los controles existentes para mitigar esos riesgos. Los objetivos principales son:

1. **Identificar los riesgos:** El auditor debe identificar los riesgos específicos que podrían afectar la infraestructura informática, los sistemas, los datos y la operación general de TI de la organización. Estos riesgos pueden incluir vulnerabilidades técnicas, amenazas de seguridad, posibles brechas de cumplimiento normativo, entre otros.

2. **Evaluar la magnitud de los riesgos:** El auditor evalúa el impacto potencial de los riesgos identificados y la probabilidad de que se materialicen. Esta evaluación ayuda a determinar la

importancia relativa de cada riesgo y a priorizar los esfuerzos de auditoría.

3. **Determinar la efectividad de los controles:** El auditor analiza los controles existentes y su capacidad para mitigar los riesgos identificados. Si los controles no son suficientes o efectivos, el auditor debe sugerir recomendaciones para mejorarlos.

4. **Establecer la base para la realización de la auditoría:** La evaluación de riesgos proporciona una base sólida para planificar la auditoría, determinando qué áreas deben recibir una mayor atención y cuáles son los aspectos más críticos para revisar.

En resumen, la fase de evaluación de riesgos en una auditoría informática ayuda al auditor a comprender el panorama de riesgos de la organización y a enfocar sus esfuerzos en las áreas más importantes para garantizar la seguridad y el cumplimiento normativo de los sistemas de información.

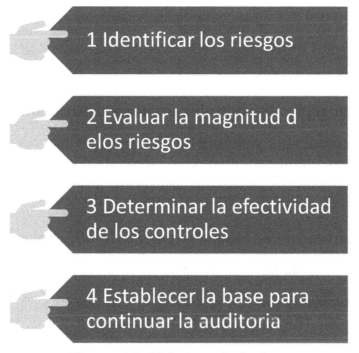

Figura 4.7 Objetivos de la fase

### 4.3.3 Actividades Principales

Las actividades principales para realizar en la fase de evaluación de riesgos de una auditoría informática son las siguientes:

1. **Identificación de activos de información:** Identificar los activos de información críticos para la organización, como bases de datos, servidores, aplicaciones, redes, datos confidenciales, entre otros.

2. **Identificación de amenazas y vulnerabilidades:** Identificar las amenazas que podrían afectar los activos de información,

así como las vulnerabilidades existentes en los sistemas y procesos de TI.

3. **Evaluación de controles existentes:** Analizar los controles de seguridad y políticas de TI existentes para determinar su eficacia para mitigar los riesgos identificados.

4. **Evaluación de impacto y probabilidad:** Evaluar el impacto potencial de los riesgos en caso de que se materialicen y la probabilidad de que ocurran.

5. **Priorización de riesgos:** Priorizar los riesgos identificados en función de su impacto y probabilidad, para centrar los esfuerzos de auditoría en las áreas más críticas.

6. **Realización de pruebas de seguridad:** Realizar pruebas de seguridad, como pruebas de penetración y análisis de vulnerabilidades, para validar la efectividad de los controles y detectar posibles brechas de seguridad.

7. **Revisión de políticas y procedimientos:** Revisar las políticas y procedimientos de seguridad de la organización para asegurarse de que estén alineados con las mejores prácticas y los estándares de seguridad.

8. **Entrevistas y consultas:** Realizar entrevistas con el personal clave de TI y otros interesados para obtener una comprensión más profunda de los riesgos y controles existentes.

9. **Análisis de documentos:** Analizar documentos relevantes, como informes de auditoría anteriores, registros de incidentes de seguridad y otros documentos relacionados con la seguridad de TI.

10. **Identificación de controles correctivos:** Identificar y proponer controles correctivos para mitigar los riesgos identificados y mejorar la seguridad de TI.

11. **Documentación de hallazgos:** Documentar todos los hallazgos y conclusiones obtenidas durante la fase de evaluación de riesgos.

En resumen, la fase de evaluación de riesgos es fundamental para identificar y comprender los riesgos de seguridad y cumplimiento normativo relacionados con la infraestructura y sistemas de información de la organización, lo que permite al auditor informático planificar adecuadamente la auditoría y centrar sus esfuerzos en las áreas de mayor riesgo.

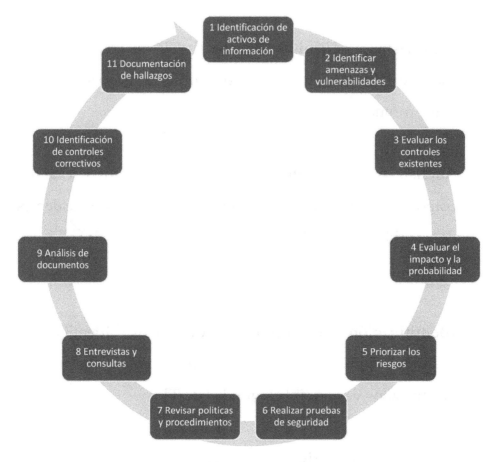

Figura 4.8 Actividades de la fase

A continuación, vamos a describir lo que se realiza en cada actividad.

### 4.3.3.1 Identificación de activos de la información

La actividad de "identificación de activos de la información" consiste en identificar y enumerar todos los activos de información críticos y sensibles que son relevantes para la organización y sus procesos de negocio. Estos activos pueden incluir:

1. **Sistemas y Aplicaciones**: Identificar los sistemas informáticos, aplicaciones y bases de datos que almacenan, procesan o transmiten información sensible y crítica.

2. **Datos Sensibles:** Identificar los datos sensibles, como información personal de clientes, información financiera, secretos comerciales, datos confidenciales de la empresa, etc.

3. **Infraestructura de Red:** Identificar los componentes de la infraestructura de red, como servidores, ruteadores, switches, firewalls, etc., que son esenciales para el funcionamiento de los sistemas de información.

4. **Recursos Humanos:** Identificar a las personas que tienen acceso a los activos de información y su rol en la organización.

5. **Procesos de Negocio:** Identificar los procesos críticos de negocio que dependen de los activos de información para su correcto funcionamiento.

6. **Documentación:** Identificar cualquier documentación relacionada con los activos de información, como políticas, procedimientos, manuales de usuario, etc.

La identificación de estos activos es fundamental para la evaluación de riesgos, ya que permite entender qué recursos son valiosos para la organización y qué información podría estar en riesgo. Una vez que se han identificado los activos, se procede a analizar las amenazas y vulnerabilidades que pueden afectarlos, y luego se evalúa la probabilidad e impacto de cada riesgo. Esto ayuda a priorizar los riesgos y desarrollar un plan de mitigación para proteger los activos de información críticos de la organización.

## 4.3.3.2 Identificación de amenazas y vulnerabilidades

La actividad de "identificación de amenazas y vulnerabilidades" consiste en identificar y analizar las posibles amenazas que podrían afectar la seguridad y confidencialidad de los activos de información de una organización, así como las vulnerabilidades presentes en los sistemas y procesos informáticos que podrían ser explotadas por las amenazas.

Las amenazas son eventos o situaciones que pueden causar daño o afectar negativamente los activos de información de la organización. Algunos ejemplos de amenazas informáticas incluyen ataques cibernéticos, malware, phishing, robo de datos, desastres naturales, errores humanos, entre otros.

Por otro lado, las vulnerabilidades son debilidades o fallos en los sistemas, aplicaciones o procesos informáticos que podrían ser aprovechados por las amenazas para causar daño. Estas vulnerabilidades pueden ser resultado de configuraciones inseguras, falta de parches de seguridad, diseño defectuoso, acceso no autorizado, entre otros.

Durante esta actividad, el auditor informático realiza un análisis exhaustivo de los sistemas y procesos de la organización para identificar posibles amenazas y vulnerabilidades. Esto puede involucrar la revisión de políticas y procedimientos, análisis de la infraestructura de red, inspección de sistemas y aplicaciones, entrevistas con el personal, revisión de registros y logs, entre otras técnicas.

Una vez que se han identificado las amenazas y vulnerabilidades, se procede a evaluar su probabilidad de ocurrencia y el impacto que podrían tener en la organización. Con esta información, se priorizan los riesgos para poder desarrollar un plan de mitigación que permita proteger adecuadamente los activos de información y reducir la exposición a posibles incidentes de seguridad.

## 4.3.3.3 Evaluación de controles existentes

La actividad de "evaluación de controles existentes" consiste en analizar y evaluar los controles de seguridad y medidas de protección que ya están implementados en la organización para mitigar los riesgos identificados previamente.

Los controles de seguridad son medidas, políticas, procedimientos, tecnologías o prácticas que se han implementado para reducir la probabilidad de que las amenazas identificadas se materialicen y para minimizar el impacto en caso de que ocurra un incidente de seguridad.

Durante esta actividad, el auditor informático revisa y evalúa los controles existentes, verificando su efectividad, adecuación y cumplimiento con las políticas y estándares de seguridad establecidos. Algunos de los aspectos que se evalúan incluyen:

1. **Cumplimiento de políticas y normativas de seguridad:** Se verifica si los controles implementados están en línea con las políticas y regulaciones de seguridad de la organización, así como con los estándares y marcos de trabajo aplicables.

2. **Eficacia del control:** Se determina si los controles son efectivos en su propósito de reducir los riesgos identificados. Esto puede involucrar la revisión de registros y logs para verificar que los controles han estado funcionando correctamente.

3. **Consistencia y uniformidad:** Se evalúa si los controles se aplican de manera consistente en toda la organización, asegurando una cobertura adecuada de los activos y procesos.

4. **Actualización y mantenimiento:** Se verifica que los controles se mantengan actualizados y se adapten a los cambios en el entorno de seguridad informática.

5. **Responsabilidad y asignación de roles:** Se analiza si los roles y responsabilidades para la gestión de los controles están claramente definidos y asignados dentro de la organización.

La evaluación de los controles existentes es fundamental para determinar si la organización está gestionando adecuadamente los riesgos de seguridad informática y para identificar áreas que requieren mejoras o reforzamiento. Con base en los resultados de esta evaluación, el auditor informático puede proporcionar recomendaciones específicas para fortalecer la seguridad y reducir los riesgos en la organización.

## 4.3.3.4 Evaluación de impacto y probabilidad

La actividad de "evaluación de impacto y probabilidad" consiste en determinar el posible impacto y la probabilidad de que un riesgo identificado se materialice y cause daño o pérdida a la organización.

Para llevar a cabo esta actividad, el auditor informático analiza cada riesgo identificado y realiza una evaluación para determinar:

1. **Impacto:** Se evalúa el posible daño o pérdida que podría ocurrir si el riesgo se materializa. Esto implica considerar aspectos como el impacto financiero, la reputación de la organización, la interrupción de operaciones, la pérdida de datos críticos, entre otros.

2. **Probabilidad:** Se estima la posibilidad de que el riesgo se materialice y se convierta en un incidente de seguridad. La probabilidad se puede clasificar en términos cualitativos (baja, media, alta) o cuantitativos (porcentaje de probabilidad).

La evaluación de impacto y probabilidad se realiza generalmente utilizando métodos y técnicas de análisis de riesgos, como matrices de riesgos, análisis estadísticos, estimaciones basadas en datos históricos o expertos, entre otros. Estos métodos permiten cuantificar los riesgos y priorizarlos según su gravedad.

El objetivo de esta actividad es identificar los riesgos más críticos y significativos para la organización, aquellos que tienen un alto impacto potencial y una probabilidad significativa de ocurrencia. Esto ayuda a enfocar los esfuerzos de la auditoría en áreas de mayor riesgo y a establecer prioridades para la implementación de controles y medidas de mitigación.

La evaluación de impacto y probabilidad proporciona una base sólida para tomar decisiones informadas sobre cómo manejar los riesgos identificados y para desarrollar un plan de acción que permita a la organización protegerse de forma efectiva contra posibles incidentes de seguridad.

## 4.3.3.5 Priorización de riesgos

La actividad de "priorización de riesgos" consiste en ordenar los riesgos identificados según su importancia y nivel de criticidad para la organización. Esta actividad es fundamental para enfocar los recursos y esfuerzos en la mitigación de los riesgos más significativos y urgentes.

Para llevar a cabo la priorización de riesgos, se utilizan diferentes criterios y metodologías que ayudan a determinar qué riesgos deben ser abordados en primer lugar. Algunos de los criterios comunes para la priorización incluyen:

1. **Impacto:** Se evalúa el posible daño o pérdida que podría causar cada riesgo si se materializa. Los riesgos con un impacto más significativo en la organización se consideran más críticos y, por lo tanto, deben abordarse antes.

2. **Probabilidad:** Se estima la posibilidad de que cada riesgo se

convierta en un incidente de seguridad. Los riesgos con una alta probabilidad de ocurrencia son considerados más urgentes.

3. **Nivel de exposición:** Se evalúa el nivel de exposición actual de la organización a cada riesgo. Los riesgos para los cuales la organización tiene una mayor exposición se consideran más críticos y requieren una acción inmediata.

4. **Riesgo residual:** Se analiza el riesgo que permanece después de que se han implementado algunos controles de mitigación. Los riesgos con un riesgo residual más alto deben ser tratados con mayor prioridad.

5. **Impacto en los objetivos del negocio:** Se considera cómo cada riesgo puede afectar el logro de los objetivos estratégicos de la organización. Los riesgos que podrían obstaculizar el cumplimiento de los objetivos clave deben ser priorizados.

Es importante que la priorización de riesgos se realice de manera objetiva y basada en datos y análisis sólidos. Esto permite que la organización tome decisiones informadas sobre cómo asignar recursos y esfuerzos para mitigar los riesgos de manera efectiva y proteger sus activos e información crítica.

La priorización de riesgos también ayuda a la alta dirección a comprender mejor la exposición de la organización a diferentes amenazas y a tomar decisiones estratégicas para gestionar el riesgo de manera proactiva y eficiente.

## 4.3.3.6 Realización de pruebas de seguridad

La actividad de "realización de pruebas de seguridad" consiste en llevar a cabo pruebas técnicas y prácticas para evaluar la efectividad de los controles de seguridad implementados en los sistemas y redes de una organización. Estas pruebas tienen como objetivo identificar vulnerabilidades y debilidades en los sistemas, con el fin de determinar si existen brechas de seguridad que podrían ser aprovechadas por atacantes externos o internos.

Las pruebas de seguridad pueden incluir una variedad de técnicas y metodologías, como:

1. **Pruebas de penetración:** Consisten en simular ataques controlados a los sistemas y redes para evaluar su resistencia y determinar si es posible obtener acceso no autorizado o comprometer la confidencialidad, integridad o disponibilidad de los datos.

2. **Escaneo de vulnerabilidades:** Se utilizan herramientas automatizadas para identificar y evaluar las vulnerabilidades

conocidas en los sistemas y redes.

3. **Análisis de configuración:** Se revisan las configuraciones de los sistemas y dispositivos para asegurarse de que cumplan con las mejores prácticas de seguridad y evitar configuraciones débiles o inseguras.

4. **Pruebas de aplicaciones:** Se evalúan las aplicaciones web y móviles para identificar vulnerabilidades como inyección de SQL, cross-site scripting (XSS) o secuencias de comandos entre sitios (XSS).

5. **Análisis de logs y registros:** Se revisan los registros de actividad de los sistemas para detectar patrones de comportamiento inusual o actividades sospechosas.

6. **Pruebas de ingeniería social:** Se simulan intentos de engaño para medir la conciencia de seguridad y la susceptibilidad del personal a técnicas de manipulación.

Estas pruebas se realizan bajo un enfoque controlado y coordinado para evitar cualquier impacto negativo en la operación de los sistemas y garantizar la confidencialidad de la información sensible.

Los resultados de estas pruebas proporcionan información valiosa sobre la efectividad de los controles de seguridad existentes y ayudan a la organización a tomar medidas correctivas para mitigar los riesgos identificados durante la auditoría informática.

## 4.3.3.7 Revisión de políticas y procedimientos

La actividad de "revisión de políticas y procedimientos" consiste en analizar y evaluar las políticas, normativas y procedimientos de seguridad de la información implementados en la organización. Estos documentos establecen las directrices y lineamientos que regulan el uso, manejo y protección de la información y los recursos tecnológicos.

Durante esta actividad, el auditor informático revisa detalladamente las políticas y procedimientos relacionados con la seguridad de la información, como:

1. **Políticas de seguridad de la información:** Establecen los principios generales, objetivos y responsabilidades para proteger la información y los sistemas de la organización.

2. **Normativas de seguridad:** Son especificaciones detalladas que complementan las políticas y brindan orientación específica sobre cómo cumplir con las políticas establecidas.

3. **Procedimientos operativos estándar (SOP):** Describen las acciones específicas que deben seguirse para realizar tareas o

procesos relacionados con la seguridad de la información.

4. **Guías de buenas prácticas:** Proporcionan recomendaciones y mejores prácticas para asegurar un uso seguro y adecuado de los recursos de TI.

Durante la revisión de estos documentos, el auditor verifica que las políticas y procedimientos sean coherentes con los estándares y marcos de referencia aplicables, como ISO/IEC 27001, COBIT o NIST SP 800-53, y que se alineen con los objetivos y necesidades específicas de la organización.

La evaluación de políticas y procedimientos es fundamental para determinar si la organización tiene un enfoque adecuado y bien definido para la gestión de la seguridad de la información. También permite identificar posibles brechas o áreas de mejora en la implementación de controles de seguridad y, en última instancia, ayuda a mitigar los riesgos asociados con la gestión de la información y los sistemas informáticos. Si se encuentran deficiencias en las políticas y procedimientos, se podrían recomendar cambios o mejoras para fortalecer la postura de seguridad de la organización.

### 4.3.3.8 Entrevistas y consultas

La actividad de "entrevistas y consultas" consiste en interactuar con el personal clave de la organización para obtener información relevante y detallada sobre la seguridad de la información y los riesgos asociados a los sistemas y procesos informáticos.

Durante esta actividad, el auditor informático se comunica con diferentes miembros del equipo de TI, personal de seguridad, directivos y otros stakeholders relevantes para recopilar información valiosa sobre:

1. **Procesos y operaciones de TI:** Se entrevista al personal responsable de la gestión de sistemas, redes, bases de datos y otras infraestructuras informáticas para entender cómo se realizan las actividades de TI y cuáles son los principales riesgos asociados a estos procesos.

2. **Controles de seguridad:** Se evalúan los controles de seguridad implementados en la organización para proteger la confidencialidad, integridad y disponibilidad de la información. Esto incluye la revisión de controles de acceso, cifrado, auditoría, gestión de parches, entre otros.

3. **Políticas y procedimientos:** Se consultan los documentos de políticas y procedimientos relacionados con la seguridad de la información para asegurarse de que estén actualizados y se

estén siguiendo adecuadamente.

4. **Experiencias pasadas de seguridad:** Se busca comprender si ha habido incidentes de seguridad previos y cómo se han gestionado para identificar lecciones aprendidas y posibles áreas de mejora.

5. **Conciencia de seguridad del personal:** Se puede evaluar la capacitación y la conciencia de seguridad del personal para determinar si están al tanto de las políticas y procedimientos de seguridad y si están cumpliendo con las prácticas de seguridad.

6. **Inquietudes y desafíos:** Se permite que el personal comparta sus preocupaciones y desafíos en cuanto a la seguridad informática, lo que puede ayudar a descubrir problemas ocultos o emergentes.

La información recopilada a través de las entrevistas y consultas proporciona al auditor una visión más completa y detallada del entorno de seguridad de la organización. Permite identificar riesgos potenciales, evaluar la efectividad de los controles existentes y proporciona datos para el análisis y la priorización de riesgos. También es una oportunidad para aclarar cualquier duda o malentendido sobre las políticas y procedimientos de seguridad, y para asegurarse de que todas las partes interesadas estén alineadas en cuanto a la importancia de la seguridad de la información.

## 4.3.3.9 Análisis de documentos

La actividad de "análisis de documentos" consiste en revisar y examinar detalladamente la documentación relevante relacionada con la seguridad de la información y los sistemas informáticos de la organización. Esta actividad es fundamental para comprender las políticas, procedimientos, estándares y otros documentos que rigen la seguridad de la información y para evaluar cómo se aplican en la práctica.

Durante el análisis de documentos, el auditor informático revisará, entre otros, los siguientes tipos de documentos:

1. **Políticas de seguridad:** Se revisan las políticas de seguridad de la información de la organización para comprender los objetivos de seguridad y las directrices establecidas para proteger los activos de información.

2. **Procedimientos operativos:** Se analizan los procedimientos operativos relacionados con la seguridad de TI para asegurarse de que se sigan las prácticas recomendadas y los estándares de seguridad.

3. **Normativas y estándares:** Se verifican las normativas y estándares de seguridad aplicables a la industria y la jurisdicción para asegurarse de que la organización cumple con los requisitos legales y las mejores prácticas.

4. **Planes de continuidad de negocios y recuperación de desastres:** Se examinan los planes de contingencia para identificar cómo se abordan los riesgos de interrupción y cómo se protege la disponibilidad de los sistemas de TI.

5. **Reportes y registros de incidentes de seguridad:** Se revisan los registros de incidentes de seguridad pasados para identificar patrones o problemas recurrentes y evaluar cómo se han manejado los incidentes.

6. **Documentación de capacitación y concienciación:** Se analiza la documentación relacionada con la capacitación y concienciación en seguridad para asegurarse de que el personal esté bien informado sobre las prácticas y políticas de seguridad.

El análisis de documentos permite al auditor obtener una visión más completa de las prácticas de seguridad de la organización y evaluar si se están siguiendo adecuadamente las políticas y procedimientos establecidos. También ayuda a identificar posibles brechas de seguridad, inconsistencias o áreas de mejora que pueden requerir una atención especial durante la auditoría. La revisión minuciosa de los documentos también proporciona una base sólida para la identificación de riesgos y la recomendación de controles adecuados para mitigarlos.

### 4.3.3.10 Identificación de controles correctivos

La actividad de "identificación de controles correctivos" consiste en determinar qué controles o medidas correctivas se deben implementar para mitigar o reducir los riesgos identificados durante el proceso de evaluación. Una vez que se han evaluado los riesgos y se ha determinado su impacto y probabilidad, es fundamental desarrollar un plan de acción para abordar estos riesgos y mejorar la seguridad de los sistemas y la información de la organización.

Durante esta actividad, el auditor informático identificará los controles o acciones correctivas que son necesarios para:

1. **Reducir la probabilidad de ocurrencia de riesgos:** Se buscarán controles que minimicen las posibilidades de que ocurran eventos no deseados o situaciones de riesgo.

2. **Mitigar el impacto de los riesgos:** Se identificarán controles

que ayuden a reducir las consecuencias negativas en caso de que ocurran eventos de riesgo.

3. **Mejorar la resiliencia y la capacidad de recuperación:** Se considerarán medidas correctivas para garantizar que la organización pueda recuperarse rápidamente de incidentes de seguridad o desastres.

4. **Fortalecer la seguridad en general:** Se analizarán controles que refuercen las defensas y la protección de los activos de información.

Los controles correctivos pueden incluir, entre otros:

- Implementación de soluciones de seguridad tecnológicas, como firewalls, sistemas de detección de intrusiones, antivirus, etc.
- Actualizaciones y parches de software para corregir vulnerabilidades conocidas.
- Mejoras en la infraestructura de red y sistemas para fortalecer la seguridad.
- Capacitación y concientización del personal en prácticas de seguridad.
- Establecimiento de planes de respuesta a incidentes.

- Desarrollo de políticas y procedimientos de seguridad más sólidos.

- Realización de pruebas de penetración y auditorías de seguridad.

Es importante que los controles correctivos sean diseñados e implementados de manera efectiva para abordar los riesgos identificados y que estén alineados con los objetivos de seguridad de la organización.

Es fundamental monitorear y evaluar regularmente la efectividad de estos controles para garantizar que continúen protegiendo adecuadamente los activos de información frente a las amenazas cambiantes del entorno tecnológico.

### 4.3.3.11 Documentación de hallazgos

La actividad de "documentación de hallazgos" consiste en registrar y documentar de manera precisa y detallada todos los riesgos identificados durante el proceso de evaluación. Esta documentación es esencial para asegurar que los hallazgos sean comunicados de manera clara y efectiva a las partes interesadas, incluyendo a la dirección de la organización y al equipo encargado de implementar acciones correctivas.

Durante esta actividad, el auditor informático deberá:

1. **Registrar todos los riesgos identificados:** Se debe llevar un registro completo de cada riesgo identificado durante la evaluación, incluyendo su descripción, probabilidad de ocurrencia, impacto potencial y cualquier otra información relevante.

2. **Clasificar los riesgos:** Los riesgos pueden clasificarse según su gravedad, su prioridad para la organización, o cualquier otro criterio establecido en el marco de trabajo de la auditoría. La clasificación ayudará a enfocar los esfuerzos en los riesgos más críticos.

3. **Documentar los hallazgos de manera clara y concisa:** Es importante redactar los hallazgos en un lenguaje claro y comprensible, evitando terminología técnica excesiva. La documentación debe ser lo suficientemente detallada para permitir que otros comprendan la naturaleza del riesgo y las posibles consecuencias.

4. **Asignar responsabilidades:** Si es necesario, se deben asignar responsabilidades claras para la gestión y mitigación de cada riesgo. Esto asegura que las personas adecuadas estén a cargo de tomar medidas correctivas.

5. **Incluir evidencia relevante:** Es importante respaldar los

hallazgos con evidencia sólida y verificable, como resultados de pruebas de seguridad, registros de auditoría, reportes de vulnerabilidades, entre otros.

6. **Establecer recomendaciones:** Si es apropiado, se pueden proporcionar recomendaciones específicas para mitigar o eliminar los riesgos identificados.

La documentación de hallazgos es esencial para el desarrollo del informe de auditoría final y para la comunicación efectiva con la dirección y otros interesados. Además, esta documentación sirve como base para la implementación de acciones correctivas y para el seguimiento del progreso en la mitigación de los riesgos identificados.

## 4.3.4 Roles que participan

En la fase de evaluación de riesgos, participan varios roles para llevar a cabo un análisis exhaustivo de los riesgos de seguridad y cumplimiento normativo en los sistemas de información de una organización.

Algunos de los roles que pueden estar involucrados son:

1. **Auditor Informático:** Encargado de liderar y coordinar toda la auditoría informática, incluida la fase de evaluación de riesgos. Es responsable de supervisar el proceso, analizar los resultados y emitir el informe final.

2. **Equipo de Auditoría:** Incluye a todos los profesionales que conforman el equipo de auditoría, como auditores internos o externos, especialistas en seguridad informática, expertos en cumplimiento normativo, entre otros.

3. **Gerentes y Responsables de TI:** Los gerentes y responsables de las áreas de tecnología de la información son fundamentales, ya que pueden proporcionar información sobre la infraestructura, sistemas, políticas y procedimientos de seguridad, y colaborar con los auditores para identificar riesgos y controles.

4. **Personal de Seguridad Informática:** Los especialistas en seguridad informática son esenciales para realizar pruebas de seguridad, análisis de vulnerabilidades y evaluar los controles de seguridad existentes.

5. **Personal de Cumplimiento Normativo:** Si es necesario, el personal de cumplimiento normativo puede proporcionar información sobre las regulaciones y estándares aplicables y verificar si la organización cumple con los requisitos legales y normativos.

6. **Usuarios Clave:** Los usuarios clave, como responsables de los activos de información, pueden brindar información valiosa

sobre los riesgos específicos asociados con los sistemas y aplicaciones que utilizan en su día a día.

7. **Personal de Gestión de Riesgos:** Si la organización cuenta con un equipo de gestión de riesgos, puede colaborar con el auditor informático para identificar y evaluar los riesgos en el contexto de la estrategia general de la organización.

Es fundamental que estos roles trabajen de manera colaborativa y estrecha durante la fase de evaluación de riesgos para asegurar una evaluación completa y precisa de los riesgos informáticos y facilitar la identificación de controles y acciones correctivas necesarias para mitigarlos.

## 4.3.5 Matriz RACI

Se muestra la matriz RACI que muestra las actividades y los roles involucrados en la fase de evaluación de riesgos de una auditoría informática:

**MATRIZ RACI**
Fase 3: Evaluación de Riesgos

| # | Actividades Principales | Auditor Líder | Equipo de Auditoría | Responsable de TI | Equipo de Seguridad | Personal de Sistemas | Alta Dirección |
|---|---|---|---|---|---|---|---|
| 1 | Identificar Activos y Recursos Críticos | A | C | R | I | I | I |
| 2 | Identificar Amenazas y Vulnerabilidades | A | C | C | R | R | I |
| 3 | Evaluar Impacto de Amenazas | A | C | C | R | R | I |
| 4 | Calcular Probabilidad de Ocurrencia | A | C | C | R | R | I |
| 5 | Determinar Nivel de Riesgo | A | C | C | R | R | I |
| 6 | Identificar Controles Existentes | A | C | C | C | C | I |
| 7 | Evaluar Efectividad de Controles | A | C | R | C | C | I |
| 8 | Calcular Riesgo Residual | A | C | C | R | R | I |
| 9 | Priorizar Riesgos y Establecer Mitigaciones | A | C | C | C | C | I |
| 10 | Documentar Resultados y Recomendaciones | A | C | C | I | I | I |

Figura 4.9 Matriz RACI

Es importante tener en cuenta que el nivel de participación de cada rol puede variar según el alcance, la complejidad de la auditoría informática y el tamaño de la organización, así como según las políticas y procedimientos internos de la organización auditada.

**IMPORTANTE:** Esta matriz RACI debe ser revisada y validada por los participantes involucrados en la fase de evaluación de riesgos para asegurar que las responsabilidades estén claramente definidas y acordadas por todos los actores.

## 4.3.6 Resultados y Entregables

Los resultados y entregables de la fase de evaluación de riesgos de una auditoría informática pueden variar según el enfoque y los objetivos específicos de la auditoría. Sin embargo, algunos resultados y entregables comunes incluyen:

1. **Identificación de riesgos:** Se identifican los riesgos de seguridad y operativos que podrían afectar a los activos de información y a los procesos de tecnología de la información de la organización.

2. **Evaluación de riesgos:** Se evalúa la probabilidad e impacto de los riesgos identificados para determinar su nivel de riesgo.

3. **Matriz de riesgos:** Se presenta una matriz de riesgos que muestra la clasificación de los riesgos identificados según su nivel de gravedad.

4. **Informe de riesgos:** Se elabora un informe detallado que describe los riesgos identificados, sus posibles consecuencias y las áreas de la organización más afectadas.

5. **Plan de mitigación:** Se desarrolla un plan de acción para

mitigar o reducir los riesgos identificados. Este plan puede incluir recomendaciones para implementar controles de seguridad, políticas y procedimientos.

6. **Priorización de riesgos:** Se priorizan los riesgos identificados en función de su nivel de gravedad y se recomienda la atención inmediata a los riesgos más críticos.

7. **Presentación de hallazgos:** Se presenta un resumen de los hallazgos y resultados al equipo de auditoría, a la dirección de la organización y a otros interesados relevantes.

8. **Validación de planes de mitigación:** Se valida que los planes de mitigación propuestos sean adecuados para abordar los riesgos identificados.

Es importante tener en cuenta que la fase de evaluación de riesgos proporciona una visión general del panorama de riesgos de la organización en relación con su infraestructura de tecnologías de la información.

Los resultados y entregables son esenciales para tomar decisiones informadas sobre cómo abordar los riesgos y mejorar la seguridad y eficiencia de los sistemas informáticos.

## 4.3.7 Herramientas y Técnicas Usadas

En la fase de evaluación de riesgos de una auditoría informática, se utilizan diversas técnicas y herramientas para identificar, analizar y evaluar los riesgos asociados a los sistemas y procesos de tecnologías de la información. Algunas de las técnicas y herramientas más comunes incluyen:

1. **Entrevistas y cuestionarios:** Se llevan a cabo entrevistas con el personal clave de la organización y se utilizan cuestionarios estructurados para obtener información sobre los riesgos percibidos y las prácticas actuales de gestión de riesgos.

2. **Análisis de documentos:** Se revisan y analizan documentos como políticas, procedimientos, informes de incidentes de seguridad, evaluaciones anteriores de riesgos, entre otros, para identificar posibles riesgos y controles.

3. **Revisión de logs y registros:** Se revisan los registros de eventos y logs de sistemas para detectar posibles incidentes o patrones de comportamiento que puedan indicar riesgos de seguridad.

4. **Análisis de vulnerabilidades y pruebas de penetración:** Se realizan pruebas técnicas para identificar vulnerabilidades en los sistemas informáticos y evaluar la efectividad de los

controles de seguridad.

5. **Análisis de riesgos basado en escenarios:** Se evalúan diversos escenarios de riesgos hipotéticos para comprender mejor las posibles consecuencias de los riesgos y su impacto en la organización.

6. **Matrices de riesgos:** Se utilizan matrices de riesgos para clasificar y priorizar los riesgos identificados según su probabilidad e impacto.

7. **Análisis FODA:** Se realiza un análisis FODA (Fortalezas, Oportunidades, Debilidades y Amenazas) para comprender los factores internos y externos que podrían influir en los riesgos de la organización.

8. **Análisis de causalidad y efecto (Diagrama de Ishikawa):** Se utiliza esta técnica para identificar las causas raíz de los riesgos y cómo se relacionan con diferentes áreas o procesos.

9. **Análisis PESTEL:** Se realiza un análisis PESTEL para identificar factores políticos, económicos, sociales, tecnológicos, ambientales y legales que puedan afectar los riesgos de la organización.

10. **Herramientas de gestión de riesgos:** Se pueden utilizar

herramientas de gestión de riesgos específicas para ayudar en el proceso de identificación, análisis y evaluación de riesgos.

Estas técnicas y herramientas se utilizan de manera complementaria para obtener una visión integral de los riesgos informáticos y proporcionar una base sólida para tomar decisiones informadas sobre cómo mitigar los riesgos y mejorar la seguridad de los sistemas informáticos de la organización.

# 4.4 Fase 4: Pruebas y Análisis

## 4.4.1 Descripción

La fase de pruebas y análisis es una etapa clave en el proceso de una auditoría informática, donde el equipo de auditoría realiza evaluaciones prácticas para verificar y validar la efectividad de los controles de seguridad, procedimientos y prácticas implementadas en los sistemas de tecnología de la información (TI) de una organización. Esta fase implica la realización de pruebas específicas y el análisis de los resultados obtenidos para evaluar el cumplimiento de políticas, normas, regulaciones y mejores prácticas de seguridad.

## 4.4.2 Objetivos Clave

Los objetivos de la fase de pruebas y análisis en una auditoría informática son:

1. **Verificación de controles de seguridad:** La fase de pruebas y análisis tiene como objetivo verificar la efectividad y el funcionamiento adecuado de los controles de seguridad implementados en los sistemas de información y redes de la organización.

2. **Identificación de vulnerabilidades:** Se busca identificar posibles vulnerabilidades en los sistemas y redes, así como en los procesos y procedimientos relacionados con la

seguridad de la información.

3. **Evaluación de la seguridad de los activos de información:** Se pretende evaluar la seguridad de los activos de información críticos para la organización, como datos confidenciales, sistemas clave y aplicaciones sensibles.

4. **Prueba de la resistencia frente a ataques:** Se realizan pruebas para evaluar la resistencia de los sistemas y redes frente a ataques informáticos, como intentos de acceso no autorizado, malware o intentos de robo de información.

5. **Análisis de incidentes de seguridad pasados:** Se pueden analizar incidentes de seguridad pasados para identificar posibles patrones y lecciones aprendidas que ayuden a fortalecer la seguridad de la organización.

6. **Verificación del cumplimiento normativo:** Se verifica que la organización cumpla con las normativas y regulaciones aplicables en materia de seguridad de la información.

7. **Identificación de debilidades en procesos y políticas:** Se busca identificar debilidades en los procesos y políticas de seguridad de la organización para proponer mejoras y fortalecer el enfoque de seguridad.

8. **Recopilación de evidencia:** Durante esta fase, se recopila evidencia que respalde los hallazgos de la auditoría y que permita realizar un análisis objetivo de la situación de seguridad informática de la organización.

En resumen, la fase de pruebas y análisis tiene como objetivo evaluar y verificar la seguridad de los sistemas y redes de la organización, así como identificar riesgos y vulnerabilidades que puedan afectar la confidencialidad, integridad y disponibilidad de la información. Esto permite a la organización tomar las medidas necesarias para mejorar su postura de seguridad y proteger sus activos de información.

1 Verificar los controles de seguridad

2 Identificar las vulnerabilidades

3 Evaluar la seguridad de los activos

4 Probar la resistencia a ataques

5 Análisis de incidentes anteriores

6 Verificar el cumplimiento normativo

7 Identificar debilidades en procesos y políticas

8 Recolectar evidencias

Figura 4.10 Objetivos clave

## 4.4.3 Actividades Principales

Las actividades principales de la fase de pruebas y análisis en una auditoría informática pueden variar según el alcance y los objetivos específicos de la auditoría, pero a continuación se presentan algunas de las actividades más comunes:

1. **Identificación de activos de información:** Esta actividad consiste en identificar y categorizar los activos de información críticos para la organización, como bases de datos, sistemas, aplicaciones, documentos, etc.

2. **Evaluación de controles de seguridad:** Se analizan los controles de seguridad implementados en los sistemas y redes de la organización para verificar su efectividad y adecuación para proteger los activos de información.

3. **Realización de pruebas de vulnerabilidad:** Se llevan a cabo pruebas de vulnerabilidad para identificar posibles brechas de seguridad y vulnerabilidades en los sistemas y redes.

4. **Pruebas de penetración:** Se realizan pruebas de penetración para simular ataques informáticos y evaluar la

resistencia de los sistemas y redes a posibles amenazas externas e internas.

5. **Análisis de incidentes pasados:** Se revisan y analizan incidentes de seguridad pasados para identificar patrones y tendencias que puedan ayudar a mejorar las medidas de seguridad.

6. **Verificación del cumplimiento normativo:** Se verifica si la organización cumple con las normativas y regulaciones aplicables en materia de seguridad de la información.

7. **Evaluación de políticas y procedimientos:** Se analizan las políticas y procedimientos de seguridad de la información para asegurarse de que estén actualizados y sean efectivos.

8. **Recopilación de evidencia:** Durante esta fase, se recopila evidencia de las pruebas y análisis realizados para respaldar los hallazgos y conclusiones de la auditoría.

9. **Elaboración de informe preliminar:** Se elabora un informe preliminar con los hallazgos y recomendaciones iniciales para que la organización pueda tomar acciones correctivas de manera oportuna.

10. **Presentación de resultados:** Se lleva a cabo una reunión

con el equipo de la organización para presentar los resultados de la auditoría, discutir los hallazgos y las recomendaciones, y obtener retroalimentación.

11. **Elaboración del informe final:** Finalmente, se elabora el informe final de la auditoría, que incluye un resumen ejecutivo, una descripción detallada de los hallazgos, las recomendaciones y un plan de acción para abordar los problemas identificados.

Estas son algunas de las actividades que pueden llevarse a cabo en la fase de pruebas y análisis de una auditoría informática. El proceso exacto puede variar según las necesidades y requisitos específicos de la organización y de la auditoría.

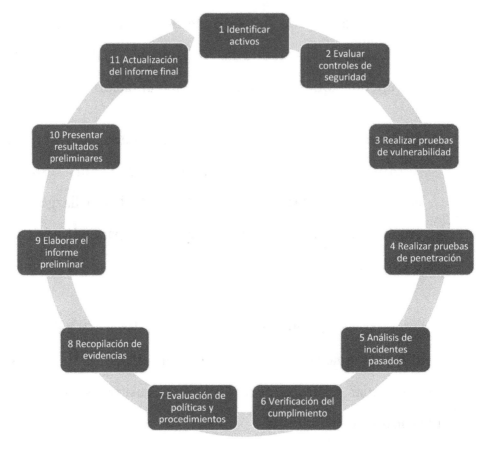

Figura 4.11 Actividades principales

## 4.4.4 Roles que participan

En la fase de pruebas y análisis de una auditoría informática, participan varios roles y responsabilidades para llevar a cabo las actividades de manera efectiva. Algunos de los roles comunes son:

1. **Auditor Informático:** Es el profesional encargado de liderar la auditoría y coordinar todas las actividades relacionadas con la fase de pruebas y análisis. Es responsable

de planificar las pruebas, supervisar su ejecución y analizar los resultados.

2. **Equipo de Auditoría:** Puede incluir a otros auditores informáticos y especialistas en seguridad de la información que colaboran con el auditor principal en la realización de las pruebas y análisis.

3. **Especialista en Seguridad de la Información:** Puede ser un experto en seguridad cibernética, un analista de seguridad, o un ingeniero de seguridad que ayuda en la identificación y evaluación de vulnerabilidades y controles de seguridad.

4. **Técnicos de TI:** Son responsables de llevar a cabo las pruebas técnicas, como pruebas de vulnerabilidad y pruebas de penetración. Pueden ser especialistas internos de la organización o consultores externos contratados para apoyar la auditoría.

5. **Responsables de Sistemas y Redes:** Son los encargados de proporcionar acceso a los sistemas y redes para realizar las pruebas y colaborar con el equipo de auditoría en la obtención de información relevante.

6. **Personal de Seguridad de TI:** Pueden ser los responsables

de la administración de políticas de seguridad, gestión de incidentes o monitoreo de eventos de seguridad, y colaboran en la evaluación de controles existentes.

7. **Gerentes y Directores de TI:** Son responsables de proporcionar la autorización y el apoyo necesario para llevar a cabo la auditoría, así como de brindar información estratégica sobre la infraestructura y sistemas críticos.

8. **Personal del Área de Cumplimiento y Normativas:** Pueden proporcionar orientación sobre las regulaciones y normas aplicables y garantizar que la auditoría se realice de acuerdo con los requisitos legales.

9. **Personal de Soporte Técnico:** Pueden brindar asistencia técnica durante las pruebas y análisis, especialmente si surgen problemas técnicos.

10. **Usuarios Finales:** En algunos casos, los usuarios finales pueden participar para proporcionar retroalimentación sobre la funcionalidad y seguridad de los sistemas y aplicaciones que utilizan en su trabajo diario.

La composición exacta del equipo y los roles involucrados pueden variar según el alcance y la complejidad de la auditoría, así como la estructura y tamaño de la organización auditada.

La colaboración y la comunicación efectiva entre los diferentes roles son fundamentales para el éxito de la fase de pruebas y análisis.

## 4.4.5 Matriz RACI

La matriz RACI muestra los roles y las actividades clave en la fase de pruebas y análisis de una auditoría informática:

| **MATRIZ RACI** Fase 4: Pruebas y Análisis | | | | | | | | | |
|---|---|---|---|---|---|---|---|---|---|
| # | Actividades Principales | Auditor Lider | Analista de pruebas | Especialista en Seguridad | Gerente de Proyecto | Equipo de Auditoria | Personal Técnico de Sistemas | Representantes del Negocio | Responsable de Seguridad | Alta Dirección |
| 1 | Definir alcance y objetivos de las pruebas informáticas | R | | | A | C | | | | I |
| 2 | Identificar los sistemas y aplicaciones a auditar | R | I | C | A | C | C | I | I | I |
| 3 | Diseñar el plan de pruebas y análisis informático | R | R | | A | | | | | C |
| 4 | Obtener acceso a los sistemas y datos relevantes | R | I | I | A | I | | C | | |
| 5 | Realizar pruebas de controles internos, vulnerabilidades y seguridad | R | R | C | | | C | | | |
| 6 | Realizar pruebas de penetración | A | C | R | | | C | | C | |
| 7 | Analizar resultados de las pruebas y vulnerabilidades | R | R | C | A | | | | | C |
| 8 | Identificar riesgos, hallazgos y brechas en el sistema | R | | C | A | C | | | | |
| 9 | Documentar resultados y evidencias | R | C | C | I | I | | | | |
| 10 | Preparar el informe preliminar de auditoría | R | | | A | C | | | | C |
| 11 | Revisar el informe preliminar y realizar ajustes | R | R | R | A | I | | | | |
| 12 | Presentar el informe final a la dirección y partes interesadas | R | | | A | C | | | | C |

Figura 4.12 Matriz RACI de la fase de pruebas y análisis

Es importante destacar que la matriz de responsabilidades puede variar según la organización, el alcance de la auditoría y la estructura del equipo de auditoría.

La colaboración efectiva entre los diferentes roles es fundamental para el éxito de la fase de pruebas y análisis en una auditoría informática.

## 4.4.6 Resultados y Entregables

Los entregables y resultados de la fase de pruebas y análisis en una auditoría informática incluyen:

1. **Informe de Pruebas y Análisis:** Es el documento principal que resume todos los hallazgos, resultados y conclusiones de las pruebas realizadas. Contiene detalles sobre las vulnerabilidades identificadas, los sistemas afectados y el grado de riesgo asociado a cada hallazgo.

2. **Hallazgos de Vulnerabilidades:** Enumera todas las vulnerabilidades y debilidades de seguridad detectadas durante las pruebas, junto con su descripción, clasificación de riesgo y recomendaciones para su mitigación.

3. **Informe de Pruebas de Penetración:** Si se realizaron pruebas de penetración, este informe detallará los intentos de acceso no autorizado exitosos y fallidos, así como las áreas en las que se logró el acceso y los posibles daños.

4. **Informe de Pruebas de Vulnerabilidad:** Si se realizaron pruebas de vulnerabilidad, este informe proporcionará un resumen de las vulnerabilidades identificadas en los sistemas, aplicaciones y redes evaluados.

5. **Recomendaciones de Mejora:** Incluye sugerencias y

acciones correctivas para mitigar los riesgos identificados y mejorar la seguridad de la infraestructura tecnológica y los sistemas de la organización.

6. **Matriz de Riesgos:** Es una tabla que clasifica y prioriza los riesgos identificados según su gravedad y probabilidad. Ayuda a los responsables a comprender los riesgos críticos que requieren atención inmediata.

7. **Documentación de Controles Existentes:** Si se realizó una evaluación de los controles existentes, se incluirá una descripción detallada de los controles implementados y una evaluación de su eficacia.

8. **Comunicación con la Dirección:** Resumen ejecutivo que presenta los hallazgos clave y las recomendaciones al equipo directivo para su revisión y acción.

9. **Plan de Acción Correctiva:** Si se identificaron debilidades importantes, este plan describe las acciones específicas que deben tomarse para abordar cada vulnerabilidad y mejorar la seguridad.

10. **Resultados de la Implementación:** Si se realizaron pruebas de seguimiento, se incluirán los resultados de la implementación de las acciones correctivas recomendadas y

una evaluación de su efectividad.

11. **Documentación de Pruebas:** Todos los registros y documentación utilizados durante las pruebas, como informes de escaneos de vulnerabilidad, informes de pruebas de penetración, registros de eventos, etc.

Estos entregables y resultados proporcionan una visión completa de los riesgos de seguridad informática identificados y las recomendaciones para mejorar la postura de seguridad de la organización.

La fase de pruebas y análisis es esencial para evaluar la eficacia de los controles existentes y detectar vulnerabilidades antes de que puedan ser explotadas por amenazas externas o internas.

## 4.4.7 Herramientas y Técnicas Usadas

En la fase de pruebas y análisis de una auditoría informática, se utilizan diversas técnicas y herramientas para evaluar la seguridad y la eficacia de los sistemas, redes y aplicaciones. Algunas de las técnicas y herramientas más comunes incluyen:

1. **Pruebas de Penetración:** Los especialistas en seguridad informática realizan pruebas de penetración para simular ataques reales y evaluar la resistencia de los sistemas ante intentos de acceso no autorizado. Se utilizan herramientas

como Metasploit, Nmap, Wireshark, Burp Suite, entre otras.

2. **Escaneo de Vulnerabilidades:** Se utilizan herramientas de escaneo de vulnerabilidades, como Nessus, OpenVAS o Qualys, para identificar debilidades en la configuración de sistemas, servicios y aplicaciones.

3. **Análisis de Código Fuente:** Se lleva a cabo una revisión del código fuente de las aplicaciones para detectar posibles vulnerabilidades y problemas de seguridad.

4. **Herramientas de Hacking Ético:** Los profesionales de seguridad utilizan herramientas de hacking ético para evaluar la seguridad de los sistemas y aplicaciones desde el punto de vista de un atacante. Ejemplos de herramientas son OWASP Zap, Nikto, sqlmap, etc.

5. **Análisis de Logs y Eventos:** Se revisan los registros de eventos y actividades de sistemas y aplicaciones para detectar actividades sospechosas o inusuales.

6. **Pruebas de Seguridad de Aplicaciones Web:** Se realizan pruebas para evaluar la seguridad de aplicaciones web y su protección contra vulnerabilidades comunes, como inyecciones SQL, cross-site scripting (XSS), etc.

7. **Análisis de Seguridad de Redes:** Se evalúa la seguridad de la red mediante el análisis de topología, configuración de firewall, segmentación de redes, etc.

8. **Análisis de Vulnerabilidades en Sistemas Operativos:** Se evalúa la seguridad de los sistemas operativos y se identifican vulnerabilidades que puedan poner en riesgo la infraestructura.

9. **Revisión de Políticas y Procedimientos de Seguridad:** Se revisan las políticas y procedimientos de seguridad de la organización para asegurarse de que estén actualizados y se estén siguiendo adecuadamente.

10. **Pruebas de Seguridad de Red Inalámbrica:** Se evalúa la seguridad de las redes inalámbricas para detectar posibles puntos de acceso no autorizados.

11. **Análisis de Configuración de Dispositivos de Seguridad:** Se revisan las configuraciones de dispositivos como firewalls, routers y switches para asegurar que estén correctamente configurados y protegiendo la red.

12. **Simulación de Ataques DDoS:** Se realizan pruebas para evaluar la capacidad de los sistemas para resistir ataques de denegación de servicio distribuido (DDoS).

Es importante destacar que el uso de estas herramientas y técnicas debe llevarse a cabo de manera ética y con el consentimiento del cliente u organización auditada.

Es esencial que los profesionales de seguridad informática tengan la experiencia y la capacitación adecuadas para llevar a cabo estas pruebas de manera segura y efectiva.

# 4.5 Fase 5: Identificación de Hallazgos

## 4.5.1 Descripción

La fase de identificación de hallazgos de una auditoría informática es una etapa crítica en el proceso de auditoría, donde el equipo de auditoría recopila, documenta y presenta los resultados de las pruebas y análisis realizados durante la auditoría.

Esta fase implica identificar y describir claramente los hallazgos significativos y las deficiencias encontradas en los sistemas, procesos y controles de tecnología de la información (TI) de una organización. A continuación, se describen los principales aspectos de la fase de identificación de hallazgos de una auditoría informática:

1. **Revisión de Resultados de Pruebas y Análisis:**

    a. El equipo de auditoría revisa y analiza los resultados obtenidos durante las pruebas de seguridad, cumplimiento y eficiencia realizadas en la fase anterior. Se identifican las áreas que requieren una atención especial y se destacan las deficiencias encontradas.

2. **Documentación de Hallazgos:**

    a. Los hallazgos se documentan de manera clara y precisa en un informe de auditoría. Cada hallazgo se describe de manera detallada, incluyendo la naturaleza del problema, su impacto potencial y las pruebas que respaldan la conclusión.

3. **Clasificación de Hallazgos:**

   a. Los hallazgos se clasifican según su gravedad y prioridad. La clasificación puede variar, pero comúnmente se usa una escala como "alto, medio y bajo" o "crítico, importante y menor". Esta clasificación ayuda a la dirección a priorizar las acciones correctivas.

4. **Identificación de Brechas y Riesgos:**

   a. Los hallazgos también pueden incluir la identificación de brechas en los controles de seguridad y riesgos significativos para la organización. Estos riesgos pueden estar relacionados con la seguridad de la información, el cumplimiento normativo, la integridad de datos, entre otros aspectos.

5. **Verificación de Evidencia:**

   a. Los hallazgos se sustentan en evidencia obtenida durante las pruebas y análisis. Es importante asegurarse de que cada hallazgo esté respaldado por pruebas sólidas y documentadas.

6. **Validación con la Dirección y Responsables del Área**

**Auditada:**

a. Antes de presentar los hallazgos en el informe de auditoría, se verifica y valida la precisión y claridad de los hallazgos con la dirección y los responsables del área auditada para asegurar su comprensión y acuerdo.

7. **Presentación de Hallazgos:**

a. Los hallazgos se presentan a la dirección y a los responsables del área auditada en un informe de auditoría. El informe debe ser claro, conciso y estar estructurado de manera que permita una fácil identificación y seguimiento de los hallazgos.

8. **Recomendaciones de Acciones Correctivas:**

a. Además de presentar los hallazgos, el informe de auditoría debe incluir recomendaciones específicas y factibles para abordar las deficiencias identificadas y mejorar la seguridad y el cumplimiento de los sistemas de TI.

La fase de identificación de hallazgos es fundamental para comunicar los resultados de la auditoría a la dirección y asegurar que las deficiencias y riesgos se aborden adecuadamente.

Un informe de auditoría claro y bien estructurado proporciona una guía para la implementación de acciones correctivas y mejoras en la organización.

## 4.5.2 Objetivos Clave

El objetivo de la fase de identificación de hallazgos en una auditoría informática es recolectar y documentar de manera sistemática todos los problemas, deficiencias, vulnerabilidades y oportunidades de mejora que fueron identificados durante las etapas anteriores de la auditoría. Esta fase es crucial para asegurar que todos los aspectos relevantes de la auditoría se hayan analizado y que los resultados sean adecuadamente documentados para su posterior análisis y comunicación a la dirección y partes interesadas.

**Los principales objetivos de esta fase son:**

1. **Documentar los Hallazgos:** Registrar detalladamente todos los hallazgos encontrados durante la auditoría, incluyendo los problemas de seguridad, las debilidades en los controles, las oportunidades de mejora y cualquier otro aspecto relevante.

2. **Evaluar la Severidad de los Hallazgos:** Determinar la gravedad o impacto de cada hallazgo en función de su nivel de riesgo para la organización.

3. **Identificar las Causas Raíz:** Investigar y analizar las causas subyacentes de los hallazgos para comprender por qué se produjeron y cómo pueden ser abordados de manera efectiva.

4. **Priorizar los Hallazgos:** Clasificar los hallazgos en función de su nivel de riesgo y su importancia para la organización, lo que permite enfocar los recursos en la resolución de los problemas más críticos.

5. **Proponer Acciones Correctivas y Preventivas:** Recomendar acciones específicas para corregir los hallazgos identificados y prevenir su recurrencia en el futuro.

6. **Elaborar un Informe de Hallazgos:** Preparar un informe detallado que contenga los hallazgos, sus implicaciones y las recomendaciones para la dirección y las partes interesadas.

7. **Presentar los Resultados:** Comunicar de manera efectiva los hallazgos y las recomendaciones a la dirección y otros involucrados, con el fin de obtener su aprobación y apoyo para implementar las acciones correctivas.

8. **Generar Conciencia:** Sensibilizar a la dirección y al personal de la importancia de abordar los hallazgos y promover una cultura de seguridad informática en toda la

organización.

En resumen, la fase de identificación de hallazgos es esencial para concluir la auditoría informática con un análisis claro de los problemas y oportunidades encontrados, proporcionando una base sólida para tomar decisiones informadas y mejorar la seguridad y eficiencia de los sistemas de información.

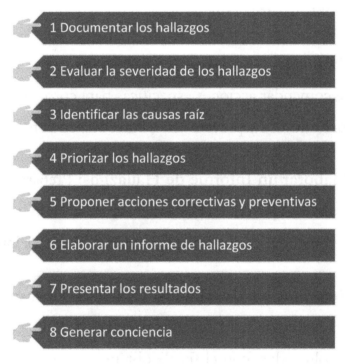

Figura 4.13 Objetivos clave

## 4.5.3 Actividades Principales

Las principales actividades de la fase de identificación de hallazgos en una auditoría informática incluyen:

1. **Revisión de Documentación:** Analizar toda la documentación relevante, incluyendo políticas, procedimientos, manuales, informes, y otros registros, para entender el contexto operativo y de seguridad de la organización.

2. **Análisis de Resultados de Pruebas y Evaluaciones:** Revisar los resultados de las pruebas de seguridad, evaluaciones de riesgos y otras actividades realizadas durante la auditoría para identificar posibles hallazgos.

3. **Entrevistas y Consultas:** Realizar entrevistas con el personal de TI, gerentes y otros involucrados para obtener información adicional sobre posibles problemas o debilidades en los controles.

4. **Identificación de Problemas de Seguridad:** Identificar vulnerabilidades, deficiencias y problemas de seguridad en los sistemas de información y procesos de TI.

5. **Análisis de Causas Raíz:** Investigar y analizar las causas subyacentes de los hallazgos identificados para comprender por qué ocurrieron y cómo se pueden abordar adecuadamente.

6. **Evaluación de la Severidad de los Hallazgos:** Determinar la gravedad e impacto de cada hallazgo en función de su nivel de riesgo para la organización.

7. **Clasificación y Priorización de Hallazgos:** Clasificar los hallazgos en función de su importancia y prioridad, enfocándose en aquellos que representan mayores riesgos o impacto para la organización.

8. **Recomendaciones y Acciones Correctivas:** Proponer recomendaciones específicas y acciones correctivas para abordar los hallazgos identificados.

9. **Elaboración de un Informe de Hallazgos:** Preparar un informe detallado que incluya todos los hallazgos, sus implicaciones y las recomendaciones para su resolución.

10. **Validación de Hallazgos:** Validar los hallazgos con el personal relevante y asegurarse de que los problemas sean correctamente entendidos y aceptados por la dirección y las partes interesadas.

11. **Presentación a la Dirección:** Comunicar los hallazgos y las recomendaciones a la dirección y otras partes interesadas para obtener su aprobación y apoyo.

12. **Generación de Conciencia:** Sensibilizar a la dirección y al personal sobre la importancia de abordar los hallazgos y promover una cultura de seguridad informática en toda la organización.

Es importante que estas actividades se realicen de manera meticulosa y sistemática para garantizar que todos los hallazgos relevantes sean debidamente identificados y documentados, lo que proporcionará una base sólida para la toma de decisiones informadas y la implementación dc acciones correctivas y preventivas.

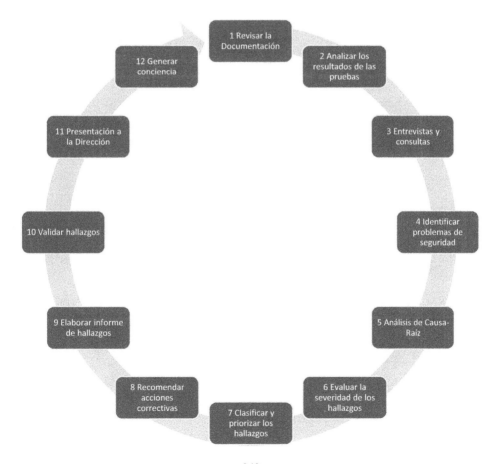

Figura 4.14 Actividades principales

## 4.5.4 Roles que participan

En la fase de identificación de hallazgos de una auditoría informática, los roles o puestos que suelen participar incluyen:

1. **Auditor Informático:** Es el responsable principal de liderar la auditoría, realizar el análisis de la información recopilada y la identificación de los hallazgos de seguridad y riesgos informáticos.

2. **Equipo de Auditoría:** Puede haber un equipo de auditores informáticos, que colaboran con el auditor líder en la recolección y análisis de datos, y en la identificación de hallazgos relevantes.

3. **Gerente de TI:** Es el responsable del área de Tecnologías de la Información y participa para proporcionar información sobre los sistemas y procesos de TI de la organización.

4. **Equipo de Seguridad Informática:** Personal especializado en seguridad informática, como analistas de seguridad, pueden colaborar para identificar vulnerabilidades y problemas de seguridad.

5. **Personal de TI:** Otros miembros del equipo de TI pueden participar para proporcionar información específica sobre sistemas, aplicaciones, redes y otros elementos técnicos.

6. **Representantes de Áreas de Negocio:** Pueden participar representantes de diferentes áreas de la organización para brindar información sobre el uso de los sistemas y las necesidades de negocio relacionadas con la seguridad.

7. **Responsable de Cumplimiento Normativo:** En caso de que la auditoría también incluya aspectos de cumplimiento normativo, este puesto puede participar para garantizar que se cumplan los requisitos legales y regulatorios.

8. **Equipo de Gestión:** Los directivos y líderes de la organización pueden estar presentes en la fase de identificación de hallazgos para comprender los riesgos y tomar decisiones sobre la implementación de acciones correctivas.

9. **Especialistas Técnicos:** En situaciones más complejas, pueden ser necesarios especialistas técnicos adicionales, como expertos en ciberseguridad, administradores de bases

de datos, analistas de red, entre otros.

Es importante que durante esta fase se fomente la colaboración y comunicación entre los diferentes roles para garantizar una visión integral de los riesgos y problemas de seguridad informática en la organización.

## 4.5.5 Matriz RACI

Aquí está la matriz RACI para la fase de identificación de hallazgos en una auditoría informática, utilizando los roles y actividades principales mencionados anteriormente:

| # | Actividades Principales | Alta Dirección | Responsable de TI | Equipo de Seguridad | Gerentes y Líderes | Auditor | Comité de Auditoría |
|---|---|---|---|---|---|---|---|
| | **MATRIZ RACI** Fase 5: de Identificación de Hallazgos | | | | | | |
| 1 | Asignar recursos para la auditoría informática. | R | | | | | |
| 2 | Revisar y aprobar el alcance de la auditoría. | R | | | | | A |
| 3 | Designar a los responsables clave para colaborar con el equipo de auditoría. | R | | | | | |
| 4 | Participar en la reunión de comunicación de hallazgos para comprender los resultados y tomar decisiones estratégicas basadas en las recomendaciones. | A | | | | | A |
| 5 | Colaborar en la definición del alcance de la auditoría. | | R | | | | |
| 6 | Proporcionar acceso a sistemas, datos y documentación relevante para la auditoría. | | R | | | | |
| 7 | Facilitar el trabajo del equipo de auditoría durante la fase de recolección de información. | | R | | | | |
| 8 | Asistir en la interpretación de los hallazgos y en la formulación de acciones correctivas. | | R | | | | |
| 9 | Participar en el proceso de recolección de información y en la identificación de posibles riesgos y vulnerabilidades. | | | R | | | |
| 10 | Analizar los hallazgos relacionados con la seguridad informática y proporcionar información técnica para comprender su impacto y relevancia. | | | R | | | |
| 11 | Colaborar en la definición de acciones correctivas para mejorar los controles de seguridad. | | | R | | | |
| 12 | Colaborar en la identificación de activos y procesos clave a auditar en sus respectivas áreas. | | | | R | | |
| 13 | Proporcionar información relevante sobre el funcionamiento de sus departamentos para contextualizar los hallazgos. | | | | R | | |
| 14 | Participar en la reunión de comunicación de hallazgos para entender los resultados y comprometerse con las acciones correctivas en sus áreas de responsabilidad. | | | | R | | |
| 15 | Planificar y llevar a cabo la auditoría informática según el alcance definido. | | | | | R | |

| | | | | | |
|---|---|---|---|---|---|
| 16 | Recolectar, analizar y documentar los hallazgos, debilidades y fortalezas identificadas. | | | R | |
| 17 | Elaborar el informe de auditoría con recomendaciones y acciones correctivas. | | | R | |
| 18 | Presentar el informe de auditoría y los resultados en la reunión de comunicación de hallazgos. | | | A | |
| 19 | Supervisar y revisar el proceso de auditoría informática. | | | | R |
| 20 | Evaluar la efectividad del equipo de auditoría y del proceso de identificación de hallazgos. | | | | R |

Figura 4.15. Matriz RACI

**IMPORTANTE:** Es importante que esta matriz sea revisada y validada por los participantes para asegurar una comprensión clara y precisa de las responsabilidades en la fase de identificación de hallazgos de la auditoría informática.

## 4.5.6 Resultados y Entregables

Los resultados y entregables de la fase de identificación de hallazgos en una auditoría informática incluyen:

1. **Informe de Hallazgos:** El informe de hallazgos es el principal entregable de esta fase. Contiene una descripción detallada de los hallazgos de la auditoría, incluyendo las vulnerabilidades identificadas, deficiencias de seguridad, incumplimiento de políticas, entre otros aspectos. Cada hallazgo se describe en términos claros y se proporciona

información sobre su impacto potencial en la organización.

2. **Clasificación de Riesgos:** Los hallazgos se clasifican según su gravedad y prioridad. Esta clasificación ayuda a la organización a identificar los riesgos más críticos que requieren atención inmediata y permite enfocar los recursos en la corrección de los problemas más importantes.

3. **Recomendaciones y Acciones Correctivas:** Junto con cada hallazgo, el informe puede incluir recomendaciones y acciones correctivas para abordar los riesgos identificados. Estas recomendaciones deben ser específicas, factibles y orientadas a mejorar la seguridad y el cumplimiento normativo de la organización.

4. **Validación del Equipo de Auditoría:** Los hallazgos identificados y el informe de hallazgos son validados por el equipo de auditoría para asegurar que sean precisos y coherentes con la evidencia recopilada durante la auditoría.

5. **Presentación a la Dirección y Responsables de TI:** El informe de hallazgos se presenta a la dirección y a los responsables de TI de la organización para que sean conscientes de las vulnerabilidades y riesgos identificados y puedan tomar decisiones informadas sobre las acciones correctivas a seguir.

6. **Plan de Acción:** A partir de las recomendaciones y acciones correctivas del informe, se desarrolla un plan de acción que detalle las actividades a realizar, los plazos y los responsables de cada acción. Este plan es una guía para implementar las mejoras necesarias.

7. **Registro de Hallazgos:** Los hallazgos y su estado de resolución se registran y documentan para realizar un seguimiento y verificar que las acciones correctivas se llevan a cabo de manera adecuada.

8. **Resumen Ejecutivo:** Dependiendo del alcance y la complejidad de la auditoría, se puede incluir un resumen ejecutivo que destaque los hallazgos más importantes y sus implicaciones para la seguridad informática de la organización.

Estos entregables son fundamentales para el proceso de auditoría, ya que proporcionan una visión clara y detallada de los riesgos y vulnerabilidades presentes en el entorno informático de la organización, y guían la toma de decisiones para mejorar la seguridad y el cumplimiento normativo.

## 4.5.7 Herramientas y Técnicas Usadas

En la fase de identificación de hallazgos de una auditoría informática, se utilizan diversas técnicas y herramientas para descubrir y documentar las vulnerabilidades y riesgos. Algunas de las técnicas y herramientas comunes son:

1. **Análisis Manual:** Los auditores informáticos realizan una revisión detallada de los sistemas, aplicaciones y políticas de seguridad de la organización, identificando posibles debilidades y problemas de cumplimiento.

2. **Escaneo de Vulnerabilidades:** Se utilizan herramientas de escaneo de vulnerabilidades para identificar automáticamente posibles vulnerabilidades y exposiciones en los sistemas y redes de la organización.

3. **Penetration Testing (Pruebas de Penetración):** Esta técnica implica simular ataques reales para evaluar la resistencia de los sistemas y redes de la organización. Los pentesters intentan explotar vulnerabilidades para evaluar la seguridad y descubrir puntos débiles.

4. **Revisión de Políticas y Procedimientos:** Los auditores analizan y revisan las políticas, procedimientos y controles de seguridad existentes para determinar si cumplen con las

normativas y estándares establecidos.

5. **Entrevistas y Consultas:** Los auditores realizan entrevistas con el personal relevante para comprender los procesos, prácticas y controles que se aplican en la organización.

6. **Revisión de Documentos:** Se examinan los registros y documentación relacionada con la seguridad informática para verificar el cumplimiento y la efectividad de los controles implementados.

7. **Análisis de Incidentes Anteriores:** Se revisan los incidentes de seguridad previos para identificar patrones y tendencias y comprender las áreas de mayor riesgo.

8. **Análisis de Logs y Registro de Eventos:** Se analizan los registros de eventos y logs de sistemas para detectar actividades sospechosas o anómalas.

9. **Herramientas Forenses:** Se pueden utilizar herramientas forenses para investigar incidentes de seguridad y obtener evidencia digital.

10. **Análisis de Cumplimiento Normativo:** Se verifica el cumplimiento de las regulaciones y normas aplicables a la seguridad informática.

11. **Benchmarking de Mejores Prácticas:** Se comparan las prácticas de seguridad de la organización con las mejores prácticas del sector para identificar brechas y oportunidades de mejora.

Cada una de estas técnicas y herramientas ayuda a los auditores informáticos a identificar y documentar los hallazgos clave que se abordarán en el informe final de la auditoría.

# 4.6 Fase 6: Comunicación de Hallazgos

Después de identificar los hallazgos se pueden comunicar a los patrocinadores o clientes convenientes o se puede mantener en secreto hasta el momento de hacer el informe final para evitar acciones que pudieran evitar la medición de los hallazgos.

## 4.6.1 Descripción

La fase de comunicación de hallazgos en una auditoría informática se refiere al proceso mediante el cual el auditor informa formalmente a los responsables de la organización auditada sobre los resultados obtenidos durante el proceso de auditoría. Durante esta etapa, se comunican los hallazgos, observaciones, debilidades y fortalezas identificadas en el ambiente de tecnología de la información y sistemas informáticos de la entidad evaluada.

La comunicación de hallazgos tiene varios objetivos generales:

1. **Notificar a la dirección** y/o a los responsables de la organización sobre los problemas, riesgos y deficiencias detectadas en el control de la seguridad, integridad y confidencialidad de los sistemas informáticos.

2. **Brindar información detallada** y clara sobre las recomendaciones y acciones correctivas que se deben tomar para mejorar las deficiencias identificadas.

3. **Facilitar la comprensión de los resultados** y permitir a la dirección tomar decisiones informadas para abordar los problemas y mejorar los controles de seguridad informática.

4. **Establecer un diálogo entre el equipo de auditoría y la dirección** para responder a preguntas y aclarar cualquier duda relacionada con los hallazgos presentados.

Es importante que la comunicación de hallazgos sea clara, objetiva y concisa, utilizando un lenguaje accesible para los destinatarios, evitando jerga técnica innecesaria. Se debe tener en cuenta la confidencialidad y protección de la información sensible durante este proceso, asegurando que solo las partes autorizadas tengan acceso a los detalles específicos de la auditoría.

En resumen, la fase de comunicación de hallazgos en una auditoría informática es una etapa crucial para garantizar que los resultados de la auditoría se entiendan adecuadamente y se tomen acciones efectivas para mejorar la seguridad y eficiencia de los sistemas de información de la organización auditada.

## 4.6.2 Objetivos Clave

Los objetivos de la fase de comunicación de hallazgos de una auditoría informática son los siguientes:

1. **Informar a la dirección y responsables:** El principal objetivo es comunicar de manera clara y precisa los hallazgos, debilidades, vulnerabilidades y fortalezas identificadas durante la auditoría informática a la alta dirección y a los responsables de la organización auditada. Esto asegura que las partes interesadas estén conscientes de los resultados obtenidos.

2. **Dar a conocer los riesgos de seguridad:** La comunicación de hallazgos permite resaltar los riesgos de seguridad informática a los que se enfrenta la organización. Al informar sobre estas vulnerabilidades, la dirección puede tomar decisiones informadas para mitigar o eliminar dichos riesgos.

3. **Proporcionar recomendaciones y acciones correctivas:** La auditoría informática no solo se centra en identificar problemas, sino también en ofrecer soluciones. La fase de comunicación de hallazgos busca brindar recomendaciones claras y viables para abordar los problemas y mejorar los controles de seguridad informática.

4. **Mejorar la gestión de la seguridad de la información:** Al comunicar los hallazgos, se busca que la dirección comprenda la importancia de la seguridad de la información y tome medidas para mejorar la gestión y protección de los activos

informáticos.

5. **Facilitar el diálogo y la comprensión:** La comunicación efectiva de hallazgos permite que exista un diálogo abierto y constructivo entre el equipo de auditoría y la dirección. Se pueden aclarar dudas y proporcionar más contexto para una mejor comprensión de los resultados y las recomendaciones.

6. **Evaluar la efectividad de las acciones previas:** En algunos casos, puede haber auditorías anteriores con hallazgos pendientes de corrección. La fase de comunicación de hallazgos también busca verificar si las acciones correctivas recomendadas en auditorías anteriores han sido implementadas adecuadamente.

7. **Cumplir con los requisitos regulatorios y normativos:** En ciertos contextos, la comunicación de hallazgos es un requisito legal o normativo. Por lo tanto, es fundamental cumplir con estas obligaciones y presentar los resultados según los plazos y formatos establecidos.

En resumen, la fase de comunicación de hallazgos en una auditoría informática es crucial para que la dirección y los responsables de la organización comprendan los resultados de la auditoría, tomen medidas para mejorar la seguridad informática y aseguren el cumplimiento de los estándares y regulaciones pertinentes.

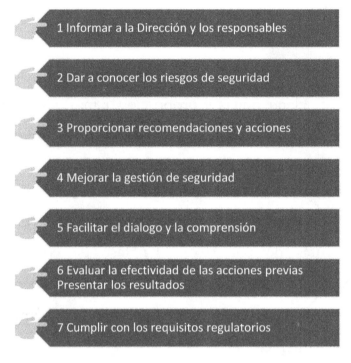

Figura 4.16 Objetivos Clave

## 4.6.3 Actividades Principales

Las actividades principales de la fase de comunicación de hallazgos en una auditoría informática incluyen:

1. **Preparación del informe de auditoría:** El equipo de auditoría recopila y analiza los hallazgos, debilidades y fortalezas identificadas durante la auditoría. Luego, prepara un informe detallado que documenta los resultados de manera clara y estructurada.

2. **Identificación de los hallazgos clave:** Se seleccionan los hallazgos más significativos y relevantes que deben comunicarse a la dirección y los responsables de la organización. Es importante enfocarse en aquellos aspectos que tienen un mayor impacto en la seguridad y eficiencia de los sistemas informáticos.

3. **Elaboración de recomendaciones y acciones correctivas:** Para cada hallazgo identificado, el equipo de auditoría propone recomendaciones específicas y acciones correctivas que permitan abordar las debilidades y mejorar los controles de seguridad informática.

4. **Revisión y validación interna:** Antes de presentar el informe a la dirección, es fundamental que el equipo de auditoría realice una revisión interna para verificar la precisión y consistencia de la información presentada. También se asegura de que las recomendaciones sean coherentes y adecuadas para cada hallazgo.

5. **Comunicación con la dirección y responsables:** Se programa una reunión con la alta dirección y los responsables de la organización auditada para presentar los hallazgos y el informe de auditoría. Durante esta reunión, se explica en detalle cada hallazgo y se discuten las recomendaciones y acciones

correctivas propuestas.

6. **Respuesta a preguntas y aclaraciones:** Durante la reunión de comunicación de hallazgos, es probable que surjan preguntas o inquietudes por parte de la dirección. El equipo de auditoría debe estar preparado para proporcionar aclaraciones adicionales y responder a todas las preguntas de manera precisa.

7. **Obtención de acuerdos y compromisos:** Es importante obtener el compromiso de la dirección y los responsables de la organización para implementar las acciones correctivas propuestas. Esto asegura que se tomen las medidas necesarias para mejorar la seguridad informática de manera efectiva.

8. **Seguimiento y cierre de acciones:** Después de la reunión de comunicación de hallazgos, el equipo de auditoría realiza un seguimiento de las acciones correctivas acordadas y verifica su implementación. Se asegura de que las mejoras necesarias se realicen en el plazo establecido.

En resumen, la fase de comunicación de hallazgos en una auditoría informática implica la preparación y presentación de un informe detallado que documenta los resultados de la auditoría, así como la comunicación efectiva con la dirección y responsables para asegurar la comprensión de los hallazgos y la implementación de las acciones correctivas necesarias.

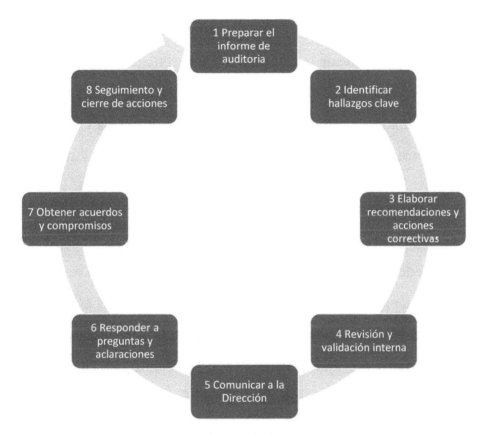

Figura 4.17 Actividades Principales

## 4.6.4 Roles que participan

En la fase de comunicación de hallazgos en una auditoría informática, participan varios roles o posiciones dentro de una empresa. Estos roles pueden variar dependiendo del tamaño y la estructura de la organización, pero en términos generales, los principales actores involucrados son los siguientes:

1. **Alta dirección:** Este grupo incluye a los ejecutivos y líderes más altos de la organización, como el CEO, el director general o los miembros del consejo de administración. La alta dirección es responsable de tomar decisiones estratégicas y tiene un papel crucial en la fase de comunicación de hallazgos, ya que son los destinatarios principales del informe de auditoría y deben estar informados sobre los resultados y las recomendaciones.

2. **Responsable de Tecnologías de la Información (TI):** Es el encargado del área de TI en la organización. Esta posición puede ser el CIO (Chief Information Officer) o el responsable del departamento de TI. El responsable de TI es esencial en la fase de comunicación de hallazgos, ya que se le informará sobre los hallazgos relacionados con la seguridad, integridad y disponibilidad de los sistemas informáticos y datos de la empresa.

3. **Equipo de Seguridad de la Información:** Este equipo está compuesto por profesionales de seguridad informática y ciberseguridad. Son los responsables de implementar y mantener los controles de seguridad de la organización. Durante la fase de comunicación de hallazgos, el equipo de seguridad de la información participa para entender los hallazgos y colaborar en la implementación de las acciones

correctivas.

4. **Gerentes y líderes de departamentos relevantes:** Dependiendo del alcance de la auditoría, pueden participar gerentes y líderes de diferentes áreas de la empresa, como el departamento financiero, el departamento de recursos humanos, el área de operaciones, entre otros. Esto es especialmente relevante si la auditoría informática incluye aspectos relacionados con la gestión de datos, privacidad o cumplimiento de regulaciones específicas.

5. **Auditor interno o externo:** El auditor es el profesional o equipo de profesionales encargado de realizar la auditoría informática. Puede ser un auditor interno de la propia organización o un auditor externo contratado para llevar a cabo la evaluación. El auditor juega un papel clave en la fase de comunicación de hallazgos, ya que es quien prepara el informe y presenta los resultados a los demás actores involucrados.

6. **Comité de Auditoría (en empresas más grandes):** En grandes organizaciones, puede haber un comité de auditoría independiente, formado por miembros del consejo de administración que no son parte de la dirección ejecutiva. El comité de auditoría supervisa las actividades de auditoría y puede participar en la fase de comunicación de hallazgos para

asegurar que se tomen las medidas adecuadas en respuesta a los resultados de la auditoría.

En resumen, la fase de comunicación de hallazgos en una auditoría informática involucra a la alta dirección, al responsable de TI, al equipo de seguridad de la información, a los gerentes de departamentos relevantes y al auditor, quienes trabajan de manera conjunta para comprender los hallazgos y tomar las acciones correctivas necesarias para mejorar la seguridad y el rendimiento de los sistemas informáticos de la organización.

## 4.6.5 Matriz RACI

La matriz RACI que contiene las actividades clave y los roles que participan en la fase de comunicación de hallazgos en una auditoría informática:

| MATRIZ RACI | | | | | | | |
|---|---|---|---|---|---|---|---|
| Fase 6: Comunicación de Hallazgos | | | | | | | |
| # | Actividades Clave | Alta Dirección | Responsable de TI | Equipo de Seguridad | Gerentes y Líderes | Auditor | Comité de Auditoría |
| 1 | Preparación del informe de auditoría | C | C | C | C | R | C |
| 2 | Identificación de los hallazgos clave | C | C | C | C | R | C |
| 3 | Elaboración de recomendaciones y acciones correctivas | C | C | C | C | R | C |
| 4 | Revisión y validación interna del informe | C | C | C | C | R | C |
| 5 | Programación de reunión con la dirección | C | R | C | C | R | C |
| 6 | Presentación de hallazgos a la dirección | R | R | C | C | R | C |
| 7 | Respuesta a preguntas y aclaraciones | I | C | C | C | R | I |
| 8 | Obtención de acuerdos y compromisos | I | R | C | C | R | I |
| 9 | Seguimiento y cierre de acciones | I | R | C | C | R | I |

Figura 4.18 Matriz RACI de la fase

Es importante tener en cuenta que esta matriz puede variar dependiendo del contexto específico de la auditoría y la estructura de la organización. Los roles y su grado de participación pueden ajustarse según las necesidades y particularidades de cada situación. Además, es fundamental validar esta matriz con los participantes involucrados para asegurar que las responsabilidades estén claramente definidas y acordadas por todos los actores.

## 4.6.6 Resultados y Entregables

En la fase de comunicación de hallazgos en una auditoría informática, los principales resultados y entregables son los siguientes:

1. **Informe de Auditoría:** El informe de auditoría es el resultado más importante de esta fase. Contiene una descripción detallada de todos los hallazgos, debilidades, fortalezas y recomendaciones identificadas durante la auditoría informática. Este informe es un documento crucial que presenta de manera clara y estructurada los resultados de la auditoría y proporciona una visión completa de la seguridad y eficiencia de los sistemas informáticos de la organización auditada.

2. **Hallazgos Clave:** Además del informe de auditoría, se pueden generar resúmenes o documentos específicos que destaquen los hallazgos clave. Estos hallazgos destacados son útiles para facilitar la comprensión rápida y efectiva de los resultados más relevantes por parte de la dirección y otros interesados.

3. **Recomendaciones y Acciones Correctivas:** Las recomendaciones y acciones correctivas propuestas en el informe son entregables cruciales de la fase de comunicación de hallazgos. Estas recomendaciones deben ser específicas, claras y viables para abordar las debilidades y mejorar la seguridad informática. Pueden incluir cambios en políticas, procedimientos, sistemas o capacitación del personal.

4. **Presentación a la Dirección y Responsables:** La reunión de comunicación de hallazgos con la alta dirección y los

responsables de la organización es un resultado importante en sí mismo. Durante esta reunión, el equipo de auditoría presenta los hallazgos, discute las recomendaciones y responde a las preguntas para asegurar una comprensión clara y completa de los resultados de la auditoría.

5. **Registro de Respuestas y Compromisos:** Es importante mantener un registro de las respuestas y compromisos acordados por la dirección y los responsables de la organización durante la reunión de comunicación de hallazgos. Este registro servirá para dar seguimiento a la implementación de las acciones correctivas y verificar que se estén llevando a cabo en el tiempo acordado.

6. **Registro de Seguimiento y Cierre de Acciones:** A medida que se implementan las acciones correctivas, el equipo de auditoría debe mantener un registro de seguimiento para verificar el progreso y asegurarse de que las debilidades identificadas se estén corrigiendo de manera efectiva. Una vez que todas las acciones correctivas se han completado, se debe realizar un cierre formal de la auditoría y registrar los resultados finales.

En resumen, los resultados y entregables en la fase de comunicación de hallazgos en una auditoría informática incluyen el informe de auditoría, los hallazgos clave, las recomendaciones y acciones correctivas, la presentación a la dirección, el registro de respuestas y compromisos, y el registro de seguimiento y cierre de acciones. Estos entregables son fundamentales para asegurar una comunicación efectiva de los resultados de la auditoría y facilitar la implementación de mejoras en la seguridad informática de la organización auditada.

## 4.6.7 Herramientas y Técnicas Usadas

n la fase de comunicación de hallazgos en una auditoría informática, se utilizan diversas técnicas y herramientas para facilitar la presentación de resultados y lograr una comunicación efectiva con la dirección y los responsables de la organización. Algunas de las técnicas y herramientas comunes son:

1. **Informes Escritos:** La técnica más común es la preparación de informes escritos que documenten los hallazgos, debilidades, fortalezas y recomendaciones. Estos informes deben ser claros, concisos y estructurados de manera que sean fácilmente comprensibles para la audiencia.

2. **Presentaciones Visuales:** Las presentaciones visuales, como gráficos, tablas y diagramas, se utilizan para resumir y visualizar los resultados de la auditoría. Estas representaciones visuales pueden ayudar a comunicar información compleja de manera

más clara y concisa.

3. **Herramientas de Auditoría y Análisis:** Las herramientas de auditoría y análisis, como software especializado, se utilizan para recopilar, analizar y procesar los datos y evidencias recopiladas durante la auditoría. Estas herramientas ayudan a realizar un análisis más eficiente y preciso de los sistemas informáticos.

4. **Reuniones y Entrevistas:** Las reuniones y entrevistas con la dirección y los responsables de la organización auditada son esenciales para presentar los hallazgos y discutir las recomendaciones. Estas interacciones permiten aclarar dudas, obtener retroalimentación y obtener el compromiso para implementar las acciones correctivas.

5. **Plataformas de Comunicación Remota:** En entornos donde la comunicación presencial no es posible, se pueden utilizar plataformas de comunicación remota, como videoconferencias, para realizar la presentación de hallazgos y mantener el diálogo con la dirección y los responsables de la organización.

6. **Plantillas y Formatos Estandarizados:** El uso de plantillas y formatos estandarizados para los informes de auditoría asegura consistencia en la presentación de resultados y facilita la

comprensión por parte de los destinatarios.

7. **Gestión de Proyectos y Seguimiento:** Herramientas de gestión de proyectos y seguimiento se pueden utilizar para asegurar que las acciones correctivas propuestas se implementen y se lleven a cabo dentro del plazo acordado.

8. **Material de Soporte:** Se puede proporcionar material de soporte adicional, como documentos explicativos, guías o manuales, para ayudar a la dirección y los responsables a entender y aplicar las recomendaciones de la auditoría.

Es importante adaptar las técnicas y herramientas utilizadas en la fase de comunicación de hallazgos según las necesidades específicas de la auditoría y las preferencias de la organización auditada.

La efectividad de la comunicación es clave para asegurar que los resultados de la auditoría se comprendan adecuadamente y que se tomen acciones efectivas para mejorar la seguridad y eficiencia de los sistemas informáticos.

# 4.7 Fase 7: Acciones Correctivas

Para identificar las mejores acciones correctivas en una auditoría informática, es esencial llevar a cabo un proceso bien estructurado y enfocado en abordar los hallazgos y deficiencias identificadas de manera efectiva.

## 4.7.1 Descripción

La fase de acciones correctivas en una auditoría informática consiste en implementar las medidas necesarias para abordar los hallazgos, debilidades y vulnerabilidades identificadas durante la auditoría. Esta etapa es crucial para mejorar la seguridad, eficiencia y cumplimiento de los sistemas informáticos de la organización auditada. A continuación, se explican los aspectos clave de la fase de acciones correctivas:

1. **Análisis de Hallazgos:** En esta fase, se revisan los hallazgos y recomendaciones presentados en el informe de auditoría. El equipo de auditoría y los responsables de la organización analizan detalladamente cada hallazgo para comprender su naturaleza, impacto y riesgo asociado.

2. **Planificación de Acciones:** Una vez identificados los hallazgos, se desarrolla un plan de acciones correctivas que incluye la definición de tareas específicas, los responsables de

llevarlas a cabo y los plazos para su implementación. La planificación es esencial para garantizar que las acciones se realicen de manera estructurada y eficiente.

3. **Priorización de Acciones:** Dependiendo de la criticidad y urgencia de los hallazgos, se establece una prioridad para las acciones correctivas. Aquellas debilidades que representen un riesgo significativo para la seguridad y el funcionamiento de los sistemas deben abordarse en primer lugar.

4. **Implementación de Medidas:** Se llevan a cabo las acciones correctivas definidas en el plan. Esto puede incluir cambios en políticas, procedimientos, sistemas, configuraciones o capacitación del personal. Es importante asegurar que las acciones se realicen de acuerdo con las mejores prácticas y estándares de seguridad.

5. **Monitoreo y Seguimiento:** Durante la implementación de las acciones correctivas, se realiza un monitoreo continuo para asegurar que se están llevando a cabo como se ha planificado. Además, se realiza un seguimiento para evaluar la eficacia de las medidas y su impacto en la seguridad y eficiencia de los sistemas informáticos.

6. **Evaluación de Resultados:** Una vez completada la implementación de las acciones correctivas, se evalúan los

resultados para determinar si se han abordado adecuadamente los hallazgos identificados. Se verifica que las debilidades han sido mitigadas y que los sistemas están funcionando de acuerdo con los estándares de seguridad establecidos.

7. **Informe de Cierre:** Al finalizar la fase de acciones correctivas, se prepara un informe de cierre que documenta las medidas implementadas y los resultados obtenidos. Este informe es presentado a la dirección y otros responsables para demostrar el progreso realizado y la mejora en la seguridad informática.

La fase de acciones correctivas es esencial para cerrar el ciclo de la auditoría y asegurar que los problemas identificados sean resueltos de manera efectiva. La cooperación y compromiso de la alta dirección y los responsables de la organización son fundamentales para el éxito de esta fase y para mantener una mejora continua en la seguridad y el rendimiento de los sistemas informáticos.

## 4.7.2 Objetivos Clave

Los objetivos principales de la fase de acciones correctivas en una auditoría informática son los siguientes:

1. **Resolver Hallazgos y Debilidades:** El objetivo principal de esta fase es abordar y resolver los hallazgos, debilidades y vulnerabilidades identificadas durante la auditoría informática.

Se busca eliminar o mitigar los riesgos y deficiencias que puedan afectar la seguridad, integridad o disponibilidad de los sistemas de información.

2. **Mejorar la Seguridad Informática:** Al implementar las acciones correctivas, se busca fortalecer la seguridad de los sistemas informáticos. Esto puede incluir la adopción de mejores prácticas, la mejora de controles de seguridad, la corrección de vulnerabilidades y la protección de activos críticos.

3. **Optimizar la Eficiencia y Rendimiento:** Otra meta de la fase de acciones correctivas es mejorar la eficiencia y el rendimiento de los sistemas de información. Esto puede involucrar la optimización de procesos, la eliminación de redundancias y la actualización de tecnologías obsoletas.

4. **Cumplir con Normativas y Regulaciones:** La implementación de acciones correctivas busca asegurar que la organización cumpla con las normativas y regulaciones aplicables en el ámbito de la seguridad informática y la protección de datos.

5. **Prepararse para Futuras Auditorías:** La fase de acciones correctivas también tiene como objetivo preparar a la organización para futuras auditorías informáticas. Al abordar y

resolver los hallazgos, la organización demuestra su compromiso con la mejora continua y la gestión adecuada de la seguridad de la información.

6. **Generar Confianza y Transparencia:** Al corregir las debilidades y mejorar la seguridad de los sistemas, se construye confianza y transparencia con los stakeholders internos y externos. Esto puede incluir empleados, clientes, proveedores y otros socios comerciales.

7. **Reducir Riesgos Operativos y Financieros:** Al abordar los hallazgos y debilidades, la organización reduce los riesgos operativos y financieros asociados con posibles incidentes de seguridad, violaciones de datos y pérdida de información.

8. **Promover la Cultura de Seguridad**: La fase de acciones correctivas contribuye a promover una cultura de seguridad informática en toda la organización. Al tomar medidas para proteger la información y los activos, se crea conciencia y responsabilidad en todos los niveles.

En resumen, la fase de acciones correctivas en una auditoría informática tiene como objetivo principal resolver los hallazgos y debilidades identificadas, mejorar la seguridad y eficiencia de los sistemas informáticos, y asegurar el cumplimiento de normativas.

También busca generar confianza, reducir riesgos y promover una cultura de seguridad en la organización.

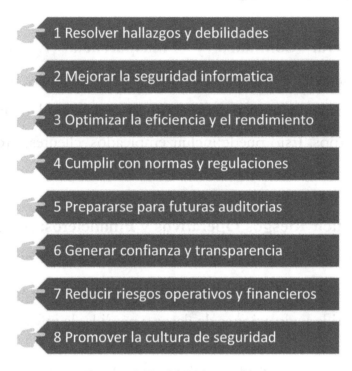

Figura 4.18 Objetivos Clave

## 4.7.3 Actividades Principales

La fase de acciones correctivas en una auditoría informática es crucial para abordar los hallazgos y las deficiencias identificadas durante la auditoría. A continuación, se presentan las actividades principales que se deben realizar en esta fase:

1. **Priorización de hallazgos:** Analizar y clasificar los hallazgos de la auditoría según su gravedad y el riesgo que

representan para la organización. Esto permitirá enfocar los esfuerzos en corregir los problemas más críticos primero.

2. **Diseño de planes de acción:** Desarrollar planes de acción específicos para cada hallazgo, estableciendo las medidas correctivas que se deben implementar para resolver los problemas identificados.

3. **Asignación de responsabilidades:** Designar responsables claros para cada plan de acción. Es fundamental que se asignen roles específicos para garantizar que las acciones correctivas se implementen adecuadamente.

4. **Establecimiento de plazos:** Definir plazos realistas para la ejecución de cada acción correctiva. Estos plazos deben permitir una corrección oportuna de los problemas identificados.

5. **Recursos necesarios:** Determinar los recursos humanos, financieros y tecnológicos necesarios para implementar las acciones correctivas de manera efectiva.

6. **Seguimiento y control:** Realizar un seguimiento periódico del progreso de las acciones correctivas para asegurarse de que se estén llevando a cabo según lo planeado y de que estén teniendo el efecto deseado.

7. **Comunicación:** Mantener una comunicación abierta y transparente con todas las partes involucradas, incluidos los responsables de la implementación de las acciones correctivas y la alta dirección.

8. **Capacitación y concientización:** Proporcionar capacitación y concientización sobre las medidas correctivas a todos los empleados involucrados, para que comprendan la importancia de las acciones implementadas y cómo pueden contribuir al mejoramiento de la seguridad informática.

9. **Evaluación de efectividad:** Realizar evaluaciones posteriores a la implementación para verificar la efectividad de las acciones correctivas y asegurar que los problemas hayan sido resueltos adecuadamente.

10. **Informe final:** Preparar un informe final de la fase de acciones correctivas, donde se describan las acciones tomadas, los resultados alcanzados y las mejoras realizadas en la seguridad informática de la organización.

Es esencial que la fase de acciones correctivas se aborde de manera proactiva y que las medidas tomadas sean adecuadas para abordar los problemas identificados en la auditoría informática.

Figura 4.19 Actividades principales

## 4.7.4 Roles que participan

A continuación, se enumeran los roles principales que suelen estar involucrados en esta fase:

1. **Auditor líder:** Es responsable de coordinar y supervisar la fase de acciones correctivas. Se asegura de que se implementen las medidas necesarias para abordar los

hallazgos de la auditoría y de que se cumplan los plazos establecidos.

2. **Responsables de Seguridad de la Información:** Estos profesionales son responsables de la gestión general de la seguridad de la información en la organización. Juegan un papel clave en la definición de las estrategias y políticas de seguridad, así como en la supervisión de la implementación de las acciones correctivas.

3. **Equipo de Auditoría:** Los miembros del equipo de auditoría que participaron en la etapa de pruebas y análisis también pueden estar involucrados en la fase de acciones correctivas. Ayudan a proporcionar orientación y conocimientos específicos sobre los hallazgos y las recomendaciones.

4. **Gerente de Proyecto:** Si la auditoría se llevó a cabo como parte de un proyecto más amplio, el Gerente de Proyecto puede estar involucrado en la fase de acciones correctivas para asegurarse de que las tareas se completen según lo planeado.

5. **Personal Técnico y de Sistemas:** El equipo técnico y de sistemas de la organización juega un papel fundamental en la implementación de las medidas correctivas, ya que son los

encargados de realizar cambios en la infraestructura tecnológica y los sistemas para mejorar la seguridad.

6. **Representantes del Negocio:** En ciertos casos, los representantes de las áreas de negocio o departamentos específicos pueden participar para garantizar que las acciones correctivas se ajusten a las necesidades y procesos particulares de cada área.

7. **Responsables de áreas específicas:** En función de los hallazgos, se pueden designar responsables específicos de ciertas áreas o procesos para liderar la implementación de medidas correctivas en sus respectivas áreas.

8. **Alta Dirección:** La alta dirección de la organización debe estar involucrada y comprometida en la fase de acciones correctivas, ya que su apoyo es esencial para garantizar que se asignen los recursos adecuados y se priorice la seguridad de la información.

Estos roles trabajan en conjunto para garantizar que las acciones correctivas se implementen de manera efectiva y que se mejore la seguridad y gestión de la tecnología de la información en la organización.

## 4.7.5 Matriz RACI

A continuación, te presento una matriz RACI que muestra los roles y las actividades clave en la fase de acciones correctivas de una auditoría informática:

| MATRIZ RACI Fase 7: Acciones Correctivas | | | | | | | | | |
|---|---|---|---|---|---|---|---|---|---|
| # | Actividades Clave | Auditor Líder | Responsable de Seguridad TI | Equipo de Auditoría | Gerente del Proyecto | Personal Técnico de TI | Representante del Negocio | Responsable de las áreas | Alta Dirección |
| 1 | Priorización de hallazgos | R | R | C | C | | | | |
| 2 | Diseño de planes de acción | R | R | C | C | | | | |
| 3 | Asignación de responsabilidades | R | R | C | C | | | C | |
| 4 | Establecimiento de plazos | R | R | C | C | | | C | |
| 5 | Recursos necesarios | R | R | C | C | C | C | C | |
| 6 | Seguimiento y control | R | R | C | C | | | C | |
| 7 | Comunicación | R | R | C | C | | | | |
| 8 | Capacitación y concientización | R | R | C | C | | C | C | |
| 9 | Evaluación de efectividad | R | R | C | C | | | C | |
| 10 | Informe final | R | R | C | C | | | | |

Figura 4.20 Matriz RACI

Es fundamental que esta matriz RACI se comunique y comparta con todo el equipo involucrado en la fase de acciones correctivas para asegurar una comprensión clara de las responsabilidades de cada persona en la implementación de las medidas correctivas.

## 4.7.6 Resultados y Entregables

Algunos de los resultados y entregables más importantes son:

1. **Implementación de Medidas Correctivas:** El resultado más significativo es la implementación de las acciones correctivas definidas en el plan. Estas medidas pueden incluir cambios en políticas y procedimientos, correcciones de vulnerabilidades, actualización de sistemas, capacitación del personal, entre otros.

2. **Reducción de Riesgos y Vulnerabilidades:** A medida que se implementan las acciones correctivas, se reducen los riesgos y vulnerabilidades identificados durante la auditoría. Esto mejora la seguridad de los sistemas y minimiza la probabilidad de incidentes de seguridad.

3. **Mejora en la Seguridad Informática:** La fase de acciones correctivas busca mejorar la seguridad global de los sistemas informáticos de la organización. Al abordar las debilidades, se fortalecen los controles y se adoptan prácticas de seguridad más sólidas.

4. **Cumplimiento de Normativas y Regulaciones:** Si la auditoría identificó incumplimientos con normativas y regulaciones, la implementación de acciones correctivas permitirá cumplir con los requisitos establecidos.

5. **Informes de Seguimiento y Cierre:** Se generan informes de

seguimiento y cierre que documentan las medidas implementadas y los resultados obtenidos. Estos informes proporcionan evidencia de que los hallazgos han sido abordados de manera adecuada.

6. **Cultura de Seguridad Fortalecida:** La fase de acciones correctivas contribuye a promover una cultura de seguridad informática en la organización. El personal toma conciencia de la importancia de la seguridad y se involucra en las prácticas de protección de la información.

7. **Mejora en la Eficiencia y Productividad:** Al optimizar los procesos y sistemas a través de acciones correctivas, se puede lograr una mejora en la eficiencia y productividad de la organización.

8. **Preparación para Futuras Auditorías:** La implementación de acciones correctivas y la documentación de los resultados preparan a la organización para futuras auditorías, demostrando su compromiso con la mejora continua.

9. **Confianza y Transparencia:** La organización puede ganar confianza y mejorar sus relaciones con los stakeholders internos y externos al demostrar su dedicación a mejorar la seguridad de la información.

En resumen, los resultados y entregables de la fase de acciones correctivas incluyen la implementación de medidas correctivas, la reducción de riesgos y vulnerabilidades, la mejora en la seguridad informática, el cumplimiento de normativas, informes de seguimiento y cierre, fortalecimiento de la cultura de seguridad, mejora en la eficiencia, preparación para futuras auditorías y ganancia de confianza y transparencia en la organización.

## 4.7.7 Herramientas y Técnicas Usadas

Los auditores en la fase de acciones correctivas en una auditoría informática utilizan diversas herramientas y técnicas para ayudar en la implementación de las medidas correctivas y asegurar una mejora efectiva en la seguridad y eficiencia de los sistemas informáticos. Algunas de las herramientas y técnicas comunes utilizadas son las siguientes:

1. **Herramientas de Gestión de Proyectos:** Las herramientas de gestión de proyectos, como Microsoft Project o Trello, se utilizan para planificar y dar seguimiento a la implementación de las acciones correctivas. Estas herramientas ayudan a definir tareas, plazos, recursos y responsables, y facilitan la colaboración entre los equipos involucrados.

2. **Herramientas de Seguridad Informática:** Los auditores pueden hacer uso de herramientas especializadas para evaluar y

mejorar la seguridad informática. Estas herramientas pueden incluir escáneres de vulnerabilidades, herramientas de monitoreo de logs, soluciones de gestión de parches, entre otras.

3. **Software de Gestión de Riesgos:** Las herramientas de gestión de riesgos permiten identificar, evaluar y mitigar los riesgos asociados con los hallazgos de la auditoría. Ayudan a priorizar las acciones correctivas en función del impacto y probabilidad de ocurrencia.

4. **Herramientas de Análisis de Datos:** Los auditores pueden hacer uso de herramientas de análisis de datos para procesar y analizar grandes conjuntos de información recopilada durante la auditoría. Estas herramientas pueden ayudar a identificar patrones y tendencias que influyen en la seguridad de los sistemas.

5. **Herramientas de Gestión de Configuraciones:** Para asegurar que los cambios implementados en la infraestructura y sistemas se realicen de manera controlada, se pueden utilizar herramientas de gestión de configuraciones, como Ansible, Puppet o Chef.

6. **Herramientas de Automatización:** La automatización de tareas repetitivas puede ayudar a acelerar la implementación de

acciones correctivas y mejorar la eficiencia en el proceso. Herramientas de automatización como scripts o software de automatización de tareas pueden ser utilizadas.

7. **Técnicas de Capacitación y Concientización:** Los auditores pueden utilizar técnicas de capacitación y concientización para asegurar que el personal comprenda la importancia de seguir las medidas implementadas. Esto puede incluir sesiones de entrenamiento, material educativo, campañas de concientización, entre otros.

8. **Entrevistas y Comunicación Directa:** El diálogo directo con el personal involucrado es una técnica valiosa para entender los desafíos y necesidades específicas en la implementación de acciones correctivas. Las entrevistas pueden proporcionar información importante para ajustar y adaptar las medidas a la realidad de la organización.

9. **Auditorías de Seguimiento:** Los auditores pueden realizar auditorías de seguimiento para evaluar la efectividad de las acciones correctivas implementadas y asegurar que se estén manteniendo en el tiempo. Las auditorías de seguimiento son esenciales para verificar la mejora continua.

Cada auditor puede tener preferencias y conocimientos específicos sobre las herramientas y técnicas que utiliza, por lo que la selección de las herramientas y técnicas adecuadas dependerá de los hallazgos de la auditoría y las necesidades de la organización auditada. El objetivo es asegurar que las medidas correctivas sean implementadas de manera eficiente y que se logre una mejora significativa en la seguridad y eficiencia de los sistemas informáticos.

# 4.8 Fase 8: Seguimiento y Cierre

En esta parte veremos el objetivo, pasos a seguir y un ejemplo de la fase de seguimiento y cierre en una auditoría informática.

## 4.8.1 Descripción

La fase de seguimiento y cierre de una auditoría informática es la etapa final del proceso de auditoría. En esta fase, se realiza un seguimiento de las acciones correctivas implementadas en respuesta a los hallazgos de la auditoría para asegurar que se hayan abordado adecuadamente y que se hayan logrado mejoras en la seguridad y eficiencia de los sistemas de información de la organización. A continuación, se describe en qué consiste esta fase:

1. **Seguimiento de Acciones Correctivas:** En esta etapa, se verifica que todas las acciones correctivas definidas en el plan de acciones se hayan implementado correctamente. Se revisa el progreso de cada acción, se asegura que se hayan cumplido los plazos establecidos y se verifica que los responsables hayan llevado a cabo las tareas asignadas.

2. **Evaluación de la Eficacia:** Se evalúa la efectividad de las acciones correctivas para determinar si han abordado adecuadamente los hallazgos de la auditoría. Se verifica si se han mitigado las debilidades y si los sistemas están operando

de manera más segura y eficiente.

3. **Auditoría de Seguimiento:** En algunos casos, se puede realizar una auditoría de seguimiento formal para verificar la implementación y efectividad de las acciones correctivas. Esta auditoría puede ser llevada a cabo por el mismo equipo de auditoría inicial o por un equipo independiente.

4. **Documentación y Reporte:** Se documentan los resultados del seguimiento, incluyendo los logros alcanzados y las mejoras realizadas. Se prepara un informe de seguimiento que describe las acciones implementadas y los resultados obtenidos.

5. **Cierre de la Auditoría:** Con base en los resultados del seguimiento y la evaluación de la eficacia, se cierra formalmente la auditoría informática. Se finaliza el proceso de auditoría y se prepara el informe final, que incluye los resultados de la auditoría, las acciones correctivas implementadas y los logros alcanzados.

6. **Recomendaciones Finales:** En el informe final, se pueden incluir recomendaciones adicionales para la mejora continua de la seguridad y eficiencia de los sistemas de información. Estas recomendaciones pueden ayudar a la organización a mantener un enfoque proactivo en la gestión de la seguridad

informática.

7. **Retroalimentación y Aprendizaje:** La fase de seguimiento y cierre también puede ser una oportunidad para recopilar retroalimentación de los responsables y la dirección sobre el proceso de auditoría y la implementación de acciones correctivas. Esta retroalimentación puede utilizarse para mejorar futuras auditorías y procesos de mejora.

La fase de seguimiento y cierre es crucial para asegurar que las acciones correctivas se implementen de manera efectiva y que los resultados de la auditoría tengan un impacto positivo en la seguridad y eficiencia de los sistemas de información. Esta etapa también permite que la organización demuestre su compromiso con la mejora continua y la gestión adecuada de la seguridad informática.

## 4.8.2 Objetivos Clave

El objetivo de la fase de seguimiento y cierre en una auditoría informática es asegurarse de que las acciones correctivas recomendadas durante la auditoría se implementen de manera efectiva y que los problemas y hallazgos identificados sean resueltos adecuadamente. Esta fase es crucial para garantizar que las deficiencias y vulnerabilidades detectadas en los sistemas de TI de la organización sean abordadas y que se mejore la seguridad y eficiencia de manera continua.

Los principales objetivos de la fase de seguimiento y cierre en una auditoría informática son los siguientes:

1. **Implementación de Acciones Correctivas:** Verificar que todas las acciones correctivas recomendadas durante la auditoría se hayan implementado adecuadamente. Esto incluye la adopción de medidas para corregir las deficiencias y vulnerabilidades identificadas.

2. **Evaluación de Efectividad:** Asegurarse de que las acciones correctivas implementadas hayan sido efectivas para abordar los problemas identificados. Se evaluará si se han logrado los resultados esperados y si se han reducido los riesgos y vulnerabilidades.

3. **Mantenimiento de la Seguridad:** Confirmar que las mejoras en la seguridad informática se mantengan a lo largo del tiempo. La fase de seguimiento garantiza que las medidas implementadas sean sostenibles y que se continúe manteniendo un enfoque proactivo en la gestión de riesgos.

4. **Cumplimiento Normativo:** Verificar que la organización esté cumpliendo con las normativas y estándares relevantes después de haber implementado las acciones correctivas

necesarias.

5. **Comunicación a la Alta Dirección:** Presentar un informe de seguimiento a la alta dirección, destacando las acciones correctivas implementadas y los resultados obtenidos. La comunicación efectiva es esencial para mantener el apoyo y el compromiso de la alta dirección.

6. **Identificación de Nuevos Problemas:** Durante el seguimiento, pueden surgir nuevas deficiencias o vulnerabilidades. La identificación temprana de estas cuestiones permite tomar medidas correctivas adicionales si es necesario.

7. **Garantía de Mejora Continua:** Fomentar la mejora continua de los sistemas de TI y la seguridad informática de la organización. El seguimiento postauditoría garantiza que la organización esté comprometida con la evolución constante de su postura de seguridad.

8. **Cierre de la Auditoría:** La fase de seguimiento y cierre marca el final formal de la auditoría. Una vez que se ha verificado la implementación y efectividad de las acciones correctivas, la auditoría se considera cerrada.

En resumen, la fase de seguimiento y cierre en una auditoría informática es fundamental para asegurar que las acciones correctivas recomendadas se hayan implementado adecuadamente y que la organización haya mejorado su seguridad y eficiencia de manera sostenible. Esta fase permite a la organización mantenerse en un estado de mejora continua y fortalecer su postura de seguridad en el entorno de TI en constante evolución.

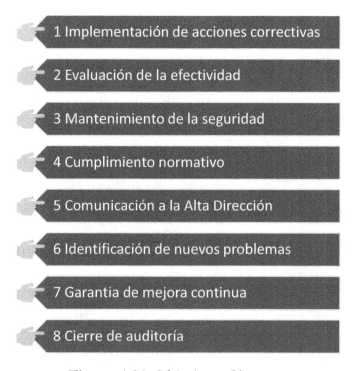

Figura 4.21 Objetivos Clave

## 4.8.3 Actividades Principales

Las principales actividades en la fase de seguimiento y cierre de una auditoría informática son las siguientes:

1. **Seguimiento de Acciones Correctivas:** Se verifica que todas las acciones correctivas definidas en el plan de acciones se hayan implementado adecuadamente. Se revisa el progreso de cada acción y se asegura que se hayan cumplido los plazos establecidos.

2. **Evaluación de la Eficacia de las Acciones Correctivas:** Se evalúa la efectividad de las acciones correctivas para determinar si han abordado adecuadamente los hallazgos de la auditoría. Se verifica si se han mitigado las debilidades y si los sistemas están operando de manera más segura y eficiente.

3. **Auditoría de Seguimiento:** En algunos casos, se puede realizar una auditoría de seguimiento formal para verificar la implementación y efectividad de las acciones correctivas. Esta auditoría puede ser llevada a cabo por el mismo equipo de auditoría inicial o por un equipo independiente.

4. **Documentación de Resultados:** Se documentan los resultados del seguimiento y la evaluación de la eficacia de las acciones correctivas. Se registran los logros alcanzados y las mejoras realizadas en relación con los hallazgos de la auditoría.

5. **Informe de Seguimiento y Cierre:** Se prepara un informe

de seguimiento que describe las acciones correctivas implementadas y los resultados obtenidos. En este informe también se incluyen recomendaciones finales y una conclusión general de la auditoría.

6. **Cierre Formal de la Auditoría:** Con base en los resultados del seguimiento y la evaluación, se cierra formalmente la auditoría informática. Se finaliza el proceso de auditoría y se emite el informe final.

7. **Recomendaciones Finales:** En el informe final, se pueden incluir recomendaciones adicionales para la mejora continua de la seguridad y eficiencia de los sistemas de información. Estas recomendaciones pueden ayudar a la organización a mantener un enfoque proactivo en la gestión de la seguridad informática.

8. **Comunicación con la Alta Dirección:** Se presenta el informe final a la alta dirección y otros responsables para informarles sobre los resultados de la auditoría, las acciones correctivas implementadas y los logros alcanzados.

9. **Retroalimentación y Aprendizaje:** La fase de seguimiento y cierre también puede ser una oportunidad para recopilar retroalimentación de los responsables y la dirección sobre el proceso de auditoría y la implementación de acciones

correctivas. Esta retroalimentación puede utilizarse para mejorar futuras auditorías y procesos de mejora.

10. **Archivo de Documentación:** Finalmente, se archiva toda la documentación relacionada con la auditoría, incluyendo el informe final, los registros de seguimiento, las pruebas de implementación y otros documentos relevantes.

Estas actividades son esenciales para asegurar que las acciones correctivas se implementen de manera efectiva y que se logren mejoras significativas en la seguridad y eficiencia de los sistemas de información de la organización.

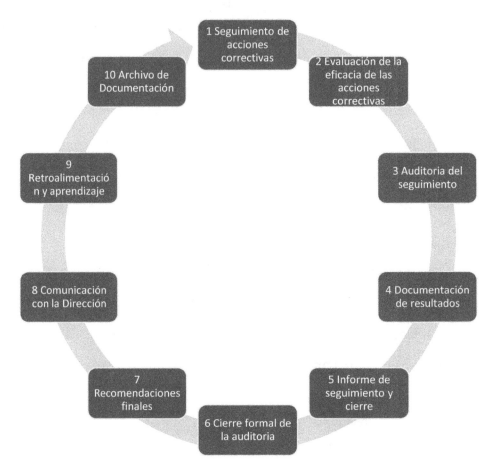

Figura 4.22 Actividades Principales

## 4.8.4 Roles que participan

En esta fase, participan varios roles o puestos dentro de una organización. Cada uno de estos roles tiene responsabilidades específicas para asegurar que las acciones correctivas se implementen adecuadamente y que se logren mejoras significativas en la seguridad y eficiencia de los sistemas de información.

Algunos de los roles más comunes son los siguientes:

1. **Responsable de TI o CIO (Chief Information Officer):**
El responsable de TI es fundamental en esta fase, ya que es
el encargado de coordinar y supervisar la implementación de
las acciones correctivas relacionadas con los sistemas
informáticos. Es el responsable de asignar recursos,
planificar y priorizar las tareas, y asegurar que las acciones
correctivas se ejecuten de manera eficiente.

2. **Equipo de Seguridad Informática:** El equipo de
seguridad informática juega un papel crucial en el
seguimiento y cierre de la auditoría. Son los responsables de
verificar la implementación de las medidas correctivas
relacionadas con la seguridad de la información y evaluar la
eficacia de los controles implementados.

3. **Equipo de Gestión de Proyectos:** El equipo de gestión de
proyectos puede estar involucrado en el seguimiento y cierre
para asegurar que las acciones correctivas se implementen
dentro de los plazos establecidos y que se cumplan los
objetivos definidos en el plan de acciones.

4. **Equipo de Desarrollo o Mantenimiento de Sistemas:** El
equipo de desarrollo o mantenimiento de sistemas puede
estar involucrado en la implementación de acciones
correctivas relacionadas con la infraestructura, software y

configuración de sistemas.

5. **Gerentes y Líderes de Departamentos:** Los gerentes y líderes de departamentos específicos también tienen un papel importante en el seguimiento y cierre. Son responsables de asegurar que las acciones correctivas se implementen dentro de sus áreas de responsabilidad.

6. **Equipo de Recursos Humanos:** El equipo de recursos humanos puede participar en el seguimiento y cierre al asegurar que se realicen capacitaciones para el personal y promover una cultura de seguridad en toda la organización.

7. **Equipo de Auditoría Interna o Externa:** El equipo de auditoría interna o externa que llevó a cabo la auditoría inicial también puede estar presente en la fase de seguimiento y cierre para verificar la implementación y efectividad de las acciones correctivas.

8. **Alta Dirección:** La alta dirección tiene un rol fundamental en esta fase al proporcionar su apoyo y compromiso para asegurar que las acciones correctivas se tomen en serio y se implementen de manera adecuada.

Estos roles trabajan de manera coordinada y colaborativa para asegurar que las acciones correctivas se implementen de manera efectiva y que se logren mejoras significativas en la seguridad y eficiencia de los sistemas de información de la organización. La colaboración entre diferentes departamentos y funciones es esencial para lograr los objetivos de la fase de seguimiento y cierre de la auditoría informática.

## 4.8.5 Matriz RACI

A continuación, tenemos la matriz RACI de esta fase:

| # | Actividades Clave | Responsable de TI | Equipo de Seguridad | Equipo de Proyectos | Equipo de Desarrollo | Gerentes y Líderes | Equipo de RH | Equipo de Auditoría | Alta Dirección |
|---|---|---|---|---|---|---|---|---|---|
| 1 | Seguimiento de Acciones Correctivas | A | R | C | R | C | C | C | C |
| 2 | Evaluación de la Eficacia | A | R | C | R | C | C | C | C |
| 3 | Auditoría de Seguimiento | R | C | R | C | C | C | R | C |
| 4 | Documentación de Resultados | A | C | C | C | C | C | C | C |
| 5 | Informe de Seguimiento y Cierre | A | C | C | C | C | C | C | R |
| 6 | Comunicación con la Alta Dirección | A | C | C | C | C | C | C | A |
| 7 | Recomendaciones Finales | A | C | C | C | C | C | C | C |
| 8 | Retroalimentación y Aprendizaje | R | C | C | C | C | C | C | R |
| 9 | Archivo de Documentación | A | C | C | C | C | C | C | C |

Figura 4.23 Matriz RACI de la fase

Es importante tener en cuenta que el nivel de participación de cada rol puede variar según el contexto específico de la auditoría y la estructura de la organización. Esta matriz RACI debe ser revisada y validada por los participantes involucrados para asegurar que las responsabilidades estén claramente definidas y acordadas por todos los actores.

## 4.8.6 Resultados y entregables

En la fase de seguimiento y cierre de una auditoría informática, se obtienen diversos entregables y resultados que son fundamentales para asegurar que las acciones correctivas se implementen adecuadamente y que se logren mejoras significativas en la seguridad y eficiencia de los sistemas de información. Algunos de los entregables y resultados más importantes son:

1. **Informe de Seguimiento y Cierre:** El principal entregable de esta fase es el informe de seguimiento y cierre. Este informe detalla las acciones correctivas implementadas, los resultados obtenidos, la evaluación de la eficacia de las acciones y las mejoras realizadas en relación con los hallazgos de la auditoría.

2. **Documentación de las Acciones Correctivas:** Se documenta de manera detallada cada una de las acciones correctivas implementadas, incluyendo las descripciones, los responsables asignados, los plazos de implementación y los recursos utilizados.

3. **Evaluación de la Eficacia de las Acciones Correctivas:** Se realiza una evaluación para determinar si las acciones correctivas han abordado adecuadamente los hallazgos de la

auditoría y si han logrado reducir los riesgos y vulnerabilidades identificados.

4. **Auditoría de Seguimiento:** En algunos casos, se puede realizar una auditoría de seguimiento formal para verificar la implementación y efectividad de las acciones correctivas. Esta auditoría puede incluir pruebas y verificaciones adicionales.

5. **Comunicación con la Alta Dirección y Responsables:** Se realiza una comunicación formal con la alta dirección y otros responsables para informarles sobre los resultados de la auditoría, las acciones correctivas implementadas y los logros alcanzados.

6. **Retroalimentación y Aprendizaje:** Se recopila retroalimentación de los responsables y la dirección sobre el proceso de auditoría y la implementación de acciones correctivas. Esta retroalimentación puede utilizarse para mejorar futuras auditorías y procesos de mejora.

7. **Archivo de Documentación:** Se archiva toda la documentación relacionada con la auditoría, incluyendo el informe final, los registros de seguimiento, las pruebas de implementación y otros documentos relevantes.

8. **Mejoras en la Seguridad y Eficiencia:** Uno de los resultados

más importantes de la fase de seguimiento y cierre es lograr mejoras significativas en la seguridad y eficiencia de los sistemas de información de la organización. Las acciones correctivas implementadas deben contribuir a reducir los riesgos y mejorar los procesos.

9. **Cumplimiento de Normativas y Regulaciones:** Si la auditoría identificó incumplimientos con normativas y regulaciones, la implementación de acciones correctivas permitirá cumplir con los requisitos establecidos.

10. **Cultura de Seguridad Fortalecida:** La fase de seguimiento y cierre contribuye a promover una cultura de seguridad informática en la organización. El personal toma conciencia de la importancia de la seguridad y se involucra en las prácticas de protección de la información.

Estos entregables y resultados son esenciales para asegurar que las acciones correctivas se implementen de manera efectiva y que se logren mejoras significativas en la seguridad y eficiencia de los sistemas de información de la organización. La fase de seguimiento y cierre es fundamental para demostrar el progreso realizado y la mejora en la seguridad informática de la organización.

## 4.8.7 Herramientas y técnicas

En la fase de seguimiento y cierre de una auditoría informática, se utilizan diversas técnicas y herramientas para asegurar que las acciones correctivas se implementen adecuadamente y que se logren mejoras significativas en la seguridad y eficiencia de los sistemas de información. Algunas de las técnicas y herramientas comunes utilizadas son las siguientes:

1. **Herramientas de Gestión de Proyectos:** Las herramientas de gestión de proyectos, como Microsoft Project o Trello, se utilizan para planificar y dar seguimiento a la implementación de las acciones correctivas. Estas herramientas ayudan a definir tareas, plazos, recursos y responsables, y facilitan la colaboración entre los equipos involucrados.

2. **Herramientas de Seguridad Informática:** Los auditores pueden hacer uso de herramientas especializadas para evaluar y mejorar la seguridad informática. Estas herramientas pueden incluir escáneres de vulnerabilidades, herramientas de monitoreo de logs, soluciones de gestión de parches, entre otras.

3. **Software de Gestión de Riesgos:** Las herramientas de gestión de riesgos permiten identificar, evaluar y mitigar los riesgos asociados con los hallazgos de la auditoría. Ayudan a priorizar

las acciones correctivas en función del impacto y probabilidad de ocurrencia.

4. **Herramientas de Análisis de Datos:** Los auditores pueden hacer uso de herramientas de análisis de datos para procesar y analizar grandes conjuntos de información recopilada durante la auditoría. Estas herramientas pueden ayudar a identificar patrones y tendencias que influyen en la seguridad de los sistemas.

5. **Herramientas de Gestión de Configuraciones:** Para asegurar que los cambios implementados en la infraestructura y sistemas se realicen de manera controlada, se pueden utilizar herramientas de gestión de configuraciones, como Ansible, Puppet o Chef.

6. **Herramientas de Automatización:** La automatización de tareas repetitivas puede ayudar a acelerar la implementación de acciones correctivas y mejorar la eficiencia en el proceso. Herramientas de automatización como scripts o software de automatización de tareas pueden ser utilizadas.

7. **Técnicas de Capacitación y Concientización:** Los auditores pueden utilizar técnicas de capacitación y concientización para asegurar que el personal comprenda la importancia de seguir las medidas implementadas. Esto puede

incluir sesiones de entrenamiento, material educativo, campañas de concientización, entre otros.

8. **Entrevistas y Comunicación Directa:** El diálogo directo con el personal involucrado es una técnica valiosa para entender los desafíos y necesidades específicas en la implementación de acciones correctivas. Las entrevistas pueden proporcionar información importante para ajustar y adaptar las medidas a la realidad de la organización.

9. **Auditorías de Seguimiento:** Los auditores pueden realizar auditorías de seguimiento para evaluar la efectividad de las acciones correctivas implementadas y asegurar que se estén manteniendo en el tiempo. Las auditorías de seguimiento son esenciales para verificar la mejora continua.

Cada auditor puede tener preferencias y conocimientos específicos sobre las herramientas y técnicas que utiliza, por lo que la selección de las herramientas y técnicas adecuadas dependerá de los hallazgos de la auditoría y las necesidades de la organización auditada. El objetivo es asegurar que las acciones correctivas sean implementadas de manera eficiente y que se logre una mejora significativa en la seguridad y eficiencia de los sistemas de información.

# 4.9 Fase 9: Informe Final

Esta fase garantiza que los resultados de la auditoría sean presentados de manera clara, concisa y adecuada para su comprensión y toma de decisiones.

## 4.9.1 Descripción

La fase de informe final en una auditoría informática es la etapa en la que se elabora y presenta el informe final con los resultados de la auditoría.

Esta fase tiene como objetivo comunicar de manera efectiva los resultados a la alta dirección y otros responsables, brindando información relevante para la toma de decisiones y la mejora continua de la seguridad y eficiencia de los sistemas de información. A continuación, se describe en qué consiste esta fase:

1. **Recopilación de Hallazgos:** En esta etapa, se recopilan todos los hallazgos identificados durante la auditoría. Estos hallazgos pueden estar relacionados con vulnerabilidades de seguridad, debilidades en los controles, incumplimiento de políticas o normativas, ineficiencias operativas y otros aspectos relevantes para la auditoría.

2. **Análisis y Clasificación de Hallazgos:** Los hallazgos recopilados se analizan y clasifican según su impacto y

relevancia. Esto permite priorizar los hallazgos más críticos y enfocar los esfuerzos en las áreas de mayor riesgo.

3. **Elaboración del Informe:** Se redacta el informe final de auditoría que incluye todos los hallazgos, análisis, conclusiones y recomendaciones. El informe debe ser claro, preciso y objetivo, y estar respaldado por la evidencia recopilada durante la auditoría.

4. **Inclusión de Acciones Correctivas:** El informe final debe incluir recomendaciones específicas para abordar los hallazgos identificados. Estas recomendaciones se presentan como acciones correctivas que deben implementarse para mitigar los riesgos y mejorar la seguridad y eficiencia de los sistemas de información.

5. **Presentación a la Alta Dirección:** Una vez finalizado el informe, se presenta a la alta dirección y otros responsables de la organización. La presentación puede ser en forma de reuniones o presentaciones formales, y tiene como objetivo informarles sobre los resultados de la auditoría y las acciones necesarias para mejorar la seguridad informática.

6. **Discusión y Aprobación:** La alta dirección y otros responsables discuten los hallazgos y las recomendaciones presentadas en el informe. Pueden surgir preguntas,

aclaraciones o solicitudes de información adicional. Una vez que el informe ha sido revisado y aprobado, se procede a la implementación de las acciones correctivas.

7. **Seguimiento de Acciones Correctivas:** Después de presentar el informe, se inicia la fase de seguimiento y cierre de la auditoría. Se verifica la implementación de las acciones correctivas y se asegura que se estén abordando adecuadamente los hallazgos identificados.

El informe final de auditoría es un documento fundamental, su presentación a la alta dirección y otros responsables permite tomar decisiones informadas para mejorar y fortalecer la gestión de la seguridad informática. Además, el informe final sirve como referencia para futuras auditorías.

## 4.9.2 Objetivos Clave

El objetivo de la fase de informe final en una auditoría informática es presentar de manera clara, precisa y concisa todos los hallazgos, conclusiones y recomendaciones derivadas del proceso de auditoría. Esta fase es crítica, ya que proporciona un resumen completo de los resultados de la auditoría y su importancia para la organización auditada y otras partes interesadas relevantes.

El informe final tiene varios objetivos clave:

1. **Comunicar los Hallazgos:** El informe final tiene la tarea de presentar todos los hallazgos identificados durante la auditoría. Estos hallazgos pueden incluir vulnerabilidades de seguridad, deficiencias en la gestión de TI, incumplimiento normativo, debilidades en controles internos y otros aspectos relevantes.

2. **Presentar las Conclusiones:** El informe debe resumir las conclusiones generales de la auditoría en base a los hallazgos. Las conclusiones ofrecen una visión clara de la efectividad de los sistemas de TI y los controles internos de la organización, así como el nivel de cumplimiento con las normativas y estándares aplicables.

3. **Ofrecer Recomendaciones:** Es uno de los aspectos más importantes del informe final. Debe contener recomendaciones prácticas y accionables para abordar las deficiencias y mejorar la seguridad y eficiencia de los sistemas de TI. Estas recomendaciones ayudarán a la organización a tomar medidas correctivas y preventivas.

4. **Apoyar la Toma de Decisiones:** El informe final proporciona información valiosa para la alta dirección y otras partes interesadas en la toma de decisiones sobre las prioridades de mejora, asignación de recursos y acciones

futuras para fortalecer la seguridad de TI.

5. **Establecer Responsabilidades:** El informe debe identificar claramente las áreas o personas responsables de implementar las acciones correctivas recomendadas. Esto asegura que las acciones necesarias sean tomadas por las partes adecuadas.

6. **Evaluar el Desempeño del Equipo de Auditoría:** La fase de informe final también es una oportunidad para que el equipo de auditoría evalúe su propio desempeño y asegurarse de que la auditoría se haya realizado de manera rigurosa y profesional.

7. **Crear un Registro Documental:** El informe final sirve como un registro documental oficial de la auditoría, permitiendo a la organización tener un registro de los resultados y recomendaciones para futuras referencias y auditorías posteriores.

8. **Proporcionar Retroalimentación Constructiva:** El informe final puede ofrecer una retroalimentación constructiva sobre la gestión de TI y los procesos de la organización, lo que puede ayudar a mejorar las prácticas operativas en general.

En resumen, el objetivo de la fase de informe final en una auditoría informática es ofrecer una visión integral de los hallazgos, conclusiones y recomendaciones de la auditoría.

Un informe bien preparado y comunicado adecuadamente proporciona un camino claro para la mejora continua y el fortalecimiento de la seguridad y la gestión de TI en la organización auditada.

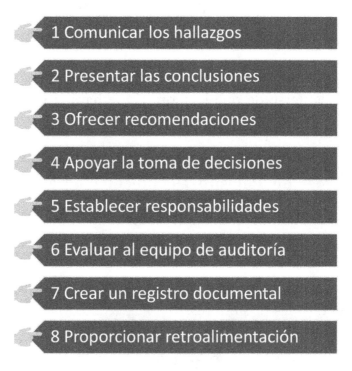

Figura 4.24 Objetivos Clave

## 4.9.3 Actividades Principales

Las actividades clave de la fase de informe final en una auditoría informática incluyen los siguientes pasos:

1. **Recopilación de Hallazgos:** Reunir y consolidar todos los hallazgos identificados durante la auditoría. Esto implica revisar los resultados de las pruebas, análisis de documentación y entrevistas realizadas para asegurarse de que se han identificado de manera completa y precisa todos los aspectos relevantes de la auditoría.

2. **Análisis y Clasificación de Hallazgos:** Realizar un análisis detallado de los hallazgos recopilados para comprender su impacto y relevancia en el contexto de la organización. Clasificar los hallazgos según su gravedad y prioridad para enfocar los esfuerzos en los aspectos más críticos.

3. **Elaboración del Informe:** Redactar el informe final de auditoría, que debe ser claro, objetivo y preciso. El informe debe incluir una descripción detallada de los hallazgos, la metodología de la auditoría, el alcance de los trabajos realizados y las conclusiones.

4. **Inclusión de Acciones Correctivas:** El informe debe contener recomendaciones específicas para abordar cada hallazgo identificado. Estas recomendaciones se presentan como acciones correctivas que deben implementarse para

mitigar los riesgos y mejorar la seguridad y eficiencia de los sistemas de información.

5. **Presentación a la Alta Dirección:** Programar y realizar reuniones o presentaciones formales para presentar el informe a la alta dirección y otros responsables de la organización. Durante esta presentación, se discuten los hallazgos, las recomendaciones y los próximos pasos a seguir.

6. **Discusión y Aprobación:** La alta dirección y otros responsables discuten los hallazgos y las recomendaciones presentadas en el informe. Pueden surgir preguntas, aclaraciones o solicitudes de información adicional. Una vez que el informe ha sido revisado y aprobado, se procede a la implementación de las acciones correctivas.

7. **Elaboración de un Plan de Acción:** En base a las recomendaciones del informe, se desarrolla un plan de acción detallado que describe cómo se implementarán las acciones correctivas, quiénes serán los responsables y cuáles serán los plazos para su ejecución.

8. **Seguimiento y Cierre:** Una vez que se ha presentado el

informe y se ha obtenido la aprobación de la alta dirección, se inicia la fase de seguimiento y cierre de la auditoría. Se verifica la implementación de las acciones correctivas y se asegura que se estén abordando adecuadamente los hallazgos identificados.

9. **Comunicación de Resultados:** Además de presentar el informe a la alta dirección, también es importante comunicar los resultados y las acciones correctivas a otras partes interesadas que puedan verse afectadas por las conclusiones de la auditoría.

Estas actividades clave aseguran que el informe final de la auditoría informática sea exhaustivo, bien fundamentado y proporciona una visión clara de la situación de seguridad y eficiencia de los sistemas de información de la organización. También permite que la alta dirección y otros responsables tomen decisiones informadas para mejorar y fortalecer la gestión de la seguridad informática.

Figura 4.25 Actividades Principales

## 4.9.4 Roles que participan

En la fase de informe final en una auditoría informática, participan varios roles o puestos dentro de la organización y del equipo de auditoría. Algunos de los roles más comunes que participan en esta fase son los siguientes:

1. **Auditor Líder o Jefe de Proyecto:** El auditor líder o jefe de proyecto es el responsable principal de la auditoría informática. Supervisa y coordina todas las actividades

relacionadas con la auditoría, incluyendo la elaboración del informe final. Se asegura de que se cumplan los objetivos de la auditoría y de que el informe refleje de manera precisa los hallazgos y conclusiones.

2. **Equipo de Auditoría:** El equipo de auditoría está compuesto por varios auditores que han participado en la realización de la auditoría. Cada miembro del equipo contribuye con sus conocimientos y habilidades en la recopilación de datos, análisis de información y redacción del informe final.

3. **Responsable de TI o CIO (Chief Information Officer):** El responsable de TI tiene un papel importante en la fase de informe final, ya que es el encargado de la gestión de los sistemas de información y de tomar decisiones relacionadas con la seguridad informática. Debe revisar el informe final y tomar acciones en base a las recomendaciones presentadas.

4. **Equipo de Seguridad Informática:** El equipo de seguridad informática es clave en esta fase, ya que tiene un papel fundamental en la interpretación y análisis de los hallazgos de seguridad. También es responsable de revisar las recomendaciones y diseñar acciones correctivas para

mejorar la seguridad de los sistemas.

5. **Equipo de Gestión de Proyectos:** El equipo de gestión de proyectos puede estar involucrado en la fase de informe final para asegurar que la elaboración del informe se realice de manera ordenada y dentro de los plazos establecidos.

6. **Equipo de Desarrollo o Mantenimiento de Sistemas:** El equipo de desarrollo o mantenimiento de sistemas puede ser consultado en la fase de informe final para obtener información técnica y validar los hallazgos relacionados con la infraestructura y aplicaciones.

7. **Alta Dirección:** La alta dirección, incluyendo CEO, directores y gerentes, es uno de los principales públicos para los resultados del informe final. Deben revisar y aprobar el informe, así como tomar decisiones y asignar recursos para la implementación de las acciones correctivas.

8. **Equipo Legal y Compliance:** En casos donde la auditoría identifica incumplimientos legales o de normativas, el equipo legal y de cumplimiento puede ser consultado para determinar las implicaciones y recomendaciones adecuadas.

9. **Equipo de Comunicaciones o Relaciones Públicas:** Este equipo puede ayudar en la preparación y presentación del informe final, asegurando que la comunicación sea clara y efectiva para todos los públicos involucrados.

La participación activa y colaborativa de estos roles es esencial para asegurar que el informe final sea completo, bien fundamentado y que los resultados de la auditoría sean comunicados de manera efectiva a los responsables y partes interesadas. Cada uno de estos roles aporta su experiencia y conocimiento para lograr una auditoría exitosa y mejorar la seguridad y eficiencia de los sistemas de información.

## 4.9.5 Matriz RACI

A continuación, te presento una matriz RACI que muestra los roles y las actividades principales en esta fase.

| | | | MATRIZ RACI Fase 9: Informe Final | | | | | |
|---|---|---|---|---|---|---|---|---|
| # | Actividades Clave | Auditor Líder | Equipo de Auditoría | Responsable de TI | Equipo de Seguridad | Equipo de Proyectos | Equipo de Desarrollo |
| 1 | Recopilación de Hallazgos | R | R | C | C | C | C |
| 2 | Análisis y Clasificación de Hallazgos | R | R | C | C | C | C |
| 3 | Elaboración del Informe | R | R | C | C | C | C |
| 4 | Inclusión de Acciones Correctivas | R | C | C | R | R | R |
| 5 | Presentación a la Alta Dirección | R | C | C | C | C | C |
| 6 | Discusión y Aprobación | R | C | C | C | C | C |
| 7 | Elaboración de un Plan de Acción | C | R | C | R | C | C |
| 8 | Seguimiento y Cierre | C | R | C | C | C | C |
| 9 | Comunicación de Resultados | R | C | C | C | C | C |

Figura 4.26 Matriz RACI

Es importante tener en cuenta que el nivel de participación de cada rol puede variar según el contexto específico de la auditoría y la estructura de la organización. Esta matriz RACI debe ser revisada y validada por los participantes involucrados para asegurar que las responsabilidades estén claramente definidas y acordadas por todos los actores.

## 4.9.6 Resultados y Entregables

Los entregables y resultados de la fase de informe final en una auditoría informática son fundamentales para cerrar el proceso de auditoría y brindar una visión completa de los hallazgos y recomendaciones identificados durante el proceso. Algunos de los principales entregables y resultados son:

1. **Informe Final de Auditoría:** El principal entregable de esta fase es el informe final de auditoría. Este documento contiene un resumen detallado de los hallazgos, conclusiones y recomendaciones de la auditoría informática. Debe ser claro, objetivo y estar respaldado por evidencias sólidas.

2. **Hallazgos y Conclusiones:** El informe final presenta todos los hallazgos de la auditoría, clasificados según su importancia y riesgo. Además, se incluyen las conclusiones derivadas del análisis de los hallazgos, proporcionando una evaluación global del estado de seguridad y eficiencia de los sistemas de información.

3. **Recomendaciones y Acciones Correctivas:** El informe final contiene recomendaciones específicas para abordar los hallazgos identificados. Estas recomendaciones se presentan como acciones correctivas que deben implementarse para mitigar riesgos y mejorar la seguridad y eficiencia de los sistemas.

4. **Plan de Acción:** En algunos casos, el informe final puede incluir un plan de acción detallado que describe cómo se

implementarán las acciones correctivas, los responsables asignados y los plazos para su ejecución.

5. **Evaluación de la Eficacia:** En el informe final se puede incluir una evaluación de la eficacia de las acciones correctivas implementadas en auditorías anteriores, en caso de que se haya realizado un seguimiento y cierre previo.

6. **Informe de Cumplimiento:** Si la auditoría se llevó a cabo para evaluar el cumplimiento de normativas o regulaciones específicas, el informe final también puede incluir un informe de cumplimiento que detalle el grado de cumplimiento alcanzado.

7. **Comunicación a la Alta Dirección:** El informe final se presenta a la alta dirección y otros responsables de la organización para informarles sobre los resultados de la auditoría y las acciones necesarias para mejorar la seguridad informática.

8. **Evidencia Documentada:** Los documentos utilizados para sustentar los hallazgos y conclusiones, así como los registros de la auditoría, también forman parte de los entregables de la fase de informe final.

Los resultados obtenidos en esta fase son esenciales para guiar a la organización hacia la mejora continua de su seguridad informática y para cumplir con los objetivos establecidos al inicio de la auditoría.

El informe final es un recurso valioso para la alta dirección y otros responsables, ya que les permite tomar decisiones informadas para fortalecer la seguridad y eficiencia de los sistemas de información de la organización.

## 4.9.7 Herramientas y Técnicas

En la fase de informe final de una auditoría informática, se utilizan diversas técnicas y herramientas para recopilar, analizar y presentar los resultados de la auditoría de manera clara y efectiva. Algunas de las técnicas y herramientas comunes utilizadas en esta fase son las siguientes:

1. **Herramientas de Procesamiento de Texto y Presentación:** Se utilizan herramientas de procesamiento de texto, como Microsoft Word o Google Docs, para redactar el informe final de auditoría. Estas herramientas permiten crear documentos estructurados, agregar tablas, gráficos y otros elementos visuales para presentar la información de manera clara y organizada.

2. **Herramientas de Análisis de Datos:** Para analizar y sintetizar los datos recopilados durante la auditoría, se pueden utilizar herramientas de análisis de datos, como Microsoft Excel o herramientas específicas de análisis estadístico. Estas herramientas ayudan a identificar patrones, tendencias y relaciones entre los datos.

3. **Herramientas de Visualización de Datos:** Se pueden utilizar herramientas de visualización de datos, como Tableau o Power BI, para crear gráficos y tableros interactivos que permitan una presentación más efectiva de los resultados de la auditoría. Estas visualizaciones ayudan a comunicar información compleja de manera más accesible.

4. **Plantillas de Informe y Checklists:** El uso de plantillas de informe y checklists ayuda a estandarizar el formato y contenido del informe final, asegurando que se incluyan todos los elementos esenciales. También facilitan la revisión y validación del informe por parte del equipo de auditoría.

5. **Herramientas de Gestión de Proyectos:** Para garantizar que la elaboración del informe final se realice dentro de los plazos establecidos, se pueden utilizar herramientas de gestión de proyectos, como Microsoft Project o Trello. Estas

herramientas ayudan a planificar y dar seguimiento a las tareas asociadas con la redacción del informe.

6. **Software de Seguridad Informática:** Dependiendo de la naturaleza de la auditoría, se pueden utilizar herramientas de seguridad informática, como escáneres de vulnerabilidades, herramientas de análisis de logs, entre otros, para recopilar información adicional y validar los hallazgos identificados.

7. **Herramientas de Revisión y Colaboración:** Para facilitar la revisión y aprobación del informe final por parte del equipo de auditoría y otros responsables, se pueden utilizar herramientas de revisión y colaboración en línea, como Google Docs o Microsoft SharePoint.

8. **Software de Gestión de Documentos:** Utilizar software de gestión de documentos permite mantener un registro organizado y seguro de toda la información relevante para la auditoría, incluyendo documentos de referencia, registros de pruebas y evidencias documentadas.

Cada auditoría puede requerir el uso de diferentes herramientas y técnicas, y la selección adecuada dependerá del alcance, objetivos y características específicas de la auditoría informática. El objetivo es asegurar que el informe final sea completo, bien fundamentado y comunicado de manera efectiva a la alta dirección y otros responsables de la organización.

# 4.10 Fase de Seguimiento post-auditoría

La fase de seguimiento postauditoría en una auditoría informática es esencial para garantizar que las acciones correctivas se implementen adecuadamente y que los problemas identificados durante la auditoría se aborden de manera efectiva. Esta fase también implica monitorear continuamente la mejora de la seguridad y el cumplimiento normativo en la organización a lo largo del tiempo.

## 4.10.1 Descripción

La fase de seguimiento postauditoría en una auditoría informática es una etapa crítica que ocurre después de que se ha completado la auditoría y se ha presentado el informe final. Esta fase tiene como objetivo principal verificar la implementación de las acciones correctivas recomendadas en el informe final y evaluar la efectividad de estas acciones para abordar los hallazgos identificados durante la auditoría. Consiste en realizar un seguimiento y supervisión de las acciones correctivas para asegurarse de que se han llevado a cabo de manera adecuada y que están generando los resultados esperados.

Durante la fase de seguimiento postauditoría, se pueden llevar a cabo las siguientes actividades:

1. **Revisión de Plan de Acción:** Se revisa el plan de acción propuesto en el informe final para abordar los hallazgos y se

verifica que todas las acciones correctivas estén claramente definidas, asignadas a responsables y tengan plazos establecidos.

2. **Implementación de Acciones Correctivas:** Se verifica si las acciones correctivas recomendadas en el informe final han sido implementadas en la práctica. Se asegura que las medidas correctivas se hayan llevado a cabo de acuerdo con lo planeado y dentro de los plazos establecidos.

3. **Verificación de Efectividad:** Se evalúa la efectividad de las acciones correctivas implementadas para determinar si han abordado de manera adecuada los hallazgos y han logrado los resultados esperados.

4. **Evaluación de Cumplimiento:** Si la auditoría se llevó a cabo para evaluar el cumplimiento de normativas o regulaciones específicas, se verifica si la organización ha alcanzado el grado de cumplimiento deseado.

5. **Reporte de Seguimiento:** Se prepara un informe de seguimiento que documenta los resultados de la implementación de acciones correctivas y la efectividad de las medidas tomadas. Este informe puede incluir nuevas

recomendaciones si se identifican áreas de mejora adicionales.

6. **Comunicación a la Alta Dirección:** Se comunica a la alta dirección y otros responsables de la organización los resultados del seguimiento postauditoría. Se les informa sobre el progreso de la implementación de acciones correctivas y se les presenta cualquier acción adicional que sea necesaria.

7. **Cierre de la Auditoría:** Una vez que se ha verificado la implementación de las acciones correctivas y se ha evaluado su efectividad, la auditoría informática se da por cerrada oficialmente.

El seguimiento postauditoría es una parte esencial del proceso de auditoría informática, ya que garantiza que los problemas identificados durante la auditoría se hayan abordado adecuadamente y que la organización esté en camino hacia la mejora continua en materia de seguridad y eficiencia de los sistemas de información. También ayuda a demostrar el compromiso de la organización con la gestión de riesgos y la mejora de sus prácticas de seguridad informática.

## 4.10.2 Objetivo Clave

El objetivo del seguimiento postauditoría de las acciones correctivas en una auditoría informática es asegurar que las medidas recomendadas y adoptadas para abordar los hallazgos identificados durante la auditoría sean implementadas de manera efectiva y logren el resultado esperado.

Esta fase de seguimiento es fundamental para verificar que las acciones correctivas hayan resuelto los problemas y vulnerabilidades identificados, mejorando así la seguridad y eficiencia de los sistemas de TI de la organización.

Los principales objetivos del seguimiento postauditoría de las acciones correctivas pretende lograr los siguientes puntos:

1. **Efectividad de las Acciones Correctivas:** Verificar si las acciones correctivas implementadas han tenido el impacto deseado en la mitigación de los riesgos y vulnerabilidades identificados. Es importante asegurarse de que las medidas tomadas sean efectivas para abordar las deficiencias y problemas detectados.

2. **Cumplimiento de Recomendaciones:** Asegurarse de que todas las recomendaciones realizadas durante la auditoría se

hayan adoptado y aplicado adecuadamente. El seguimiento postauditoría garantiza que las medidas recomendadas se hayan implementado según lo previsto.

3. **Mejora Continua:** Fomentar la mejora continua de los sistemas de TI y la seguridad informática de la organización. El seguimiento permite evaluar el progreso en la solución de problemas y la implementación de buenas prácticas de seguridad.

4. **Garantía de Conformidad:** Verificar que la organización esté cumpliendo con las normativas y estándares relevantes después de haber implementado las acciones correctivas necesarias.

5. **Mantenimiento de la Seguridad:** Asegurar que las medidas de seguridad adoptadas durante la auditoría se mantengan a lo largo del tiempo y que se realicen ajustes según sea necesario.

6. **Comunicación a la Alta Dirección:** Informar a la alta dirección sobre el progreso y los resultados del seguimiento postauditoría. Esto permite a la dirección tomar decisiones informadas y mantenerse al tanto de la situación de

seguridad de la organización.

7. **Identificación de Nuevas Vulnerabilidades:** Durante el seguimiento, pueden surgir nuevas vulnerabilidades o desafíos. La identificación temprana de estas cuestiones permite tomar medidas correctivas adicionales si es necesario.

8. **Garantía de que las Mejoras Sean Sostenibles:** Verificar que las mejoras implementadas sean sostenibles a largo plazo y que la organización continúe trabajando en la mejora de su postura de seguridad.

En resumen, el seguimiento postauditoría de las acciones correctivas es esencial para asegurar que las recomendaciones se implementen con éxito y que la organización mejore continuamente su seguridad informática. Al mantener un enfoque proactivo en la gestión de riesgos y la seguridad, la empresa puede reducir la probabilidad de incidentes de seguridad y proteger sus activos y datos de manera más efectiva.

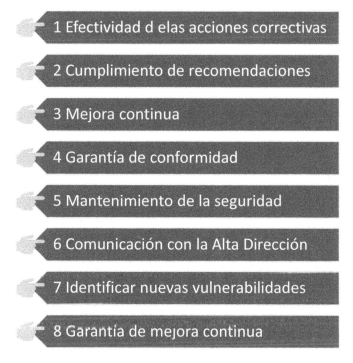

1 Efectividad d elas acciones correctivas

2 Cumplimiento de recomendaciones

3 Mejora continua

4 Garantía de conformidad

5 Mantenimiento de la seguridad

6 Comunicación con la Alta Dirección

7 Identificar nuevas vulnerabilidades

8 Garantía de mejora continua

Figura 4.26 Objetivos Clave

## 4.10.3 Actividades Principales

Las actividades clave en la fase de seguimiento postauditoría de una auditoría informática se centran en verificar la implementación de las acciones correctivas recomendadas en el informe final y evaluar su efectividad para abordar los hallazgos identificados durante la auditoría. Algunas de las actividades clave en esta fase son las siguientes:

1. **Revisión del Informe Final:** El primer paso es revisar nuevamente el informe final de la auditoría informática para recordar los hallazgos identificados y las recomendaciones

de acciones correctivas propuestas.

2. **Revisión del Plan de Acción:** Se verifica que el plan de acción propuesto en el informe final esté completo y bien definido. Se asegura de que todas las acciones correctivas estén asignadas a responsables específicos y que se haya establecido un cronograma para su implementación.

3. **Contacto con Responsables:** Se establece contacto con los responsables asignados para llevar a cabo las acciones correctivas. Esto puede incluir reuniones con los equipos involucrados y la asignación de recursos adecuados para la implementación.

4. **Verificación de Implementación:** Se verifica que las acciones correctivas se hayan implementado de acuerdo con lo planificado en el informe final. Esto puede incluir la revisión de registros, documentación y evidencias de la implementación.

5. **Evaluación de Efectividad:** Se evalúa la efectividad de las acciones correctivas implementadas para abordar los hallazgos identificados. Se verifica si las acciones han logrado el resultado deseado y han mitigado los riesgos

identificados.

6. **Recolección de Evidencia:** Se recopilan pruebas y evidencias que demuestren que las acciones correctivas han sido llevadas a cabo y han tenido el efecto esperado.

7. **Seguimiento de Plazos:** Se verifica que las acciones correctivas se hayan implementado dentro de los plazos establecidos en el plan de acción.

8. **Reporte de Seguimiento:** Se prepara un informe de seguimiento que documente los resultados de la implementación de acciones correctivas y la efectividad de las medidas tomadas. Este informe puede incluir nuevas recomendaciones si se identifican áreas de mejora adicionales.

9. **Comunicación a la Alta Dirección:** Se comunica a la alta dirección y otros responsables de la organización los resultados del seguimiento postauditoría. Se les informa sobre el progreso de la implementación de acciones correctivas y se les presenta cualquier acción adicional que sea necesaria.

10. **Cierre de la Auditoría:** Una vez que se ha verificado la implementación de las acciones correctivas y se ha evaluado su efectividad, la auditoría informática se da por cerrada oficialmente.

Estas actividades clave aseguran que las acciones correctivas recomendadas se hayan implementado de manera adecuada y que los hallazgos identificados durante la auditoría se hayan abordado satisfactoriamente. También permite a la organización mejorar continuamente sus prácticas de seguridad y eficiencia de los sistemas de información.

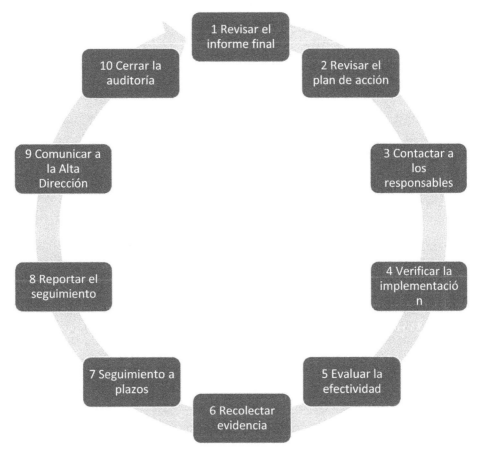

Figura 4.27 Acciones Principales

## 4.10.4 Roles que participan

En la fase de seguimiento postauditoría en una auditoría informática, participan diversos roles que tienen responsabilidades específicas para verificar la implementación de las acciones correctivas y evaluar su efectividad. Algunos de los roles que participan en esta fase son los siguientes:

1. **Auditor Líder o Jefe de Proyecto:** El auditor líder o jefe

de proyecto es responsable de coordinar la fase de seguimiento postauditoría. Supervisa y dirige las actividades del equipo de auditoría en esta etapa, asegurándose de que se cumplan los objetivos de seguimiento y se alcancen los resultados esperados.

2. **Equipo de Auditoría:** El equipo de auditoría, que incluye a los auditores que participaron en la realización de la auditoría informática, tiene un papel activo en la fase de seguimiento postauditoría. Cada miembro del equipo puede estar asignado a verificar la implementación de acciones correctivas en áreas específicas de la auditoría.

3. **Responsable de TI o CIO (Chief Information Officer):** El responsable de TI es una figura clave en esta fase, ya que es el encargado de la gestión de los sistemas de información y de tomar decisiones relacionadas con la implementación de las acciones correctivas. Debe colaborar con el equipo de auditoría para asegurarse de que las medidas se estén llevando a cabo adecuadamente.

4. **Equipo de Seguridad Informática:** El equipo de seguridad informática tiene un papel relevante en el seguimiento postauditoría, ya que está involucrado en la

evaluación de la efectividad de las acciones correctivas en cuanto a la seguridad de los sistemas y la mitigación de riesgos.

5. **Equipo de Gestión de Proyectos:** Si se ha establecido un plan de acción detallado, el equipo de gestión de proyectos puede estar involucrado en el seguimiento de los plazos y avances en la implementación de acciones correctivas.

6. **Equipo de Desarrollo o Mantenimiento de Sistemas:** Si las acciones correctivas involucran cambios o mejoras en sistemas y aplicaciones, el equipo de desarrollo o mantenimiento de sistemas puede ser responsable de su implementación.

7. **Alta Dirección:** La alta dirección, incluyendo CEO, directores y gerentes, tiene un rol importante en esta fase, ya que debe apoyar y dar seguimiento al progreso de la implementación de acciones correctivas y asegurar que se asignen los recursos necesarios.

8. **Equipo Legal y Compliance:** Si se identificaron incumplimientos legales o de normativas durante la auditoría, el equipo legal y de cumplimiento debe asegurarse

de que las acciones correctivas sean adecuadas para corregir estos aspectos.

9. **Equipo de Comunicaciones o Relaciones Públicas:** El equipo de comunicaciones puede ser responsable de mantener informados a los diferentes públicos internos y externos sobre los avances y resultados del seguimiento postauditoría.

La participación y colaboración de estos roles es fundamental para el éxito de la fase de seguimiento postauditoría, ya que cada uno aporta su conocimiento y experiencia para asegurar que las acciones correctivas se implementen de manera efectiva y que los hallazgos de la auditoría sean abordados adecuadamente.

## 4.10.5 Matriz RACI

A continuación, te presento una matriz RACI que muestra los roles y las actividades clave en la fase de seguimiento postauditoría de una auditoría informática:

**MATRIZ RACI**
Fase 10: Seguimiento postauditoría

| # | Actividades Clave | Auditor Líder | Equipo de Auditoría | Responsable de TI | Equipo de Seguridad | Equipo de Proyectos | Equipo de Desarrollo | Alta Dirección | Equipo Legal y Cumplimiento | Equipo de Comunicaciones |
|---|---|---|---|---|---|---|---|---|---|---|
| 1 | Revisión del Informe Final | A | C | C | C | C | C | I | I | I |
| 2 | Revisión del Plan de Acción | A | C | C | C | C | C | I | I | I |
| 3 | Contacto con Responsables | A | C | R | C | C | C | I | I | I |
| 4 | Verificación de Implementación | A | C | R | R | C | C | I | I | I |
| 5 | Evaluación de Efectividad | A | C | C | R | C | C | I | I | I |
| 6 | Recolección de Evidencia | A | C | C | R | C | C | I | I | I |
| 7 | Seguimiento de Plazos | A | C | C | C | R | C | I | I | I |
| 8 | Reporte de Seguimiento | A | C | C | C | C | C | I | I | R |
| 9 | Comunicación a la Alta Dirección | A | C | C | C | C | C | R | I | I |
| 10 | Cierre de la Auditoría | A | C | C | C | C | C | R | I | I |

Figura 4.28 Matriz RACI

Es importante tener en cuenta que el nivel de participación de cada rol puede variar según el contexto específico de la auditoría y la estructura de la organización. Esta matriz RACI debe ser revisada y validada por los participantes involucrados para asegurar que las responsabilidades estén claramente definidas y acordadas por todos los actores.

## 4.10.6 Resultados y entregables

Al finalizar la fase de seguimiento postauditoría en una auditoría informática, se obtienen diversos entregables y resultados que son fundamentales para cerrar el proceso de auditoría y garantizar que los hallazgos identificados hayan sido abordados adecuadamente. Algunos de los principales entregables y resultados son los siguientes:

1. **Informe de Seguimiento Postauditoría:** El principal entregable de esta fase es el informe de seguimiento postauditoría. Este documento presenta los resultados de la implementación de acciones correctivas, la evaluación de su efectividad y cualquier acción adicional que se haya tomado para abordar los hallazgos de la auditoría. El informe de seguimiento incluye un resumen detallado de las actividades realizadas y los resultados obtenidos.

2. **Verificación de Implementación de Acciones Correctivas:** Se proporciona evidencia documentada que verifica que las acciones correctivas recomendadas en el informe final se han implementado de manera adecuada y dentro de los plazos establecidos.

3. **Evaluación de Efectividad de Acciones Correctivas:** Se presenta una evaluación de la efectividad de las acciones correctivas implementadas para abordar los hallazgos identificados. Se verifica si las acciones han logrado el resultado esperado y han mitigado los riesgos identificados.

4. **Reporte de Cumplimiento:** Si la auditoría se llevó a cabo para evaluar el cumplimiento de normativas o regulaciones específicas, se presenta un reporte de cumplimiento que detalla

el grado de cumplimiento alcanzado luego de la implementación de las acciones correctivas.

5. **Registro de Evidencias:** Se proporciona un registro organizado de todas las pruebas y evidencias recopiladas durante el seguimiento postauditoría, lo que respalda la veracidad de los resultados obtenidos.

6. **Identificación de Mejoras Adicionales:** Si durante el seguimiento postauditoría se identifican nuevas áreas de mejora, se presentan recomendaciones adicionales para abordar estos aspectos.

7. **Comunicación a la Alta Dirección:** Se comunica a la alta dirección y otros responsables de la organización los resultados del seguimiento postauditoría, destacando los logros obtenidos y las áreas de atención.

8. **Cierre de la Auditoría:** Una vez que se ha verificado la implementación de las acciones correctivas y se ha evaluado su efectividad, se cierra oficialmente la auditoría informática.

Los entregables y resultados obtenidos en esta fase son esenciales para garantizar que los problemas identificados durante la auditoría hayan sido abordados de manera efectiva y que la organización esté en camino hacia la mejora continua en materia de seguridad y eficiencia de los sistemas de información. El informe de seguimiento postauditoría y sus resultados sirven como un valioso recurso para la alta dirección y otros responsables, ya que les permite tomar decisiones informadas para fortalecer la seguridad y eficiencia de los sistemas de información de la organización.

## 4.10.7 Herramientas y Técnicas Usadas

En la fase de seguimiento postauditoría en una auditoría informática, se utilizan diversas técnicas y herramientas para verificar la implementación de las acciones correctivas y evaluar su efectividad en la resolución de los hallazgos identificados durante la auditoría. Algunas de las técnicas y herramientas comunes utilizadas en esta fase son las siguientes:

1. **Entrevistas y Reuniones:** Las entrevistas con los responsables de la implementación de acciones correctivas y las reuniones con los equipos involucrados son una técnica clave para obtener información detallada sobre el progreso de las acciones y resolver cualquier inquietud o desafío.

2. **Revisión Documental:** Se realiza una revisión exhaustiva de la documentación relacionada con la implementación de

acciones correctivas, como informes de avance, registros, procedimientos y políticas actualizadas.

3. **Seguimiento de Plazos:** Se pueden utilizar herramientas de gestión de proyectos para realizar un seguimiento de los plazos y asegurarse de que las acciones correctivas se completen dentro de los plazos establecidos.

4. **Métricas y KPIs:** El uso de métricas y Key Performance Indicators (KPIs) permite medir el progreso y el impacto de las acciones correctivas en la seguridad y eficiencia de los sistemas de información.

5. **Revisión de Cambios en Sistemas:** Si las acciones correctivas implican cambios en sistemas o aplicaciones, se pueden utilizar herramientas de revisión de código y sistemas para evaluar la implementación adecuada de estos cambios.

6. **Encuestas y Cuestionarios:** Las encuestas y cuestionarios pueden utilizarse para recopilar retroalimentación de los empleados y usuarios sobre la efectividad de las acciones correctivas y la percepción general de la seguridad de la información.

7. **Herramientas de Análisis de Datos:** Si es relevante, se pueden utilizar herramientas de análisis de datos para evaluar la efectividad de las acciones correctivas mediante la revisión de registros y datos de seguridad.

8. **Herramientas de Monitoreo y Auditoría Continua:** El uso de herramientas de monitoreo y auditoría continua permite evaluar el cumplimiento continuo de las políticas de seguridad y detectar posibles desviaciones.

9. **Entrevistas de Salida:** Al finalizar el proceso de seguimiento postauditoría, se pueden realizar entrevistas de salida con los responsables y otros actores clave para obtener retroalimentación sobre el proceso y mejorar futuras auditorías.

10. **Herramientas de Comunicación:** Se pueden utilizar herramientas de comunicación, como correo electrónico o sistemas de gestión de tickets, para mantener una comunicación efectiva con los responsables y el equipo de auditoría.

La selección de las técnicas y herramientas específicas dependerá del alcance, objetivos y características de la auditoría informática, así como de los recursos y la tecnología disponibles. El objetivo es asegurar que la fase de seguimiento postauditoría se realice de manera eficiente y efectiva, y que se obtengan resultados confiables y accionables para mejorar la seguridad y eficiencia de los sistemas de información de la organización.

# 5 Tipos de auditoria informática

La auditoría informática puede dividir en varios subtipos dependiendo del sujeto de la auditoria.

# 5.1 Auditoria de sistemas

Uno de los tipos de auditorías es el de los sistemas informáticos o aplicaciones.

## 5.1.1 Objetivo de la auditoría de sistemas

El objetivo de una auditoría de sistemas es evaluar la eficiencia, seguridad, integridad y confiabilidad de los sistemas de información y tecnologías utilizados en una organización. Esta auditoría se realiza para proporcionar una evaluación independiente y objetiva de la infraestructura informática y los procesos relacionados, con el fin de garantizar que se cumplan los objetivos organizacionales y se minimicen los riesgos asociados con el uso de la tecnología de la información.

Los principales objetivos de una auditoría de sistemas son:

1. **Evaluación de controles y seguridad:** Verificar la efectividad de los controles de seguridad implementados para proteger la confidencialidad, integridad y disponibilidad de la información y los recursos del sistema.

2. **Identificación de vulnerabilidades y riesgos:** Detectar y evaluar posibles vulnerabilidades en los sistemas de información que puedan ser explotadas por amenazas internas o externas.

3. **Cumplimiento normativo:** Asegurarse de que la organización cumpla con las leyes, regulaciones y normativas relevantes relacionadas con la seguridad de la información y la privacidad de los datos.

4. **Evaluación de la eficiencia y eficacia:** Evaluar la eficiencia y eficacia de los sistemas y procesos informáticos para garantizar que se estén utilizando de manera adecuada y que se estén logrando los objetivos establecidos.

5. **Evaluación de la continuidad del negocio:** Asegurar que se tengan planes y medidas adecuadas para mantener la continuidad del negocio ante posibles incidentes o desastres informáticos.

6. **Verificación de la integridad de los datos:** Asegurar que los datos almacenados y procesados por los sistemas informáticos sean precisos, confiables y estén libres de manipulación no autorizada.

7. **Mejora de la gestión y toma de decisiones:** Proporcionar información valiosa para mejorar la gestión de TI y la toma de decisiones estratégicas dentro de la organización.

**Nota:** Dependiendo del interés y el tiempo disponible para realizar este tipo de auditoría es posible que se consideren los 7 puntos anteriores o sólo algunos de ellos.

En resumen, el objetivo de una auditoría de sistemas es evaluar y mejorar la gestión de la tecnología de la información en la organización, identificando áreas de mejora, garantizando la seguridad de la información y asegurando el cumplimiento normativo para lograr un uso eficiente y efectivo de los recursos tecnológicos.

# 5.1.2 Ejemplo de informe de auditoria de sistemas de información

A continuación, te presento un ejemplo simplificado de un informe de auditoría de sistemas de información. Ten en cuenta que los detalles específicos pueden variar según la organización auditada y el alcance de la auditoría. Las líneas en negritas representan las secciones del documento o puntos importantes dentro de una sección.

## INFORME DE AUDITORÍA DE SISTEMAS DE INFORMACIÓN

Fecha: [Fecha de finalización de la auditoría]

Auditor: [Nombre del auditor]

Organización Auditada: [Nombre de la organización auditada]

**Resumen Ejecutivo:**

La auditoría se llevó a cabo para evaluar la efectividad y eficiencia de los sistemas de información en [nombre de la organización auditada]. Se revisaron los controles, la infraestructura, los procesos y las políticas relacionadas con la gestión de sistemas de información para asegurar su adecuado funcionamiento y seguridad.

**Hallazgos Clave:**

1. **Seguridad de la Información:**

- Se identificaron vulnerabilidades en la infraestructura de TI, incluyendo servidores y dispositivos de red, que podrían ser explotadas por atacantes externos o internos.

- Algunos sistemas y aplicaciones carecen de controles adecuados para proteger la información sensible y confidencial.

2. **Gestión de Acceso:**

- Se encontraron cuentas de usuario inactivas o deshabilitadas que no se desactivan de manera oportuna, lo que representa un riesgo de seguridad.

- Los registros de auditoría de accesos no se revisan regularmente para detectar actividades sospechosas.

3. **Continuidad del Negocio:**

- La organización carece de un plan de continuidad del negocio documentado y probado para hacer frente a interrupciones graves del sistema.

4. **Gestión de Cambios:**

- No se implementa una revisión formal de cambios para evaluar los riesgos asociados con las actualizaciones de sistemas y aplicaciones.

- La documentación de cambios no está completa y no incluye detalles suficientes sobre el alcance y las pruebas realizadas.

## Conclusiones:

La gestión de sistemas de información en [nombre de la organización auditada] presenta áreas de mejora significativas. Las vulnerabilidades de seguridad, la gestión inadecuada de acceso y la falta de un plan de continuidad del negocio representan riesgos para la confidencialidad, integridad y disponibilidad de la información.

## Recomendaciones:

1. Realizar una evaluación de vulnerabilidades de TI y corregir las deficiencias identificadas en la infraestructura.

2. Implementar controles adecuados para proteger la información sensible y confidencial en sistemas y aplicaciones.

3. Establecer un proceso para desactivar de manera oportuna las cuentas de usuario inactivas o deshabilitadas.

4. Revisar regularmente los registros de auditoría de accesos para detectar actividades sospechosas.

5. Desarrollar un plan de continuidad del negocio documentado y probarlo periódicamente.

6. Implementar una revisión formal de cambios para evaluar los

riesgos asociados con las actualizaciones de sistemas y aplicaciones.

7. Mejorar la documentación de cambios para incluir detalles completos sobre el alcance y las pruebas realizadas.

## Revisión y Aprobación:

Este informe ha sido revisado y aprobado por el equipo de auditoría y se ha presentado a la alta dirección de [nombre de la organización auditada] para su revisión y consideración.

Firma del Auditor: _____

Fecha: _____

Firma del Responsable de Auditoría: _____

Fecha: _____

Es importante tener en cuenta que este es solo un ejemplo simplificado y que los informes de auditoría reales pueden ser más detallados y específicos según los hallazgos y resultados de la auditoría. Además, los nombres y detalles específicos se han reemplazado con marcadores de posición para mantener la confidencialidad de la organización auditada.

## 5.1.3 Marcos de trabajo para una auditoría de sistemas

Para elaborar una buena auditoría de sistemas, existen varios marcos de trabajo y guías que pueden servir de referencia y proporcionar pautas para llevar a cabo la auditoría de manera efectiva y estructurada. Algunos de los principales marcos y guías para la auditoría de sistemas incluyen:

1. **NIST SP 800-53:** Publicado por el Instituto Nacional de Estándares y Tecnología (NIST) de EE. UU., este marco proporciona un conjunto de controles y prácticas recomendadas para sistemas de información y organizaciones. Es ampliamente utilizado en la evaluación de la seguridad de sistemas informáticos.

2. **ISO/IEC 27001:** Esta norma internacional establece los requisitos para un sistema de gestión de seguridad de la información (SGSI). Aunque se centra principalmente en la seguridad de la información, puede utilizarse para evaluar aspectos más amplios de la seguridad de sistemas informáticos.

3. **ISO/IEC 27002:** Esta norma complementa a la ISO/IEC 27001 y ofrece un conjunto de controles y prácticas de seguridad de la información que pueden ser utilizados para

establecer medidas de seguridad en sistemas informáticos.

4. **COBIT (Control Objectives for Information and Related Technologies):** COBIT es un marco de gobierno y gestión de TI que puede utilizarse para evaluar la eficiencia y eficacia de los controles en sistemas informáticos.

5. **CIS Controls:** Las "Center for Internet Security (CIS) Controls" son un conjunto de medidas específicas de seguridad informática que se pueden implementar para mejorar la postura de seguridad de una organización.

6. **Frameworks y normativas específicas de la industria:** Dependiendo del sector de la organización (por ejemplo, banca, salud, gobierno, etc.), pueden existir marcos y normativas específicas de la industria que deben ser considerados durante la auditoría.

Es importante que los auditores de sistemas estén familiarizados con estos marcos y guías, así como con las mejores prácticas de seguridad informática y gestión de TI. Además, es fundamental asegurarse de que la auditoría sea independiente y objetiva para garantizar la integridad y precisión de los resultados. Al combinar estos marcos y guías con el conocimiento y experiencia de los profesionales encargados de la auditoría, se puede lograr una evaluación completa y significativa de la seguridad y eficacia de los sistemas informáticos en una organización.

# 5.2 Auditoria de seguridad informática

Otro tipo de auditoría es la de seguridad informática, la cual ha tenido una demanda creciente en los últimos años.

## 5.2.1 Objetivo de la auditoría de seguridad informática

El objetivo principal de una auditoría de seguridad informática es evaluar y verificar la efectividad de los controles de seguridad implementados en los sistemas informáticos de una organización. Esta auditoría se realiza para garantizar que los activos digitales, la información sensible y los recursos tecnológicos estén protegidos de manera adecuada contra amenazas internas y externas.

Los objetivos específicos de una auditoría de seguridad informática incluyen:

1. **Identificar vulnerabilidades:** Verificar si existen vulnerabilidades en la infraestructura informática que podrían ser explotadas por atacantes externos o internos.

2. **Evaluar la eficacia de los controles de seguridad:**

Analizar si los controles de seguridad implementados son efectivos para prevenir, detectar y responder a incidentes de seguridad.

3. **Verificar el cumplimiento normativo:** Asegurar que la organización cumpla con las leyes, regulaciones y estándares relacionados con la seguridad de la información y la privacidad de los datos.

4. **Evaluar el acceso y la autenticación:** Verificar que los usuarios tengan el acceso adecuado a los recursos y datos, y que se utilicen mecanismos de autenticación seguros.

5. **Revisar la gestión de contraseñas:** Evaluar las políticas y prácticas de gestión de contraseñas para garantizar la fortaleza y seguridad de las credenciales de acceso.

6. **Analizar la seguridad de la red:** Verificar que las redes estén protegidas adecuadamente y que se implementen medidas de seguridad para proteger la comunicación y los datos en tránsito.

7. **Revisar la gestión de registros y auditorías:** Evaluar la integridad y el uso adecuado de los registros de eventos y

auditorías para detectar actividades sospechosas.

8. **Evaluar la respuesta a incidentes:** Verificar que exista un plan de respuesta a incidentes y que el personal esté capacitado para manejar de manera efectiva cualquier incidente de seguridad que pueda ocurrir.

El resultado de una auditoría de seguridad informática es un informe que detalla los hallazgos, conclusiones y recomendaciones para mejorar la seguridad de los sistemas y datos. Esta información ayuda a la dirección y a los responsables de la toma de decisiones a implementar medidas correctivas y mejorar la postura de seguridad de la organización. En última instancia, el objetivo es fortalecer la seguridad de la información y proteger la organización contra posibles riesgos y amenazas cibernéticas.

## 5.2.2 Ejemplo de informe de auditoría de seguridad informática

A continuación, te presento un ejemplo simplificado de un informe de auditoría de seguridad informática. Ten en cuenta que los detalles específicos pueden variar según la organización auditada y el alcance de la auditoría. Las líneas en negritas representan las secciones del documento o los puntos más importantes de una sección.

---

# INFORME DE AUDITORÍA DE SEGURIDAD INFORMÁTICA

Fecha: [Fecha de finalización de la auditoría]

Auditor: [Nombre del auditor]

Organización Auditada: [Nombre de la organización auditada]

**Resumen Ejecutivo:**

La auditoría se llevó a cabo para evaluar el estado de la seguridad informática en [nombre de la organización auditada]. Se revisaron los controles y medidas implementados para proteger los activos de información, detectar y prevenir amenazas de seguridad, y asegurar la continuidad del negocio frente a incidentes de seguridad.

## Hallazgos Clave:

### 1. Políticas de Seguridad:

- La organización cuenta con políticas de seguridad informática documentadas; sin embargo, no se comunican efectivamente a todos los empleados y personal involucrado.

- Algunas políticas no se actualizan periódicamente para abordar las últimas amenazas de seguridad.

### 2. Gestión de Identidad y Acceso:

- Se identificaron cuentas de usuario inactivas o no utilizadas que no se desactivan de manera oportuna, lo que puede generar riesgos de seguridad.

- No se implementa la autenticación multifactor para ciertos sistemas y aplicaciones críticas.

### 3. Seguridad de la Red:

- La organización carece de una segmentación adecuada de la red, lo que puede permitir el movimiento lateral de los atacantes.

- Se encontraron vulnerabilidades en dispositivos de red y servidores debido a configuraciones inseguras.

### 4. Gestión de Incidentes:

- Los procedimientos de respuesta a incidentes no están claramente definidos, lo que puede llevar a una respuesta inadecuada ante ataques.

- No se realizan pruebas periódicas de respuesta a incidentes y simulacros de ciberataques.

## Conclusiones:

La seguridad informática en [nombre de la organización auditada] presenta áreas de mejora significativas. La falta de comunicación efectiva de las políticas, la gestión inadecuada de identidad y acceso, y las deficiencias en la seguridad de la red representan riesgos para la confidencialidad, integridad y disponibilidad de la información.

## Recomendaciones:

1. Comunicar y capacitar a todo el personal sobre las políticas de seguridad informática de manera regular.

2. Revisar y actualizar periódicamente las políticas de seguridad para abordar las últimas amenazas y desafíos.

3. Implementar un proceso para desactivar de manera oportuna las cuentas de usuario inactivas o no utilizadas.

4. Evaluar la posibilidad de implementar autenticación multifactor en sistemas y aplicaciones críticas.

5. Mejorar la segmentación de la red para limitar el movimiento lateral de atacantes.

6. Realizar evaluaciones de vulnerabilidades y corregir las configuraciones inseguras en dispositivos de red y servidores.

7. Establecer procedimientos formales de respuesta a incidentes y realizar pruebas periódicas de respuesta y simulacros de ciberataques.

## Revisión y Aprobación:

Este informe ha sido revisado y aprobado por el equipo de auditoría y se ha presentado a la alta dirección de [nombre de la organización auditada] para su revisión y consideración.

Firma del Auditor: _____

Fecha: _____

Firma del Responsable de Auditoría: _____

Fecha: _____

Es importante tener en cuenta que este es solo un ejemplo simplificado y que los informes de auditoría reales pueden ser más detallados y específicos según los hallazgos y resultados de la auditoría. Además, los nombres y detalles específicos se han reemplazado con marcadores de posición para mantener la confidencialidad de la organización auditada.

## 5.2.3 Marcos de trabajo para una auditoría de seguridad informática

Para elaborar una buena auditoría de seguridad informática, existen varios marcos de trabajo y guías que pueden servir de referencia y proporcionar pautas para llevar a cabo la auditoría de manera efectiva y estructurada.

Algunos de los principales marcos y guías para la auditoría de seguridad informática incluyen:

1. **ISO/IEC 27001:** Esta norma internacional establece los requisitos para un sistema de gestión de seguridad de la información (SGSI). Proporciona una estructura detallada para identificar, evaluar y gestionar los riesgos de seguridad de la información en una organización.

2. **ISO/IEC 27002:** Esta norma complementa a la ISO/IEC 27001 y ofrece un conjunto de controles y prácticas de seguridad de la información que pueden ser utilizados para establecer medidas de seguridad.

3. **NIST SP 800-53:** Publicado por el Instituto Nacional de Estándares y Tecnología (NIST) de EE. UU., este marco proporciona un conjunto de controles de seguridad y prácticas recomendadas para sistemas de información y

organizaciones.

4. **CIS Controls:** Las "Center for Internet Security (CIS) Controls" son un conjunto de medidas de seguridad de la información específicas que se pueden implementar para mejorar la postura de seguridad de una organización.

5. **PCI DSS (Payment Card Industry Data Security Standard):** Este estándar es aplicable a las organizaciones que procesan, almacenan o transmiten datos de tarjetas de pago. Proporciona requisitos específicos para proteger la información de las tarjetas de pago.

6. **COBIT (Control Objectives for Information and Related Technologies):** COBIT es un marco de gobierno y gestión de TI que puede utilizarse para evaluar y mejorar los controles de seguridad informática en una organización.

7. **Guías de entidades reguladoras y gubernamentales:** Dependiendo del país y la industria, pueden existir guías y regulaciones específicas emitidas por entidades reguladoras o gubernamentales que proporcionen pautas para la seguridad informática y la auditoría de seguridad.

Es importante que los auditores de seguridad informática estén familiarizados con estos marcos y guías, así como con las mejores prácticas de seguridad informática. Además, es fundamental asegurarse de que la auditoría sea independiente y objetiva para garantizar la integridad y precisión de los resultados. Al combinar estos marcos y guías con el conocimiento y experiencia de los profesionales encargados de la auditoría, se puede lograr una evaluación exhaustiva y valiosa de la seguridad informática de una organización.

## 5.3 Auditoria de cumplimiento normativo

Otro tipo de auditoria es la de cumplimiento normativo, la cual se enfoca en determinar el nivel de cumplimiento con las regulaciones existentes.

### 5.3.1 Objetivo de la auditoria de cumplimiento normativo

El objetivo principal de una auditoría de cumplimiento normativo, también conocida como auditoría de conformidad, es verificar y evaluar si una organización está cumpliendo con las leyes, regulaciones, estándares y políticas aplicables a su industria y actividades comerciales. Esta auditoría tiene como propósito asegurar que la organización esté operando de manera legal y ética, y que esté protegiendo los intereses de sus clientes, empleados, accionistas y otras partes interesadas.

Los objetivos específicos de una auditoría de cumplimiento normativo incluyen:

1. **Verificar el cumplimiento de leyes y regulaciones:** Evaluar si la organización cumple con las leyes y regulaciones locales, regionales, nacionales e internacionales que se aplican a su industria y actividades comerciales.

2. **Evaluación de políticas y procedimientos:** Revisar las políticas y procedimientos implementados por la organización para asegurarse de que estén en línea con los requisitos legales y normativos.

3. **Protección de la información y privacidad de los datos:** Asegurarse de que la organización esté protegiendo adecuadamente la información confidencial y los datos personales de sus clientes y empleados.

4. **Seguridad de la información y ciberseguridad:** Evaluar las medidas de seguridad implementadas para proteger los activos digitales y los sistemas de información de la organización contra amenazas cibernéticas.

5. **Evaluación de prácticas laborales:** Verificar el cumplimiento de las leyes laborales y las prácticas de recursos humanos en relación con los empleados de la organización.

6. **Cumplimiento de estándares de la industria:** Asegurarse de que la organización cumpla con los estándares de calidad, seguridad y otras normas relevantes de la industria.

7. **Evaluación de riesgos y controles internos:** Identificar riesgos potenciales y evaluar los controles internos implementados para mitigarlos.

8. **Protección de los intereses de los stakeholders:** Asegurar que la organización esté protegiendo los intereses de sus clientes, accionistas y otras partes interesadas a través del cumplimiento normativo.

El resultado de una auditoría de cumplimiento normativo es un informe detallado que incluye los hallazgos, las conclusiones y las recomendaciones para abordar cualquier incumplimiento identificado. Este informe es útil para la dirección y otros responsables de la toma de decisiones para tomar las medidas correctivas necesarias y garantizar el cumplimiento adecuado de las normativas y regulaciones aplicables.

## 5.3.2 Ejemplo de informe de auditoría para el cumplimiento normativo informático

A continuación, te presento un ejemplo simplificado de un informe de auditoría para el cumplimiento normativo informático. Ten en cuenta que los detalles específicos pueden variar según la organización auditada y el alcance de la auditoría. Las líneas en negritas representan las secciones del documento y los puntos importantes de cada sección.

--------------------------------------------------------------------------------

## INFORME DE AUDITORÍA DE CUMPLIMIENTO NORMATIVO INFORMÁTICO

Fecha: [Fecha de finalización de la auditoría]

Auditor: [Nombre del auditor]

Organización Auditada: [Nombre de la organización auditada]

**Resumen Ejecutivo:**

La auditoría se llevó a cabo para evaluar el cumplimiento normativo en materia de seguridad de la información y protección de datos en [nombre de la organización auditada]. Se revisaron los controles y procedimientos implementados para asegurar que la organización cumple con las leyes, regulaciones y políticas internas aplicables a la protección de la información y el tratamiento de datos.

**Hallazgos Clave:**

1. **Seguridad de la Información:**

- Se encontraron deficiencias en la gestión de contrascñas, incluyendo contraseñas débiles y la falta de políticas de cambio de contraseña periódico.

- Se identificaron sistemas y aplicaciones que no tenían las actualizaciones de seguridad más recientes instaladas, lo que podría representar vulnerabilidades para la organización.

- Se detectó la falta de controles adecuados para restringir el acceso a información confidencial y privilegiada.

2. **Protección de Datos Personales:**

- La organización no cuenta con un registro de actividades de tratamiento de datos personales conforme al Reglamento General de Protección de Datos (GDPR).

- No se proporcionó información suficiente a los titulares de datos sobre el tratamiento de sus datos personales, lo que incumple los principios de transparencia y consentimiento.

3. **Respaldo y Recuperación de Datos:**

- Se identificaron falencias en los procedimientos de respaldo de datos y en la realización de pruebas periódicas de recuperación de datos.

- Los registros de las pruebas de recuperación de datos no estaban adecuadamente documentados.

4. **Cumplimiento Normativo:**

- La organización carece de un programa formal de monitoreo y seguimiento del cumplimiento normativo en materia de seguridad de la información y protección de datos.

- No se realizó una evaluación periódica de riesgos relacionados con el tratamiento de datos y la seguridad de la información.

**Conclusiones:**

La organización presenta deficiencias significativas en el cumplimiento normativo en materia de seguridad de la información y protección de datos. La falta de controles adecuados y procedimientos formalizados puede exponer a la organización a riesgos de seguridad y posibles sanciones legales.

**Recomendaciones:**

1. Implementar una política de contraseñas robusta y asegurar que se realice el cambio periódico de contraseñas.

2. Establecer un proceso para mantener los sistemas y aplicaciones actualizados con las últimas actualizaciones de seguridad.

3. Implementar controles adecuados para restringir el acceso a información confidencial y privilegiada.

4. Crear un registro de actividades de tratamiento de datos personales conforme al GDPR y proporcionar información transparente a los titulares de datos.

5. Mejorar los procedimientos de respaldo y recuperación de datos, y documentar adecuadamente las pruebas de recuperación.

6. Establecer un programa formal de monitoreo y seguimiento del cumplimiento normativo en materia de seguridad de la información y protección de datos.

7. Realizar evaluaciones periódicas de riesgos relacionados con el tratamiento de datos y la seguridad de la información.

## Revisión y Aprobación:

Este informe ha sido revisado y aprobado por el equipo de auditoría y se ha presentado a la alta dirección de [nombre de la organización auditada] para su revisión y consideración.

Firma del Auditor: _____

Fecha: _____

Firma del Responsable de Auditoría: _____

Fecha: _____

Es importante tener en cuenta que este es solo un ejemplo simplificado y que los informes de auditoría reales pueden ser más detallados y específicos según los hallazgos y resultados de la auditoría. Además, los nombres y detalles específicos se han reemplazado con marcadores de posición para mantener la confidencialidad de la organización auditada.

### 5.3.3 Marcos de trabajo para una auditoria de cumplimiento normativo

Para elaborar una buena auditoría de cumplimiento normativo, existen varios marcos de trabajo y guías que pueden servir de referencia y proporcionar pautas para llevar a cabo la auditoría de manera efectiva y estructurada. Algunos de los principales marcos y guías para la auditoría de cumplimiento normativo incluyen:

1. **COSO (Committee of Sponsoring Organizations of the Treadway Commission):** COSO es un marco integral que proporciona una estructura para el diseño, implementación y evaluación de sistemas de control interno. Si bien su enfoque principal es el control interno, se puede utilizar para evaluar la eficacia de los controles relacionados con el cumplimiento normativo.

2. **ISO 19600:** Esta norma internacional proporciona directrices sobre el cumplimiento normativo y los sistemas de gestión de cumplimiento. Ofrece una estructura para establecer, implementar, mantener, revisar y mejorar continuamente un sistema de gestión de cumplimiento normativo.

3. **ISO 37001:** Específica para el cumplimiento anti-soborno,

esta norma proporciona orientación para establecer, implementar, mantener y mejorar un sistema de gestión anti-soborno en una organización.

4. **NIST Cybersecurity Framework:** Aunque está más enfocado en la ciberseguridad, el marco NIST puede servir de guía para evaluar el cumplimiento de controles de seguridad de la información y protección de datos en una organización.

5. **Guías regulatorias específicas:** Dependiendo de la industria y el país, existen guías y regulaciones específicas que pueden servir como referencia para la auditoría de cumplimiento normativo. Por ejemplo, en el ámbito financiero, se puede considerar el cumplimiento de normativas como SOX (Sarbanes-Oxley Act) en Estados Unidos o MiFID II en la Unión Europea.

6. **Leyes y regulaciones locales:** Es fundamental tener en cuenta las leyes y regulaciones específicas del país en el que opera la organización, ya que cada jurisdicción puede tener requisitos particulares para el cumplimiento normativo.

Es importante que los auditores de cumplimiento normativo

tengan un buen conocimiento de las leyes y regulaciones aplicables a la industria y el país de la organización, así como una comprensión profunda de los marcos de trabajo y guías que pueden utilizar para llevar a cabo la auditoría. También es esencial asegurarse de que la auditoría sea independiente y objetiva para garantizar la integridad y la precisión de los resultados.

# 5.4 Auditoria de gestión de proyectos informáticos

La auditoría de gestión de proyectos informáticos se enfoca en evaluar y determinar si los proyectos informáticos que se realizan en el negocio se administran de forma adecuada y profesional, para garantizar que los proyectos entreguen las soluciones esperadas dentro del presupuesto autorizado, dentro del calendario autorizado y con las características especificadas previamente.

## 5.4.1 Objetivo de la auditoría de gestión de proyectos informáticos

El objetivo de una auditoría de gestión de proyectos informáticos es evaluar y asegurar la eficacia, eficiencia y conformidad de los proyectos informáticos dentro de una organización. Esta auditoría se lleva a cabo para garantizar que los proyectos se estén ejecutando de manera adecuada y que se cumplan los objetivos establecidos, así como para identificar áreas de mejora y mitigar riesgos potenciales.

Los objetivos específicos de una auditoría de gestión de proyectos informáticos incluyen:

1. **Evaluación del cumplimiento de objetivos:** Verificar si los proyectos informáticos están alineados con los objetivos estratégicos y las metas de la organización.

2. **Análisis de la planificación del proyecto:** Evaluar la calidad y efectividad de la planificación del proyecto, incluyendo la definición de alcance, la estimación de recursos, la programación y la asignación de responsabilidades.

3. **Verificación de la asignación de recursos:** Asegurarse de que los recursos adecuados, como personal, presupuesto y tecnología, se hayan asignado correctamente al proyecto.

4. **Evaluación del rendimiento y avance del proyecto:** Analizar el progreso del proyecto, identificar posibles desviaciones del plan y evaluar el cumplimiento de los hitos y plazos establecidos.

5. **Revisión de la gestión de riesgos:** Evaluar la

identificación y gestión de los riesgos asociados con el proyecto y asegurarse de que se hayan implementado medidas de mitigación.

6. **Evaluación de la comunicación y colaboración:** Verificar que existan canales de comunicación adecuados y una colaboración efectiva entre los equipos y las partes interesadas del proyecto.

7. **Verificación del cumplimiento dc cstándares y mejores prácticas:** Asegurarse de que el proyecto siga las mejores prácticas y estándares de la gestión de proyectos informáticos.

8. **Identificación de lecciones aprendidas:** Identificar lecciones aprendidas y oportunidades de mejora para futuros proyectos informáticos.

El resultado de una auditoría de gestión de proyectos informáticos es un informe detallado que incluye los hallazgos, las conclusiones y las recomendaciones para mejorar la gestión de proyectos informáticos en la organización. Este informe es útil para la dirección y los responsables de la toma de decisiones para tomar las medidas correctivas necesarias y mejorar la eficacia y éxito de los proyectos informáticos. Además, ayuda a garantizar que los recursos se utilicen de manera eficiente y que los proyectos cumplan con los requisitos y expectativas establecidos.

## 5.4.2 Ejemplo de Informe de auditoría para la gestión de proyectos informáticos

A continuación, te presento un ejemplo simplificado de un informe de auditoría aplicado a la gestión de proyectos informáticos. Ten en cuenta que los detalles específicos pueden variar según la organización auditada y el alcance de la auditoría.

---

## INFORME DE AUDITORÍA DE GESTIÓN DE PROYECTOS INFORMÁTICOS

Fecha: [Fecha de finalización de la auditoría]

Auditor: [Nombre del auditor]

Organización Auditada: [Nombre de la organización auditada]

Proyecto Auditado: [Nombre o identificación del proyecto auditado]

**Resumen Ejecutivo:**

La auditoría se llevó a cabo para evaluar la eficiencia y efectividad de la gestión del proyecto informático [nombre del proyecto]. Se revisaron los procesos de planificación, ejecución, monitoreo y cierre del proyecto para identificar oportunidades de mejora y garantizar el cumplimiento de los objetivos establecidos.

**Hallazgos Clave:**

1. **Planeación del Proyecto:**

- Se identificó que el alcance del proyecto no estaba completamente definido en la fase inicial, lo que llevó a cambios y retrasos durante la ejecución.

- Los recursos asignados no fueron suficientes para cumplir con los plazos establecidos, lo que afectó la entrega oportuna de los entregables.

2. **Ejecución del Proyecto:**

- La comunicación entre los miembros del equipo del proyecto y las partes interesadas fue deficiente, lo que generó malentendidos y falta de claridad en los roles y responsabilidades.

- No se implementaron estrategias de mitigación de riesgos efectivas, lo que resultó en problemas inesperados durante la ejecución del proyecto.

### 3. Monitoreo y Control del Proyecto:

- Los informes de progreso y seguimiento del proyecto no se presentaron con la frecuencia y detalle necesarios para la toma de decisiones informadas.

- La gestión de cambios no se manejó adecuadamente, lo que resultó en desviaciones significativas del plan original.

### 4. Cierre del Proyecto:

- No se llevó a cabo una revisión formal posterior a la implementación para evaluar el éxito del proyecto y aprender de las lecciones aprendidas.

- La documentación de cierre del proyecto fue incompleta y no incluyó todos los detalles relevantes.

## Conclusiones:

La gestión del proyecto informático [nombre del proyecto] presenta deficiencias en la planificación, ejecución, monitoreo y cierre del proyecto. Estas deficiencias han tenido un impacto negativo en el cumplimiento de los objetivos del proyecto y han generado retrasos y problemas durante la implementación.

## Recomendaciones:

1. Realizar una planificación exhaustiva del proyecto, definiendo claramente el alcance, los recursos y los plazos antes de comenzar la ejecución.

2. Mejorar la comunicación entre el equipo del proyecto y las partes interesadas para asegurar una comprensión clara de los roles y responsabilidades de cada uno.

3. Implementar un enfoque proactivo para la gestión de riesgos, identificando y mitigando posibles problemas antes de que afecten el proyecto.

4. Establecer un sistema de informes y monitoreo regular para evaluar el progreso del proyecto y tomar decisiones basadas en datos.

5. Mejorar la gestión de cambios para garantizar que las desviaciones del plan original sean controladas y documentadas adecuadamente.

6. Realizar una revisión formal posterior a la implementación para evaluar el éxito del proyecto y aprender de las lecciones aprendidas.

7. Mejorar la documentación de cierre del proyecto para asegurar que todos los detalles relevantes estén registrados.

**Revisión y Aprobación:**

Este informe ha sido revisado y aprobado por el equipo de auditoría y se ha presentado a la alta dirección de [nombre de la organización auditada] para su revisión y consideración.

Firma del Auditor: _____

Fecha: _____

Firma del Responsable de Auditoría: _____

Fecha: _____

--------------------------------------------------------------------------------

Es importante tener en cuenta que este es solo un ejemplo simplificado y que los informes de auditoría reales pueden ser más detallados y específicos según los hallazgos y resultados de la auditoría. Además, los nombres y detalles específicos se han reemplazado con marcadores de posición para mantener la confidencialidad de la organización auditada.

## 5.4.3 Marcos de trabajo para la gestión de proyectos informáticos

Existen varios marcos de trabajo y guías que pueden ser utilizados para elaborar una buena auditoría de gestión de proyectos informáticos. Estos marcos y guías proporcionan pautas y mejores prácticas para llevar a cabo la auditoría de manera efectiva y estructurada. Algunos de los principales marcos y guías son:

1. **Guía PMBOK® (Project Management Body of Knowledge):** Publicada por el Project Management

Institute (PMI), la Guía PMBOK® es una referencia ampliamente utilizada en la gestión de proyectos. Incluye un conjunto de estándares y prácticas recomendadas para la planificación, ejecución, seguimiento y cierre de proyectos. La guía abarca todos los aspectos clave de la gestión de proyectos y puede ser útil para evaluar la gestión de proyectos informáticos.

2. **ISO 21500:** Esta norma internacional proporciona una guía sobre la gestión de proyectos y está destinada a ayudar a las organizaciones a llevar a cabo proyectos exitosos. Si bien no es específica para proyectos informáticos, sus principios pueden aplicarse a cualquier tipo de proyecto.

3. **PRINCE2 (Projects in Controlled Environments 2):** PRINCE2 es una metodología de gestión de proyectos ampliamente utilizada, especialmente en el Reino Unido. Proporciona una estructura detallada y flexible para la planificación, ejecución y control de proyectos. Aunque originalmente fue desarrollada para proyectos del sector público, se ha extendido a otras industrias, incluyendo proyectos informáticos.

4. **CMMI (Capability Maturity Model Integration):**

Aunque no es específicamente una guía para la auditoría de proyectos, CMMI es un modelo de mejora de procesos que se puede utilizar para evaluar la madurez y capacidad de los procesos de gestión de proyectos en una organización. Puede proporcionar un marco para identificar áreas de mejora en la gestión de proyectos informáticos.

5. **Agile:** Si los proyectos informáticos se gestionan utilizando metodologías ágiles, como Scrum o Kanban, es relevante evaluar el cumplimiento de los principios y prácticas ágiles específicas. En este caso, los principios y guías específicas de la metodología ágil utilizada pueden servir como referencia para la auditoría.

Es importante tener en cuenta que la elección del marco de trabajo o guía para la auditoría de gestión de proyectos informáticos dependerá del contexto y las prácticas de gestión de proyectos utilizadas en la organización. Algunas auditorías pueden requerir la combinación de varios marcos o guías para abordar diferentes aspectos de la gestión de proyectos informáticos. Además, la experiencia y conocimiento de los profesionales encargados de la auditoría también son fundamentales para llevar a cabo una auditoría exitosa y significativa.

# 5.5 Auditoria de gestión de servicios de soporte de tecnología de la información

La auditoría de gestión de servicios informáticos se enfoca en evaluar y determinar si los servicios de soporte técnico que se entregan al negocio se administran de forma adecuada y profesional, para garantizar que el soporte a los usuarios cumpla con los niveles de servicio y las necesidades de los usuarios dentro del tiempo y con las características especificadas previamente.

## 5.5.1 Objetivo de la auditoría a la gestión de servicios de soporte

El objetivo de una auditoría a la gestión de los servicios de soporte informático es evaluar la eficiencia, efectividad y cumplimiento de los procesos y prácticas relacionados con la prestación de servicios de soporte de tecnología de la información (TI) dentro de una organización. Esta auditoría se enfoca en revisar la manera en que se planifican, implementan, monitorean y mejoran los servicios de soporte informático para garantizar que sean adecuados y satisfagan las necesidades de la organización.

Los principales objetivos de una auditoría a la gestión de servicios de soporte informático son los siguientes:

1. **Evaluación de la Efectividad del Soporte Informático:**

La auditoría busca determinar si los servicios de soporte informático proporcionados cumplen con los requisitos y expectativas de los usuarios y la organización en general. Se evalúa la calidad y prontitud de las respuestas a los problemas y solicitudes de soporte, así como la satisfacción del cliente.

2. **Identificación de Ineficiencias y Deficiencias:** La auditoría busca identificar ineficiencias en los procesos de soporte informático y posibles áreas de mejora. Se buscan deficiencias en la gestión de incidentes, la asignación de recursos, la gestión de cambios y otros aspectos clave de los servicios de soporte.

3. **Cumplimiento de Acuerdos de Nivel de Servicio (SLA):** La auditoría verifica si los servicios de soporte informático están cumpliendo con los acuerdos de nivel de servicio establecidos. Se evalúa si los tiempos de respuesta, tiempos de resolución y otros indicadores clave cumplen con los SLA acordados.

4. **Gestión de Riesgos y Continuidad del Servicio:** La auditoría evalúa la capacidad de la gestión de soporte informático para identificar y gestionar los riesgos que

puedan afectar la continuidad del servicio. Se revisan los planes de continuidad y de contingencia para garantizar la preparación frente a situaciones imprevistas.

5. **Seguridad de la Información:** Se verifica que se apliquen medidas adecuadas para proteger la confidencialidad, integridad y disponibilidad de la información durante la prestación de los servicios de soporte informático.

6. **Evaluación de la Gestión de Recursos:** Se evalúa cómo se asignan y utilizan los recursos humanos, financieros y tecnológicos en la prestación de los servicios de soporte informático. Se busca optimizar el uso de recursos y garantizar su alineación con los objetivos organizacionales.

7. **Mejora Continua:** La auditoría identifica oportunidades para la mejora continua de los procesos de soporte informático. Se ofrecen recomendaciones específicas para optimizar la eficiencia y calidad de los servicios.

8. **Cumplimiento Normativo:** La auditoría verifica el cumplimiento de normativas y regulaciones relevantes en el área de soporte informático, incluyendo políticas internas, estándares de la industria y leyes aplicables.

En resumen, una auditoría a la gestión de los servicios de soporte informático tiene como objetivo asegurar que los servicios de soporte sean efectivos, eficientes, seguros y cumplan con los requisitos y expectativas de la organización. La auditoría busca identificar oportunidades para la mejora continua y para garantizar la alineación de los servicios de soporte informático con los objetivos y estrategias organizacionales.

## 5.5.2 Ejemplo de una auditoria a la gestión de los servicios de soporte de las tecnologías de la información

A continuación, te presento un ejemplo simplificado de un informe de auditoría aplicada a los servicios de soporte de las tecnologías de la información.

Ten en cuenta que los detalles específicos pueden variar según la organización auditada y el alcance de la auditoría.

--------------------------------------------------------------------------------

## INFORME DE AUDITORÍA DE SERVICIOS DE SOPORTE DE TECNOLOGÍAS DE LA INFORMACIÓN

Fecha: [Fecha de finalización de la auditoría]

Auditor: [Nombre del auditor]

Organización Auditada: [Nombre de la organización auditada]

Período Auditado: [Período cubierto por la auditoría]

## Resumen Ejecutivo:

La auditoría se llevó a cabo para evaluar la eficiencia y efectividad de los servicios de soporte de las tecnologías de la información proporcionados por [nombre de la organización auditada]. Se evaluaron los procesos de gestión de incidentes, gestión de problemas, gestión de cambios y la satisfacción del cliente en relación con los servicios de soporte de TI.

## Hallazgos Clave:

1. **Gestión de Incidentes:**

- Los tiempos de respuesta a los incidentes no cumplen con los SLA acordados en un [porcentaje]% de los casos.

- La documentación de los incidentes y las acciones tomadas es inconsistente y falta detalle en algunos casos.

- Se identificó un incidente importante que no se abordó de manera oportuna debido a una comunicación deficiente.

2. **Gestión de Problemas:**

- La gestión de problemas carece de un proceso formalizado, lo que resulta en la falta de seguimiento adecuado para la resolución de problemas recurrentes.

- Los registros de problemas no contienen detalles suficientes sobre la causa raíz y las acciones correctivas tomadas.

### 3. Gestión de Cambios:

- La gestión de cambios tiene procedimientos establecidos, pero se ha encontrado que algunos cambios no siguen el proceso adecuadamente.

- Falta una evaluación de riesgos adecuada para algunos cambios importantes.

### 4. Satisfacción del Cliente:

- Se realizaron encuestas de satisfacción del cliente, pero la tasa de participación es baja, lo que reduce la validez de los resultados.

- Se identificaron áreas específicas de insatisfacción, incluida la calidad del soporte técnico y los tiempos de resolución.

### Conclusiones:

La gestión de servicios de soporte de las tecnologías de la información de [nombre de la organización auditada] presenta áreas de mejora significativas. Los problemas identificados en la gestión de incidentes, gestión de problemas y gestión de cambios pueden afectar negativamente la eficiencia y la calidad de los servicios de soporte de

TI.

## Recomendaciones:

1. Establecer un plan de acción para mejorar los tiempos de respuesta a incidentes y garantizar una comunicación adecuada durante la resolución de problemas importantes.

2. Implementar un proceso formalizado para la gestión de problemas, incluida una evaluación de la causa raíz y acciones correctivas.

3. Fortalecer la gestión de cambios, asegurando que todos los cambios sigan el proceso adecuado y se realice una evaluación de riesgos adecuada.

4. Mejorar la recolección de datos y la participación en las encuestas de satisfacción del cliente para obtener información valiosa y específica sobre las áreas de mejora.

## Revisión y Aprobación:

Este informe ha sido revisado y aprobado por el equipo de auditoría y se ha presentado a la alta dirección de [nombre de la organización auditada] para su revisión y consideración.

Firma del Auditor: _____

Fecha: _____

Firma del Responsable de Auditoría: _____

Fecha: _____

---

Es importante destacar que este es solo un ejemplo simplificado y que los informes de auditoría reales pueden ser más detallados y específicos según los hallazgos y resultados de la auditoría. Además, los nombres y detalles específicos se han reemplazado con marcadores de posición para mantener la confidencialidad de la organización auditada.

## 5.5.3 Marcos de trabajo para la gestión de servicios de soporte de las tecnologías de la información

Existen varios marcos de trabajo y guías disponibles para realizar una auditoría a los servicios de soporte de las tecnologías de la información. Estas guías proporcionan un enfoque estructurado y detallado para llevar a cabo la auditoría y asegurar que se revisen adecuadamente los aspectos clave del soporte de TI. Algunos de los marcos de trabajo y guías más utilizados son los siguientes:

1. **COBIT (Control Objectives for Information and Related Technologies):** COBIT es un marco de trabajo desarrollado por ISACA (Information Systems Audit and

Control Association) que proporciona objetivos de control y mejores prácticas para la gestión y gobernanza de TI. COBIT aborda todos los aspectos de TI, incluyendo el soporte de TI, y proporciona una estructura para evaluar y mejorar los procesos de TI.

2. **ITIL (Information Technology Infrastructure Library):** ITIL es un conjunto de prácticas recomendadas para la gestión de servicios de TI. Incluye un enfoque específico en la gestión de servicios de soporte, como la gestión de incidentes, problemas, cambios y la gestión de niveles de servicio.

3. **ISO/IEC 20000:** Esta norma internacional establece los requisitos para un sistema de gestión de servicios de TI. Proporciona un enfoque estructurado para la prestación de servicios de TI de alta calidad, incluido el soporte de TI.

4. **ISO/IEC 27001:** Esta norma se enfoca en la gestión de seguridad de la información. Si bien no es específica para el soporte de TI, puede ser relevante para evaluar los aspectos de seguridad en los servicios de soporte de TI.

5. **NIST SP 800-53:** Publicado por el Instituto Nacional de

Estándares y Tecnología (NIST) de EE. UU., Este documento proporciona controles y recomendaciones para la seguridad de la información en sistemas federales. Puede ser relevante para evaluar la seguridad en el soporte de TI, especialmente en organizaciones gubernamentales.

6. **ISA 402:** Esta guía de auditoría emitida por la Federación Internacional de Contadores (IFAC) proporciona orientación específica para la auditoría de servicios de tecnología de la información, incluido el soporte de TI.

7. **PCI DSS (Payment Card Industry Data Security Standard):** Esta es una norma de seguridad de la información para organizaciones que manejan información de tarjetas de pago. Si la organización maneja datos de tarjetas de crédito, la auditoría de soporte de TI también puede incluir la evaluación del cumplimiento con PCI DSS.

Es importante seleccionar el marco de trabajo o la guía más adecuados según las necesidades y la naturaleza de la organización auditada. Cada marco de trabajo tiene su enfoque y cobertura específicos, por lo que es esencial adaptarlo para satisfacer los requerimientos particulares de la auditoría y las expectativas de las partes interesadas involucradas.

# 6 Informe final y comunicación de resultados

El informe de auditoría es el resultado del proceso de auditoría donde se especifican las actividades realizadas, los hallazgos encontrados y las recomendaciones a seguir para mejorar la situación actual.

# 6.1 Elaboración de informes de auditoría

A continuación, te muestro cuatro ejemplos simples de informes de auditorías para cada tipo de las auditorias comentadas en el capítulo 3. La estructura presentada aquí puede ser ampliada con la información que consideres oportuna de acuerdo con tu experiencia laboral.

## 6.1.1 Estructura general de un informe de auditoría

La estructura básica de un informe de auditoría tiene las siguientes secciones:

1. Portada
2. Datos generales
3. Resumen Ejecutivo
4. Hallazgos de la auditoría
5. Recomendaciones
6. Conclusiones

La portada se diseña de acuerdo a las directrices de la empresa consultora o el auditor externo, normalmente incluye el logotipo de la empresa auditora.

En los datos generales se define el tipo de auditoría, el objetivo de la auditoría y la fecha de realización. Si se considera pertinente aquí se puede mencionar la guía o marco de trabajo que se tomó como referencia.

El resumen ejecutivo explica en pocos párrafos los antecedentes y el objetivo de la auditoría.

En los hallazgos se documentan las vulnerabilidades encontradas, agrupadas por alguna clasificación y su impacto en el negocio.

Las recomendaciones se presentan en orden de importancia y tiempo de implementación recomendado.

En las conclusiones o conclusión se explica brevemente el estado actual del objeto de la auditoría y las principales recomendaciones o tipos de recomendaciones para continuar mejorando.

Ahora veamos los ejemplos a continuación.

## 6.1.2 Ejemplo de un informe para auditoría de sistemas

Aquí te presento un ejemplo simplificado de un informe de auditoría de sistemas. Ten en cuenta que un informe real sería más detallado y extenso, incluyendo más información específica sobre los hallazgos y recomendaciones. Las partes en negritas representan las secciones del informe.

---

# Informe de Auditoría de Sistemas

Fecha: [Fecha de la auditoría]

Auditor: [Nombre del auditor]

Organización auditada: [Nombre de la organización auditada]

## Resumen Ejecutivo:

La auditoría de sistemas se llevó a cabo para evaluar la eficacia de los controles de seguridad y la gestión de los sistemas informáticos de la organización. Se realizaron pruebas y análisis de los controles implementados y se identificaron oportunidades de mejora. En general, la organización ha implementado una variedad de controles adecuados; sin embargo, se encontraron algunas áreas de preocupación que requieren atención para fortalecer la seguridad de los sistemas y la protección de los datos.

## Hallazgos de la Auditoría:

A continuación, se muestra el listado de hallazgos encontrados durante la auditoría.

1. Gestión de Identidad y Acceso:
    a. Se encontraron cuentas de usuario inactivas y sin desactivar en el sistema, lo que representa un riesgo de seguridad. Se recomienda implementar una política para la revisión y desactivación periódica de cuentas inactivas.
    b. No se aplican políticas de contraseñas robustas. Se recomienda establecer requisitos mínimos de complejidad para las contraseñas y establecer una caducidad de contraseñas para aumentar la seguridad de las cuentas.

2. Controles de Acceso a Datos:

   a. Se identificaron permisos excesivos en determinadas carpetas y bases de datos, lo que podría permitir el acceso no autorizado a información confidencial. Se recomienda revisar y ajustar los permisos de acceso para reducir el riesgo de acceso no autorizado.

   b. No se implementan adecuadamente las políticas de separación de funciones. Se recomienda revisar los roles y responsabilidades de los usuarios para evitar conflictos de interés y posibles abusos de privilegios.

3. Respaldo y Recuperación de Datos:

   a. Se encontraron deficiencias en los procedimientos de respaldo y recuperación de datos. Se recomienda implementar un plan de respaldo y recuperación robusto y realizar pruebas periódicas para garantizar la disponibilidad y integridad de los datos.

4. Seguridad de la Red:

   a. Se identificaron vulnerabilidades en la configuración de los firewalls y sistemas de detección de intrusos. Se recomienda revisar y actualizar las reglas de firewall y configurar adecuadamente los sistemas de detección de intrusos para fortalecer la seguridad de la red.

## Recomendaciones:

Las recomendaciones para mejorar la situación actual son las siguientes:

1. Realizar una revisión periódica de cuentas de usuario inactivas y desactivarlas según las políticas establecidas.

2. Establecer políticas de contraseñas robustas y caducidad de contraseñas para fortalecer la seguridad de las cuentas.

3. Revisar y ajustar los permisos de acceso a datos para reducir el riesgo de acceso no autorizado.

4. Implementar políticas de separación de funciones para evitar conflictos de interés y abusos de privilegios.

5. Desarrollar e implementar un plan de respaldo y recuperación de datos robusto, y realizar pruebas periódicas de recuperación.

6. Actualizar y configurar adecuadamente los firewalls y sistemas de detección de intrusos para mejorar la seguridad de la red.

## Conclusión:

La auditoría de sistemas identificó áreas de mejora en la gestión de seguridad y control de los sistemas informáticos de la organización. Las recomendaciones proporcionadas tienen como objetivo fortalecer la seguridad de los sistemas y proteger la información de manera más efectiva. Se alienta a la dirección a tomar las acciones necesarias para implementar las mejoras propuestas y mejorar la postura de seguridad de los sistemas de la organización.

**Firma del Auditor:**

[Nombre del auditor]

[Título del auditor]

[Firma del auditor]

**Nota:** Para mejorar la calidad de las recomendaciones se agrega la fecha o lapso de tiempo en el cual se recomienda que se implemente cada una de las recomendaciones. Las recomendaciones se pueden dividir en los siguientes periodos de implementación.

- Recomendaciones para implementar en los siguientes 3 meses
- Recomendaciones para implementar en los siguientes 6 meses
- Recomendaciones para implementar en el siguiente año

# 6.1.3 Ejemplo de un informe para auditoria de seguridad informática

A continuación, te presento un ejemplo simplificado de un informe de auditoría de seguridad informática. Ten en cuenta que un informe real sería más detallado y extenso, incluyendo más información específica sobre los hallazgos y recomendaciones. Las líneas en negritas representan las secciones del documento.

**Informe de Auditoría de Seguridad Informática**

Fecha: [Fecha de la auditoría]

Auditor: [Nombre del auditor]

Organización auditada: [Nombre de la organización auditada]

**Resumen Ejecutivo:**

La auditoría de seguridad informática se llevó a cabo para evaluar la efectividad de los controles de seguridad implementados en los sistemas informáticos de la organización. Se realizaron pruebas técnicas y análisis de la infraestructura para identificar vulnerabilidades y debilidades en la seguridad. Aunque la organización ha implementado una serie de medidas de seguridad adecuadas, se identificaron algunas áreas de mejora para fortalecer la postura de seguridad y mitigar los riesgos identificados.

## Hallazgos de la Auditoría:

A continuación, se muestra el listado de hallazgos por rubro.

1. Evaluación de Vulnerabilidades:

   a. Se identificaron varias vulnerabilidades en los servidores y sistemas de la organización, incluyendo sistemas desactualizados y configuraciones incorrectas. Estas vulnerabilidades podrían ser explotadas por atacantes para obtener acceso no autorizado a los sistemas.

   b. No se realizan evaluaciones de vulnerabilidades de manera periódica. Se recomienda implementar escaneos de vulnerabilidades regulares para identificar y corregir posibles debilidades.

2. Gestión de Parches:

   a. Se encontró que algunos sistemas no tienen los parches de seguridad más recientes instalados. La falta de parches actualizados podría dejar a la organización vulnerable a ataques conocidos y explotables. Se recomienda implementar un proceso de gestión de parches que asegure la aplicación oportuna de las actualizaciones de seguridad.

3. Controles de Acceso:

a. Se identificaron debilidades en el sistema de autenticación, como contraseñas débiles y falta de autenticación multifactor. Estas deficiencias podrían facilitar el acceso no autorizado a sistemas y datos confidenciales.

b. Algunos usuarios tienen privilegios innecesarios o excesivos que podrían ser abusados. Se recomienda revisar y ajustar los permisos de acceso para aplicar el principio de "mínimos privilegios".

4. Políticas de Seguridad:

a. Se encontró que algunas políticas de seguridad no están actualizadas o no se aplican de manera consistente. Se recomienda revisar y actualizar las políticas de seguridad, así como asegurar su cumplimiento a nivel organizacional.

**Recomendaciones:**

A continuación, se muestra el listado de recomendaciones en orden de prioridad o importancia.

1. Realizar evaluaciones regulares de vulnerabilidades en todos los sistemas y aplicaciones.

2. Establecer un proceso de gestión de parches para mantener los

sistemas actualizados con las últimas correcciones de seguridad.

3. Implementar la autenticación multifactor y establecer políticas de contraseñas robustas.

4. Revisar y ajustar los privilegios de acceso para seguir el principio de "mínimos privilegios".

5. Actualizar y aplicar de manera consistente las políticas de seguridad a nivel organizacional.

## Conclusión:

La auditoría de seguridad informática reveló la existencia de vulnerabilidades y debilidades en la seguridad de los sistemas de la organización. Se recomienda tomar medidas correctivas para mitigar los riesgos identificados y fortalecer la postura de seguridad. Al abordar estos problemas, la organización podrá mejorar su capacidad para proteger la confidencialidad, integridad y disponibilidad de su información y sistemas.

## Firma del Auditor:

[Nombre del auditor]

[Título del auditor]

[Firma del auditor]

## 6.1.4 Ejemplo de un informe para auditoria de cumplimiento normativo

A continuación, te presento un ejemplo simplificado de un informe de auditoría de cumplimiento normativo. Ten en cuenta que un informe real sería más detallado y extenso, incluyendo más información específica sobre las regulaciones y requisitos aplicables, así como los hallazgos y recomendaciones específicas. Las líneas en negritas representan las secciones del informe.

----------------------------------------------------------------------

# Informe de Auditoría de Cumplimiento Normativo

Fecha: [Fecha de la auditoría]

Auditor: [Nombre del auditor]

Organización auditada: [Nombre de la organización auditada]

**Resumen Ejecutivo:**

La auditoría de cumplimiento normativo se llevó a cabo para evaluar si la organización cumple con las regulaciones y requisitos legales aplicables a su industria y operaciones. Se revisaron políticas, procedimientos y registros para identificar posibles incumplimientos y brechas de cumplimiento. En general, la organización ha implementado medidas adecuadas para cumplir con las normativas;

sin embargo, se identificaron algunas áreas de mejora para garantizar un cumplimiento más sólido y consistente.

## Regulaciones y Requisitos Aplicables:

[Lista de regulaciones y requisitos específicos aplicables, como leyes, estándares de la industria, normas de seguridad, protección de datos, entre otros.]

| Norma o regulación | Objetivo |
| --- | --- |
| Norma 1 | |
| Norma 2 | |
| Norma 3 | |

## Hallazgos de la Auditoría:

Listado de hallazgos por rubros.

1. Protección de Datos y Privacidad:
   a. Se identificó una falta de consentimiento adecuado para recopilar y procesar datos personales de los clientes, lo que podría contravenir las regulaciones de privacidad.
   b. Algunos registros de clientes no se han actualizado según los requisitos de retención de datos, lo que podría incumplir las regulaciones de protección de datos.

2. Seguridad de la Información:

a. Se encontraron deficiencias en la protección y el acceso a información confidencial. Esto podría violar los requisitos de seguridad de la información establecidos por las regulaciones aplicables.

b. La organización no ha realizado evaluaciones de riesgos de seguridad de la información de manera periódica, lo que podría afectar el cumplimiento de las normativas.

3. Cumplimiento Laboral:

a. No se mantienen registros adecuados de horas trabajadas y tiempos de descanso para los empleados, lo que podría incumplir las regulaciones laborales.

**Recomendaciones:**

A continuación, se muestra el listado de recomendaciones en orden de importancia.

1. Revisar y actualizar las políticas y procedimientos para garantizar el consentimiento adecuado y la retención adecuada de datos personales.

2. Implementar controles de acceso y protección de datos para asegurar la confidencialidad e integridad de la información.

3. Realizar evaluaciones periódicas de riesgos de seguridad de la información y aplicar medidas correctivas según sea necesario.

4. Establecer un sistema de registro adecuado para el control de horas de trabajo y tiempos de descanso de los empleados.

## Conclusión:

La auditoría de cumplimiento normativo ha identificado áreas de mejora en el cumplimiento de las regulaciones y requisitos aplicables a la organización. Se recomienda que la organización tome las medidas correctivas necesarias para garantizar el cumplimiento efectivo y consistente de las normativas, lo que ayudará a evitar posibles sanciones legales y proteger la reputación de la empresa.

## Firma del Auditor:

[Nombre del auditor]

[Título del auditor]

[Firma del auditor]

# 6.1.5 Ejemplo de un informe para auditoria de gestión de proyectos informáticos

A continuación, te presento un ejemplo simplificado de un informe de auditoría de gestión de proyectos informáticos. Ten en cuenta que un informe real sería más detallado y extenso, incluyendo más información específica sobre el proyecto auditado, los hallazgos y las recomendaciones específicas. Las líneas en negritas representan las secciones del informe.

---------------------------------------------------------------------------------

## Informe de Auditoría de Gestión de Proyectos Informáticos

Fecha: [Fecha de la auditoría]

Auditor: [Nombre del auditor]

Proyecto auditado: [Nombre del proyecto auditado]

**Resumen Ejecutivo:**

La auditoría de gestión de proyectos informáticos se llevó a cabo para evaluar la planificación, ejecución y control del proyecto en relación con las mejores prácticas y los estándares de gestión de proyectos. Se examinaron la documentación del proyecto, los procesos y la ejecución para identificar oportunidades de mejora y posibles riesgos.

En general, el proyecto se ha gestionado adecuadamente; sin embargo, se identificaron algunas áreas que requieren atención para mejorar la eficiencia y el éxito del proyecto.

**Hallazgos de la Auditoría:**

A continuación, se muestra el listado de hallazgos encontrados.

1. Planeación del Proyecto:
   a. La definición de los objetivos y el alcance del proyecto no está suficientemente detallada, lo que podría dar lugar a malentendidos y cambios en el alcance durante la ejecución del proyecto.
   b. Algunos recursos clave necesarios para el proyecto no han sido identificados y asignados de manera clara, lo que podría afectar el progreso del proyecto.

2. Gestión del Cronograma:
   a. Se identificaron desviaciones en el cronograma del proyecto, especialmente en ciertas tareas críticas. Se recomienda implementar medidas para mantener el cronograma actualizado y tomar acciones correctivas cuando sea necesario.

3. Gestión de Riesgos:

a. No se ha realizado una evaluación exhaustiva de los riesgos del proyecto, lo que podría dejar al proyecto vulnerable ante posibles problemas no identificados.

b. No se han establecido planes de mitigación de riesgos para abordar posibles eventos negativos.

4. Comunicación y Colaboración:

a. La comunicación entre los miembros del equipo del proyecto y las partes interesadas no es lo suficientemente efectiva, lo que podría dar lugar a malentendidos y falta de alineación.

## Recomendaciones:

A continuación, se muestra el listado de recomendaciones en orden de importancia.

1. Definir y documentar claramente los objetivos y el alcance del proyecto, así como identificar y asignar los recursos necesarios.

2. Realizar una revisión periódica del cronograma del proyecto y tomar medidas correctivas en caso de desviaciones significativas.

3. Realizar una evaluación completa de los riesgos del proyecto y desarrollar planes de mitigación para abordar los riesgos identificados.

4. Mejorar la comunicación y colaboración entre los miembros del equipo del proyecto y las partes interesadas.

## Conclusión:

La auditoría de gestión de proyectos informáticos ha identificado áreas de mejora en la planificación, ejecución y control del proyecto. Se recomienda que el equipo de gestión del proyecto tome medidas correctivas para abordar los hallazgos y mejorar la eficiencia y el éxito del proyecto. Al implementar las recomendaciones, se espera que el proyecto alcance sus objetivos dentro del alcance y el cronograma previstos.

## Firma del Auditor:

[Nombre del auditor]

[Título del auditor]

[Firma del auditor]

------------------------------------------------------------------------------

# 6.2 Comunicación efectiva de hallazgos y recomendaciones

La comunicación de hallazgos y recomendaciones es una habilidad importante que debe tener el auditor informático.

## 6.2.1 Objetivo de la Comunicación efectiva de hallazgos y recomendaciones

El objetivo de la comunicación efectiva de hallazgos y recomendaciones en una auditoría informática es garantizar que los resultados de la auditoría sean comprendidos claramente por todas las partes interesadas, incluyendo la alta dirección, los responsables del área auditada y otros implicados. Una comunicación eficiente y clara es esencial para el éxito de la auditoría y para lograr que las acciones correctivas y mejoras se implementen de manera efectiva.

Algunos de los principales objetivos de la comunicación de hallazgos y recomendaciones son:

1. **Transparencia y Conciencia:** La comunicación efectiva permite que todas las partes interesadas conozcan los hallazgos identificados durante la auditoría y comprendan la magnitud y el impacto de las deficiencias o riesgos detectados. Esto crea una mayor conciencia sobre la situación actual de la seguridad informática y el cumplimiento normativo de la organización.

2. **Responsabilidad y Responsabilización:** La comunicación clara de hallazgos y recomendaciones ayuda a establecer responsabilidades claras para abordar los problemas identificados. Al asignar tareas específicas a las personas o departamentos responsables, se promueve una mayor responsabilidad para corregir las deficiencias y cumplir con los requisitos normativos.

3. **Toma de Decisiones Informadas:** La alta dirección y los responsables de la organización pueden tomar decisiones más informadas y estratégicas basadas en los resultados de la auditoría. Los hallazgos y recomendaciones brindan información valiosa para priorizar y asignar recursos adecuados a las áreas de mayor riesgo.

4. **Mejora Continua:** La comunicación efectiva de las recomendaciones de la auditoría informática es un componente clave para impulsar la mejora continua en la seguridad informática y el cumplimiento normativo de la organización. Al implementar las recomendaciones, se establecen acciones para prevenir futuros problemas y fortalecer los controles existentes.

5. **Construcción de Confianza:** Una comunicación clara y

transparente ayuda a construir confianza entre el equipo de auditoría y la organización auditada. Cuando las partes interesadas comprenden los hallazgos y recomendaciones de manera precisa, se establece una base sólida para una colaboración constructiva y la implementación exitosa de mejoras.

6. **Información para informes y presentaciones:** Los hallazgos y recomendaciones comunicados efectivamente proporcionan información valiosa para la preparación de informes y presentaciones formales. Estos documentos son esenciales para informar a la alta dirección, los accionistas y otros interesados sobre el estado de la seguridad informática y el cumplimiento normativo de la organización.

En resumen, la comunicación efectiva de hallazgos y recomendaciones en una auditoría informática es fundamental para garantizar que los resultados sean comprendidos, aceptados y utilizados para impulsar la mejora continua en la seguridad de la información y el cumplimiento de las regulaciones en una organización.

## 6.2.2 Habilidades necesarias para ser un buen comunicador

Para comunicar efectivamente los hallazgos y recomendaciones en una auditoría informática, un auditor debe poseer una combinación de habilidades técnicas, de comunicación y sociales. Aquí están algunas habilidades clave que un auditor informático debe tener:

1. **Conocimientos Técnicos Sólidos:** Un auditor informático debe tener un sólido conocimiento técnico en áreas como seguridad informática, redes, sistemas operativos, bases de datos y aplicaciones. Esto le permitirá comprender en profundidad los hallazgos y la relevancia de las recomendaciones.

2. **Claridad y Precisión en el Lenguaje:** La capacidad de expresarse de manera clara y concisa es fundamental para la comunicación efectiva. Los hallazgos y recomendaciones deben ser comunicados de forma clara y precisa, evitando jergas técnicas excesivas que puedan ser difíciles de entender para las partes interesadas no técnicas.

3. **Habilidades de Escucha Activa:** Ser un buen oyente es esencial para entender las preocupaciones y preguntas de las partes interesadas. Un auditor debe estar atento y receptivo

durante las reuniones para asegurarse de comprender completamente las necesidades y expectativas del equipo auditado.

4. **Empatía y Sensibilidad:** Un auditor informático debe ser capaz de ponerse en el lugar de los demás y comprender las preocupaciones y desafíos que enfrenta el equipo auditado. La sensibilidad y empatía son clave para construir relaciones positivas y mantener un ambiente de colaboración.

5. **Habilidades de Presentación:** La capacidad de presentar hallazgos y recomendaciones de manera clara y persuasiva es esencial. Los auditores deben ser capaces de adaptar su estilo de presentación según el público, ya sea técnico o no técnico, para asegurar una comprensión efectiva.

6. **Habilidades de Negociación:** En ocasiones, puede haber desacuerdos sobre la importancia o viabilidad de ciertas recomendaciones. Un auditor debe ser capaz de negociar de manera constructiva para llegar a un consenso sobre las acciones necesarias para mejorar la seguridad informática y el cumplimiento normativo.

7. **Habilidades de Gestión de Conflictos:** La auditoría puede

poner al descubierto deficiencias y problemas que pueden generar conflictos. Un auditor debe tener habilidades para gestionar conflictos y resolver disputas de manera profesional y diplomática.

8. **Capacidad para Traducir Términos Técnicos:** Un buen auditor debe ser capaz de traducir términos técnicos en lenguaje comprensible para las partes interesadas no técnicas. Esto ayuda a evitar malentendidos y asegura que todos estén en la misma página.

9. **Enfoque en la Solución:** La comunicación efectiva debe centrarse en identificar soluciones y acciones correctivas en lugar de enfocarse solo en los problemas. Los auditores deben trabajar con el equipo auditado para desarrollar planes de acción realistas y factibles.

10. **Integridad y Objetividad:** La integridad y la objetividad son fundamentales para un auditor. Deben presentar los hallazgos y recomendaciones de manera imparcial, basándose en evidencias y hechos verificables.

En general, un auditor informático efectivo debe tener una combinación de habilidades técnicas, de comunicación y sociales para comunicar los hallazgos y recomendaciones de manera clara, constructiva y persuasiva. Estas habilidades ayudarán a asegurar que los resultados de la auditoría sean comprendidos y que las acciones correctivas sean implementadas de manera efectiva para mejorar la seguridad informática y el cumplimiento normativo de la organización.

## 6.2.3 Gráficos usados por los auditores

Los auditores utilizan una variedad de gráficos y visualizaciones para presentar y analizar datos de auditoría. Algunas de las gráficas más comunes y útiles utilizadas por los auditores son las siguientes:

1. **Gráficos de Barras:** Los gráficos de barras son útiles para comparar datos en diferentes categorías. Se utilizan para visualizar hallazgos y resultados de auditoría, mostrando la magnitud o frecuencia de los elementos auditados en forma de barras verticales u horizontales.

2. **Gráficos de Pastel:** Los gráficos de pastel son ideales para mostrar la distribución porcentual de diferentes elementos o categorías. Los auditores pueden utilizarlos para presentar la proporción de hallazgos o riesgos en un área determinada.

3. **Gráficos de Líneas:** Los gráficos de líneas son útiles para

mostrar tendencias a lo largo del tiempo. Pueden utilizarse para ilustrar el rendimiento de indicadores clave, como el cumplimiento normativo o la efectividad de controles, en diferentes períodos de tiempo.

4. **Diagramas de Flujo:** Los diagramas de flujo son herramientas visuales para representar los procesos y procedimientos en una auditoría. Son especialmente útiles para identificar puntos de control, flujos de trabajo y posibles ineficiencias.

5. **Matrices de Riesgo:** Las matrices de riesgo son gráficos que muestran la probabilidad y el impacto de los riesgos identificados durante la auditoría. Ayudan a priorizar los riesgos y enfocar los esfuerzos en las áreas más críticas.

6. **Gráficos de Burbujas:** Los gráficos de burbujas se utilizan para comparar tres conjuntos de datos, donde el tamaño de la burbuja representa una variable adicional. Los auditores pueden utilizarlos para visualizar la relación entre diferentes elementos o áreas de riesgo.

7. **Histogramas:** Los histogramas son similares a los gráficos de barras, pero se utilizan para mostrar la distribución de datos continuos. Los auditores pueden utilizarlos para analizar la

frecuencia y variación de ciertos valores en una muestra de datos.

8. **Gráficos de Control:** Los gráficos de control son herramientas para monitorear y analizar la variabilidad de los procesos a lo largo del tiempo. Se utilizan para evaluar si un proceso está bajo control o si se están produciendo desviaciones inusuales.

Estos son solo algunos ejemplos de las gráficas más utilizadas por los auditores para presentar y analizar datos de auditoría. La elección de la gráfica dependerá del tipo de datos, el propósito de la presentación y el público al que se dirige. Una representación visual adecuada puede facilitar la comprensión de la información y ayudar a tomar decisiones informadas en el proceso de auditoría.

# 6.2.4 Ejemplo de Matriz de Riesgo para Auditoría de Seguridad Informática

Una empresa ha solicitado una auditoría de seguridad informática para evaluar la efectividad de sus controles de seguridad y la gestión de riesgos en su infraestructura de TI. El auditor utiliza una matriz de riesgo para identificar y priorizar los riesgos encontrados durante la auditoría.

1. **Identificación de Riesgos:** Durante la auditoría, se identificaron varios riesgos en la infraestructura de TI de la empresa. Los riesgos identificados incluyen:

   a. Falta de parches de seguridad actualizados en sistemas críticos.

   b. Contraseñas débiles y políticas inadecuadas de gestión de contraseñas.

   c. Falta de un plan de respuesta a incidentes formalizado.

   d. Acceso no autorizado a datos confidenciales debido a permisos incorrectos.

2. **Probabilidad y Consecuencia:** El auditor, junto con los responsables de la empresa, evalúa la probabilidad y la consecuencia de cada riesgo identificado. Utilizan una escala

numérica de 1 a 5, donde 1 representa una probabilidad o consecuencia baja, y 5 representa una probabilidad o consecuencia alta.

    a. **Falta de parches de seguridad:** Probabilidad: 4, Consecuencia: 3

    b. **Contraseñas débiles: Probabilidad:** 3, Consecuencia: 4

    c. **Falta de plan de respuesta a incidentes:** Probabilidad: 2, Consecuencia: 5

    d. **Acceso no autorizado a datos confidenciales:** Probabilidad: 3, Consecuencia: 4

3. **Cálculo del Riesgo:** Se calcula el riesgo para cada riesgo identificado multiplicando la probabilidad por la consecuencia. Esto da como resultado un valor de riesgo, que indica la gravedad del riesgo:

    a. **Falta de parches de seguridad:** Riesgo = 4 (probabilidad) x 3 (consecuencia) = 12

    b. **Contraseñas débiles:** Riesgo = 3 (probabilidad) x 4 (consecuencia) = 12

    c. **Falta de plan de respuesta a incidentes:** Riesgo = 2 (probabilidad) x 5 (consecuencia) = 10

    d. **Acceso no autorizado a datos confidenciales:** Riesgo = 3 (probabilidad) x 4 (consecuencia) = 12

4. **Priorización de Riesgos:** Los riesgos se ordenan de mayor a menor según su valor de riesgo. En este caso, todos los riesgos tienen el mismo valor de riesgo (12). Por lo tanto, los riesgos se priorizan en función de otros factores, como el impacto potencial en la confidencialidad, integridad y disponibilidad de los datos.

5. **Plan de Acción:** Una vez que se ha priorizado los riesgos, se desarrolla un plan de acción para abordar los riesgos más críticos y reducir la exposición a posibles incidentes de seguridad. El plan de acción puede incluir la implementación de parches de seguridad, mejorar las políticas de contraseñas, desarrollar un plan de respuesta a incidentes y revisar y ajustar los permisos de acceso a los datos.

La matriz de riesgo es una herramienta valiosa en la auditoría de seguridad informática, ya que permite identificar y priorizar los riesgos, ayudando a la empresa a enfocar sus recursos en las áreas más críticas para mejorar su postura de seguridad.

A continuación, te presento una representación simplificada de la matriz de riesgo terminada utilizando los datos anteriores. Cabe mencionar que, en un entorno de auditoría real, la matriz podría contener más detalles, categorías de riesgos y una escala más completa, pero este ejemplo proporciona una idea general de cómo se vería la matriz:

## Matriz de Riesgo para Auditoría de Seguridad Informática

| Riesgo | Probabilidad (1-5) | Consecuencia (1-5) | Nivel de Riesgo (Prob. x Cons.) |
|---|---|---|---|
| Falta de parches de seguridad | 4 | 3 | 12 |
| Contraseñas débiles | 3 | 4 | 12 |
| Falta de plan de respuesta a incidentes | 2 | 5 | 10 |
| Acceso no autorizado a datos confidenciales | 3 | 4 | 12 |

**1 = Muy Baja, 2 = Baja, 3 = Media, 4 = Alta, 5 = Muy Alta**

En esta matriz de riesgo, se han identificado cuatro riesgos durante la auditoría de seguridad informática. Cada riesgo tiene una probabilidad y una consecuencia asociadas, y se ha calculado el riesgo multiplicando estos dos valores. El riesgo resultante indica la gravedad del riesgo, y se ha utilizado para priorizar los riesgos.

En este caso, casi todos los riesgos tienen un valor de riesgo de 12, lo que significa que tienen la misma gravedad. Sin embargo, como se mencionó previamente, otros factores, como el impacto potencial en la confidencialidad, integridad y disponibilidad de los datos, pueden utilizarse para priorizar los riesgos en una situación real.

Con base en la matriz de riesgo, el equipo de auditoría y la organización pueden desarrollar un plan de acción para abordar los riesgos más críticos y tomar medidas para mejorar la seguridad informática y mitigar los riesgos identificados. La matriz de riesgo proporciona una visión clara y estructurada de los riesgos, lo que ayuda a la toma de decisiones informadas y la gestión eficiente de los riesgos en la organización.

# 6.3 Seguimiento y cierre de acciones correctivas

Después de presentar el informe de auditoría, cuando el contrato del servicio de auditoría incluye el seguimiento (auditoría externa) o si fue realizada por auditores internos, el seguimiento es muy importante, de lo contrario podrían no realizarse las recomendaciones incluidas en el informe.

## 6.3.1 Objetivo del seguimiento en una auditoría

El objetivo del seguimiento y cierre de acciones correctivas para un auditor es asegurar que las deficiencias y hallazgos identificados durante la auditoría sean abordados de manera efectiva y que se implementen medidas correctivas adecuadas. El seguimiento y cierre de acciones correctivas son etapas críticas en el proceso de auditoría, ya que garantizan que las recomendaciones y mejoras propuestas se lleven a cabo de manera oportuna y adecuada.

Algunos de los principales objetivos del seguimiento y cierre de acciones correctivas son los siguientes:

1. **Cumplimiento de Requisitos:** Asegurar que la organización cumpla con los requisitos normativos y las políticas internas al implementar las acciones correctivas necesarias. Esto garantiza que la organización esté alineada con las regulaciones y mejores prácticas establecidas.

2. **Mitigación de Riesgos:** Reducir o eliminar los riesgos identificados durante la auditoría. Al implementar las acciones correctivas, se busca minimizar las vulnerabilidades y mejorar la seguridad y el control en la organización.

3. **Mejora Continua:** Promover la mejora continua en las operaciones y procesos de la organización. Las acciones correctivas deben abordar las causas raíz de los problemas identificados para prevenir su recurrencia en el futuro.

4. **Optimización de Recursos:** Utilizar eficientemente los recursos disponibles para abordar las deficiencias y hallazgos. El seguimiento garantiza que los recursos se asignen adecuadamente para lograr los resultados deseados.

5. **Responsabilidad y Responsabilización:** Asignar responsabilidades claras a las partes interesadas para llevar a cabo las acciones correctivas. Establecer un plan de acción con plazos y responsables ayuda a garantizar que las mejoras se realicen de manera efectiva.

6. **Comunicación con las Partes Interesadas:** Informar a las partes interesadas sobre el progreso y el estado de las acciones correctivas. La comunicación abierta y transparente ayuda a

construir confianza y asegura que todos estén al tanto de los avances.

7. **Cierre de la Auditoría:** Concluir formalmente la auditoría al verificar que las acciones correctivas han sido implementadas y que los riesgos han sido mitigados. Esto permite cerrar el ciclo de la auditoría de manera adecuada.

El seguimiento y cierre de acciones correctivas son una parte esencial del proceso de auditoría, ya que garantizan que los hallazgos identificados se traduzcan en mejoras reales y tangibles en la organización. Un seguimiento efectivo y una implementación adecuada de las acciones correctivas aumentan la eficacia de la auditoría y contribuyen a fortalecer la seguridad, el cumplimiento y la eficiencia en el entorno informático de la organización.

# 6.3.2 Pasos para el seguimiento y cierre de una auditoría

El seguimiento y cierre de acciones correctivas de una auditoría implican un proceso estructurado para asegurar que las deficiencias identificadas durante la auditoría se aborden de manera adecuada y se implementen las medidas correctivas necesarias. Aquí están los pasos para llevar a cabo el seguimiento y cierre de acciones correctivas:

1. **Planeación del Seguimiento:** Antes de finalizar la auditoría, es importante planificar el seguimiento de las acciones correctivas. Esto incluye definir un cronograma para el seguimiento, identificar a los responsables de implementar las acciones correctivas y establecer una metodología para medir el progreso.

2. **Documentación de Hallazgos:** Asegurarse de que todos los hallazgos y recomendaciones de la auditoría estén claramente documentados en el informe de auditoría. Los hallazgos deben ser específicos, medibles y comprensibles para todas las partes interesadas.

3. **Establecer un Plan de Acción:** Junto con la dirección y los responsables del área auditada, desarrollar un plan de acción detallado que aborde cada hallazgo de manera individual. El plan de acción debe incluir acciones específicas, responsables

designados y plazos para la implementación.

4. **Asignar Responsabilidades:** Definir claramente quién será responsable de cada acción correctiva. Esto garantiza que cada tarea tenga un propietario designado y que se tenga la responsabilidad de llevarla a cabo.

5. **Implementar Acciones Correctivas:** Los responsables deben ejecutar las acciones correctivas de acuerdo con el plan establecido. Es fundamental que las acciones se lleven a cabo de manera efectiva y oportuna.

6. **Seguimiento del Progreso:** Monitorear de manera continua el progreso de la implementación de las acciones correctivas. Es importante realizar un seguimiento de cada acción para asegurarse de que se estén llevando a cabo según lo planificado.

7. **Evaluar Resultados:** Medir y evaluar los resultados de las acciones correctivas implementadas. Asegurarse de que las acciones hayan abordado los problemas identificados y hayan tenido un impacto positivo.

8. **Comunicación con las Partes Interesadas:** Mantener una comunicación abierta y transparente con todas las partes

interesadas sobre el progreso del seguimiento y cierre de acciones correctivas. Esto ayuda a mantener a todos informados y comprometidos con el proceso.

9. **Cierre de la Auditoría:** Una vez que todas las acciones correctivas han sido implementadas y los resultados evaluados, se puede proceder al cierre de la auditoría. El auditor debe verificar que todas las deficiencias han sido abordadas y que los riesgos han sido mitigados.

10. **Documentación Final:** Documentar los resultados del seguimiento y cierre de acciones correctivas, incluyendo los logros alcanzados y las lecciones aprendidas durante el proceso.

El seguimiento y cierre de acciones correctivas es una parte crítica de la auditoría, ya que asegura que los hallazgos identificados se conviertan en mejoras reales y significativas en la organización. Al seguir estos pasos, se promueve la mejora continua y se fortalece la seguridad, el cumplimiento y la eficiencia en el entorno informático de la organización.

**NOTA:** El seguimiento y cierre de acciones correctivas se puede gestionar como un proyecto interno del negocio.

## 6.3.3 Lecciones aprendidas después de una auditoría

Las lecciones aprendidas de un proyecto o auditoría se muestran, discuten y aprovechan en la reunión de cierre de una auditoría o postauditoría. A continuación, se muestra un ejemplo de la documentación de las lecciones aprendidas.

## 6.3.4 Ejemplo de lecciones aprendidas

Ejemplo de Lecciones Aprendidas basadas en una Auditoría de Seguridad Informática:

Durante una auditoría de seguridad informática en una empresa, se identificaron varios hallazgos y se implementaron acciones correctivas para abordar las deficiencias. Al finalizar la auditoría, se llevaron a cabo reuniones de revisión para discutir las lecciones aprendidas durante el proceso.

Aquí está un ejemplo de algunas lecciones aprendidas documentadas:

---

# Lecciones Aprendidas

1. **Importancia de la Actualización Regular de Parches de Seguridad:**
   a. **Lección Aprendida:** La empresa experimentó una serie

de vulnerabilidades debido a la falta de actualización de parches en sus sistemas críticos.

b. **Acción Correctiva:** Se implementó un plan para garantizar que los parches de seguridad sean revisados y aplicados regularmente en todos los sistemas para evitar exposiciones innecesarias a riesgos de seguridad.

2. **Fortalecimiento de las Políticas de Contraseñas:**

   a. **Lección Aprendida:** Se descubrió que muchas cuentas de usuario tenían contraseñas débiles o compartidas, lo que aumentó el riesgo de accesos no autorizados.

   b. **Acción Correctiva:** Se estableció una nueva política de contraseñas que requería contraseñas fuertes y únicas para cada cuenta, además de una capacitación para los empleados sobre las mejores prácticas de seguridad de contraseñas.

3. **Implementación de un Plan de Respuesta a Incidentes:**

   a. **Lección Aprendida:** La empresa carecía de un plan formal de respuesta a incidentes, lo que resultó en demoras en la identificación y mitigación de amenazas.

   b. **Acción Correctiva:** Se desarrolló un plan de respuesta a incidentes detallado, que incluía procedimientos claros para notificar y abordar incidentes de seguridad de manera oportuna y efectiva.

4. **Necesidad de una Segmentación de Redes Efectiva:**

   a. **Lección Aprendida:** La falta de segmentación adecuada en la red permitió que los atacantes movieran lateralmente dentro del sistema una vez que obtuvieron acceso.

   b. **Acción Correctiva:** Se implementó una segmentación de red para reducir la superficie de ataque y evitar que los atacantes se desplacen libremente dentro de la infraestructura.

5. **Mejora de la Conciencia de Seguridad entre los Empleados:**

   a. **Lección Aprendida:** Se detectaron incidentes de ingeniería social y falta de conciencia sobre los riesgos de seguridad entre los empleados.

   b. **Acción Correctiva:** Se llevó a cabo una campaña de concienciación en seguridad informática, que incluyó capacitaciones y simulacros de phishing para educar a los empleados sobre las tácticas de ataque y cómo protegerse.

6. **Necesidad de Actualización de Políticas y**

**Procedimientos de Seguridad:**

a. **Lección Aprendida:** Se encontraron políticas y procedimientos desactualizados o no alineados con las mejores prácticas de seguridad actuales.

b. **Acción Correctiva:** Se revisaron y actualizaciones las políticas y procedimientos de seguridad para reflejar las últimas recomendaciones y normativas de seguridad.

Las lecciones aprendidas durante la auditoría proporcionaron una valiosa retroalimentación para mejorar la seguridad informática de la empresa. Estas lecciones sirvieron como base para fortalecer la postura de seguridad, abordar deficiencias y crear una cultura de seguridad más consciente entre los empleados.

---

# 7 Marco de Trabajo de COBIT

Basar la actuación de una auditoria informática en un marco de trabajo como COBIT hace que el proceso de auditoria sea más sencillo y coherente.

# 7.1 ¿Qué es COBIT y para qué sirve?

COBIT (Control Objectives for Information and Related Technologies) es un marco de gobierno y gestión de tecnología de la información (TI) desarrollado por la organización ISACA (Information Systems Audit and Control Association).

COBIT proporciona un conjunto de prácticas y lineamientos para ayudar a las organizaciones a gestionar y controlar sus sistemas de información de manera efectiva.

## 7.1.1 El propósito de COBIT

El propósito principal de COBIT es ayudar a las organizaciones a lograr sus objetivos empresariales a través de una gestión adecuada de la tecnología de la información. Para ello, COBIT establece una serie de objetivos de control y mejores prácticas relacionadas con los procesos de TI, la seguridad informática y el gobierno corporativo.

## 7.1.2 La evolución de COBIT

La evolución de COBIT ha sido un proceso continuo y adaptativo desde su creación en 1996. A lo largo de los años, COBIT ha experimentado varias actualizaciones y revisiones para mantenerse relevante y abordar los cambios en el entorno tecnológico y los desafíos en la gestión de la tecnología de la información. A continuación, se resumen las principales etapas de la evolución de COBIT:

1. **COBIT 1.0 (1996):** La primera versión de COBIT fue lanzada en 1996 por ISACA. Esta versión temprana estableció un marco básico para el control y gobierno de TI, brindando una estructura inicial para que las organizaciones comprendieran y mejoraran sus procesos de TI.

2. **COBIT 2.0 (1998):** En 1998, se lanzó la segunda versión de COBIT, que incluyó mejoras y ampliaciones para abordar temas como el enfoque en la entrega de valor de TI y la gestión de proyectos.

3. **COBIT 3.0 (2000):** La versión 3.0 de COBIT fue lanzada en 2000 y representó una mejora significativa, ofreciendo una visión más integral de la gestión de TI y una mayor orientación hacia el alineamiento con el negocio.

4. **COBIT 4.0 (2005):** La versión 4.0 de COBIT se publicó en 2005 y se centró en la integración con otros marcos y estándares, como ITIL (Information Technology Infrastructure Library) y ISO/IEC 27001. También se incluyeron objetivos de control más específicos.

5. **COBIT 4.1 (2007):** Esta versión lanzada en 2007 introdujo

ajustes menores y mejoras en la documentación.

6. **COBIT 5 (2012):** En 2012, se presentó COBIT 5, una revisión importante que reorganizó y consolidó los marcos anteriores de COBIT y lo convirtió en un marco único y completo para la gobernanza y gestión de TI. COBIT 5 se basa en cinco principios y siete habilitadores, centrándose en la creación de valor y la alineación con el negocio.

7. **COBIT 2019 (2018):** La versión más reciente, COBIT 2019, se publicó en 2018. Esta versión amplía el enfoque de COBIT 5, proporcionando una guía más detallada y estructurada para abordar los desafíos actuales en la gestión de TI, como la integración con la gestión de riesgos y la ciberseguridad.

En cada una de las versiones de COBIT, se han realizado ajustes y mejoras para garantizar que el marco siga siendo relevante y útil para las organizaciones en un entorno tecnológico en constante cambio. COBIT ha evolucionado para adaptarse a las necesidades cambiantes de las organizaciones y brindar orientación efectiva en la gobernanza y gestión de la tecnología de la información.

## 7.2 COBIT 4.1 como punto de partida

Si eres un auditor nuevo que nunca ha hecho auditorias informáticas o eres un informático que nunca ha participado en una auditoría, te recomiendo empezar con la versión de COBIT 4.1 y después "saltar" a la versión 2019.

COBIT 4.1 al ser un marco de trabajo descontinuado puede ser encontrado y descargado de internet fácilmente en menos de 10 minutos buscando con Google Search o con Microsoft Bing.

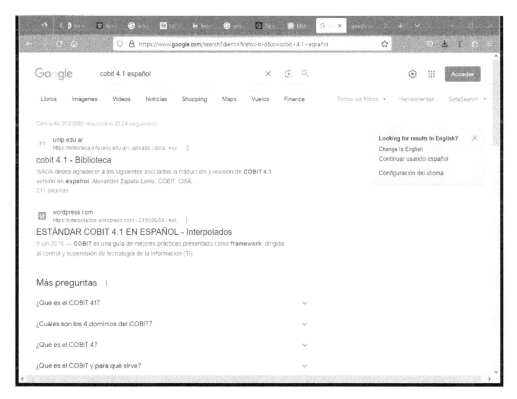

Figura 7.1 Búsqueda de COBIT 4.1 en Internet

Al descargar COBIT 4.1 verás que es un archivo PDF cuya portada se ve como la siguiente imagen.

Figura 7.2 Portada de COBIT 4.1

COBIT 4.1 se basa en 34 procesos informáticos organizados en cuatro dominios que representan áreas clave de enfoque para la gestión de tecnología de la información en una organización.

Cada dominio abarca varios procesos relacionados que ayudan a alcanzar los objetivos establecidos. A continuación, se muestran los cuatro dominios de COBIT 4.1 y los procesos incluidos en cada uno:

- **Dominio Planear y Organizar (Plan and Organize):**
  - o PO1 Definir un Plan Estratégico de TI y una Arquitectura de TI

- o PO2 Definir la dirección tecnológica

- o PO3 Determinar la dirección tecnológica

- o PO4 Definir los procesos, la organización y las relaciones de TI

- o PO5 Gestionar la inversión de TI

- o PO6 Comunicar las directrices y expectativas de la dirección

- o PO7 Administrar los recursos humanos de TI

- o PO8 Gestionar la calidad

- o PO9 Evaluar y gestionar los riesgos de TI

- o PO10 Administrar proyectos

- **Dominio Adquirir e Implementar (Acquire and Implement):**
  - o AI1 Identificar soluciones automatizadas
  - o AI2 Adquirir e implementar soluciones automatizadas
  - o AI3 Adquirir recursos de TI
  - o AI4 Habilitar operación y uso
  - o AI5 Adquirir y mantener aplicaciones de software
  - o AI6 Gestionar cambios
  - o AI7 Instalar y validar soluciones y cambios

- **Dominio Entregar y Soportar (Deliver and Support):**

- o DS1 Definir y gestionar niveles de servicio
- o DS2 Administrar los servicios de terceros
- o DS3 Administrar el desempeño y la capacidad
- o DS4 Asegurar la continuidad de los servicios
- o DS5 Asegurar la seguridad de los sistemas
- o DS6 Identificar y asignar costos
- o DS7 Educar y capacitar a los usuarios
- o DS8 Administrar la mesa de ayuda y los incidentes
- o DS9 Administrar la configuración
- o DS10 Administrar problemas
- o DS11 Administrar los datos
- o DS12 Administrar el entorno físico
- o DS13 Administrar las operaciones

- **Dominio Evaluar y Monitorear (Monitor and Evaluate):**
  - o ME1 Monitorear y evaluar el desempeño de TI
  - o ME2 Monitorear y evaluar los controles internos
  - o ME3 Asegurar el cumplimiento con requisitos externos
  - o ME4 Proporcionar gobernanza de TI

Al leer cada proceso de tu interés de COBIT 4.1 encontrarás dentro actividades a realizar, objetivos de control a revisar y métricas para medir si los procesos informáticos se están realizando dc forma eficiente.

**IIMPORTANTE:** Para Saber cómo usar COBIT 4.1 para auditores visita el canal de AUDITOR INFORMATICO en YouTube o usa el enlace siguiente: https://youtu.be/epVJyHksIrg

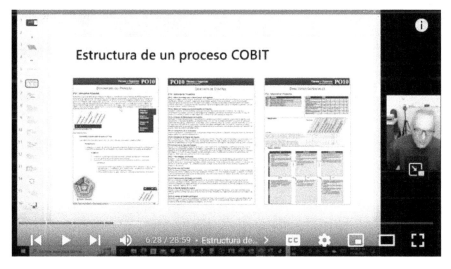

Figura 7.3 Video Como usar COBIT 4.1 para auditar

# 7.3 COBIT 2019

Una de las principales diferencias entre COBIT 4.1 y la versión 2019, consiste en que la versión 2019 supone que la organización tiene implementado un sistema de planeación estratégica para conseguir los objetivos del negocio como el Balanced Scorecard (BSC).

## 7.3.1 BALANCED SCORECARD

El Balanced Scorecard (BSC) es un marco de gestión estratégica que fue desarrollado por los profesores Robert Kaplan y David Norton a principios de la década de 1990. El objetivo principal del Balanced Scorecard es medir y gestionar el desempeño organizacional de manera equilibrada y alinear las actividades con la estrategia general de la empresa.

El BSC se basa en la idea de que las organizaciones no solo deben enfocarse en indicadores financieros tradicionales para medir su éxito, como ingresos y beneficios, sino que también deben tener en cuenta otras perspectivas clave que afectan el desempeño a largo plazo. Estas perspectivas son:

- **Perspectiva financiera:** Incluye indicadores financieros tradicionales, como ingresos, márgenes de beneficio, retorno de la inversión (ROI) y crecimiento de los activos, que reflejan el desempeño económico de la organización.

- **Perspectiva del cliente:** Se centra en las necesidades y expectativas de los clientes, así como en la satisfacción del cliente, la retención y la adquisición de nuevos clientes.

- **Perspectiva interna:** Identifica los procesos internos clave que impulsan el éxito financiero y la satisfacción del cliente. Estos procesos pueden incluir la eficiencia operativa, la calidad del producto y la innovación.

- **Perspectiva de aprendizaje y crecimiento:** Se enfoca en el desarrollo de capacidades y competencias del personal, la mejora de la tecnología y los sistemas, y la cultura organizacional, que permiten la innovación y el crecimiento a largo plazo.

El Balanced Scorecard proporciona una visión holística y equilibrada del desempeño organizacional al integrar estas cuatro perspectivas. A través del BSC, una organización puede establecer objetivos y medidas estratégicas en cada una de las perspectivas, lo que permite una alineación más efectiva de todas las actividades con la visión y estrategia de la empresa.

El BSC se utiliza como una herramienta de gestión y comunicación estratégica que permite a los líderes y gerentes de una organización monitorear el progreso hacia los objetivos estratégicos, identificar áreas de mejora y tomar decisiones informadas para lograr un rendimiento equilibrado en todas las perspectivas.

En resumen, el Balanced Scorecard es una metodología de gestión estratégica que ayuda a las organizaciones a medir, gestionar y alinear su desempeño en todas las áreas clave, proporcionando una visión más completa y equilibrada del éxito empresarial.

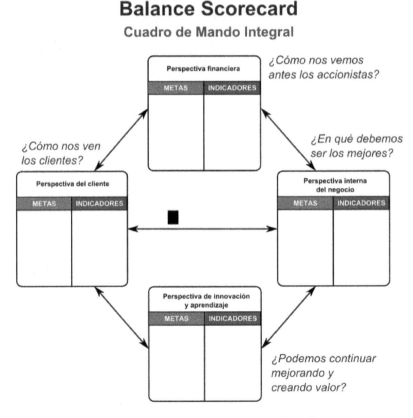

Figura 7.4 Representación gráfica de BSC

## 7.3.2 Los procesos de COBIT 2019

COBIT 2019 se basa en un marco de cinco dominios principales, cada uno con sus respectivos procesos para proporcionar una guía integral para la gobernanza y gestión de la tecnología de la información en una organización.

Figura 7.5 Portada del libro de Objetivos de Gobierno y Gestión de COBIT 2019

COBIT 2019 considera 40 procesos informáticos divididos en 5 áreas de conocimiento.

A continuación, se enumeran los dominios y los procesos incluidos en COBIT 2019:

- **Dominio Evaluar, Dirigir y Supervisar (Evaluate, Direct and Monitor):**
  - EDM01 Asegurar el establecimiento de una gobernanza de TI
  - EDM02 Asegurar la entrega de beneficios
  - EDM03 Asegurar la optimización del riesgo
  - EDM04 Asegurar la optimización de los recursos
  - EDM05 Asegurar el compromiso de las partes interesadas

- **Dominio Alinear, Planificar y Organizar (Plan):**
  - APO01 Administrar el marco de gestión de TI
  - APO02 Administrar la estrategia
  - APO03 Administrar la arquitectura empresarial
  - APO04 Administrar la innovación
  - APO05 Administrar el portafolio
  - APO06 Administrar el presupuesto y los costos
  - APO07 Administrar los recursos humanos
  - APO08 Administrar las relaciones
  - APO09 Administrar los acuerdos de servicio
  - APO10 Administrar a los proveedores

- APO11 Administrar la calidad
- APO12 Administrar los riesgos
- APO13 Administrar la seguridad
- APO14 Administrar los datos

- Dominio Construir, Adquirir e Implementar (Build, Acquire and Implement):
  - BAI01 Administrar programas
  - BAI02 Administrar definiciones de requerimientos
  - BAI03 Administrar la identificación y construcción de soluciones
  - BAI04 Administrar la disponibilidad y capacidad
  - BAI05 Administrar los cambios en la organización
  - BAI06 Administrar los cambios en TI
  - BAI07 Administrar la aceptación y la transición d ellos cambios de TI
  - BAI08 Administrar el conocimiento
  - BAI09 Administrar los activos
  - BAI10 Administrar la configuración
  - BAI11 Administrar los proyectos

- **Dominio Entregar, Servir y Soportar (Deliver, Service and Support):**
  - DSS01 Administrar operaciones

- o DSS02 Administrar solicitudes y los incidentes

- o DSS03 Administrar los problemas

- o DSS04 Administrar la continuidad

- o DSS05 Administrar los servicios de seguridad de la información

- o DSS06 Administrar los controles de los procesos del negocio

- **Dominio Monitorear, Evaluar y Valorar (Monitoring, Evaluate and Assesment)**

  - o MEA01 Administrar el monitoreo del desempeño y la conformidad

  - o MEA02 Administrar el sistema de control interno

  - o MEA03 Administrar el cumplimiento externo

  - o MEA04 Administrar el aseguramiento

Cada uno de estos dominios incluye procesos específicos que cubren diferentes aspectos de la gobernanza y gestión de TI en una organización. Estos procesos están diseñados para ayudar a las organizaciones a alcanzar sus objetivos empresariales basados en el BSC.

COBIT 2019 es una versión actualizada y más completa de COBIT que sigue evolucionando para adaptarse a las cambiantes necesidades de las organizaciones y los desafíos en la gestión de la tecnología de la información.

Para adquirir los manuales de COBIT puedes entrar al sitio de la

ISACA en www.isaca.org o a la tienda de libros de Amazon.

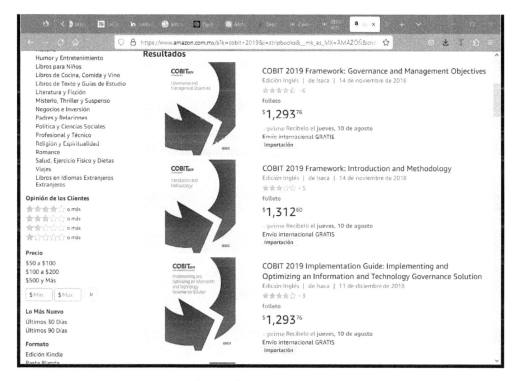

Figura 7.6 Libros de COBIT en Amazon

COBIT es ampliamente utilizado por profesionales de TI, directores

ejecutivos, auditores y gerentes de riesgo para mejorar la gestión de la

tecnología de la información y fortalecer el gobierno corporativo en

las organizaciones.

# 8 Tendencias y desafíos en auditoría informática

Es muy importante estar al tanto de las nuevas tendencias en tecnologías de la información y en auditorías informáticas para mantener la vigencia de los conocimientos y habilidades de los auditores.

# 8.1 Las nuevas tecnologías y su impacto en la auditoría

Revisar las nuevas tecnologías emergentes es de suma importancia para el auditor informático por varias razones que se numeran a continuación:

1. **Evaluación de riesgos:** Las nuevas tecnologías pueden introducir riesgos desconocidos en la infraestructura y sistemas de una organización. Al revisar y comprender estas tecnologías emergentes, el auditor puede identificar posibles vulnerabilidades y riesgos asociados.

2. **Actualización de conocimientos:** El campo de la tecnología avanza rápidamente, y las nuevas herramientas y soluciones pueden requerir habilidades y conocimientos actualizados. El auditor informático debe mantenerse al tanto de las tendencias tecnológicas para estar preparado para enfrentar nuevos desafíos.

3. **Adecuación de controles de seguridad:** Con la adopción de nuevas tecnologías, pueden ser necesarios ajustes o implementación de nuevos controles de seguridad para proteger adecuadamente los activos de información y la infraestructura de la organización.

4. **Cumplimiento normativo:** Algunas tecnologías emergentes pueden tener implicaciones legales y regulatorias específicas. El auditor debe asegurarse de que la organización cumpla con las leyes y regulaciones pertinentes al adoptar nuevas tecnologías.

5. **Eficiencia en la auditoría:** Si el auditor informático está familiarizado con las nuevas tecnologías, puede utilizar herramientas y metodologías más avanzadas para llevar a cabo las auditorías, lo que aumenta la eficiencia del proceso y mejora la calidad de los resultados.

6. **Identificación de oportunidades:** Las nuevas tecnologías pueden ofrecer oportunidades para mejorar los procesos y la seguridad en la organización. El auditor informático puede identificar e informar sobre estas oportunidades a la alta dirección.

7. **Prevención de incidentes:** Al conocer las características y riesgos asociados con las tecnologías emergentes, el auditor informático puede ayudar a prevenir incidentes de seguridad y tomar medidas proactivas para mitigar los riesgos.

8. **Adaptabilidad y flexibilidad:** La revisión de nuevas tecnologías permite al auditor informático mantenerse adaptable y flexible frente a los cambios en el panorama tecnológico, lo que es esencial para brindar un enfoque de auditoría actualizado y relevante.

En resumen, revisar las nuevas tecnologías emergentes es esencial para el auditor informático porque le permite mantenerse informado sobre las tendencias tecnológicas actuales, evaluar los riesgos asociados y garantizar que la organización se mantenga segura y protegida en un entorno tecnológico en constante evolución. La capacidad de adaptarse y estar al tanto de las últimas tendencias tecnológicas es clave para el éxito del auditor informático y para brindar valor añadido a la organización a través de una auditoría informática efectiva.

## 8.2 Cómo mantenerte al tanto de las nuevas tecnologías

Para que un auditor informático pueda mantenerse al tanto de las nuevas tecnologías y estar actualizado en su campo, aquí hay algunas recomendaciones:

1. **Formación y capacitación continua:** Asistir a cursos, seminarios, talleres y conferencias relacionados con la

tecnología y la seguridad informática. Esto permitirá al auditor adquirir nuevos conocimientos y habilidades relevantes para su campo.

2. **Certificaciones profesionales:** Obtener certificaciones reconocidas en seguridad informática y auditoría, como CISSP (Certified Information Systems Security Professional) o CISA (Certified Information Systems Auditor). Estas certificaciones validan los conocimientos y habilidades del auditor y son altamente valoradas en la industria.

3. **Leer blogs y publicaciones especializadas:** Seguir blogs y revistas en línea dedicados a la seguridad informática y tecnologías emergentes. Esto proporciona una fuente continua de información actualizada sobre las últimas tendencias y desarrollos tecnológicos.

4. **Participar en comunidades y foros en línea:** Unirse a grupos de discusión y foros en línea relacionados con la auditoría y la seguridad informática. Estos espacios permiten intercambiar conocimientos y experiencias con otros profesionales del campo.

5. **Seguir a expertos en redes sociales:** Seguir a líderes de

opinión y expertos en seguridad informática en plataformas de redes sociales como Twitter o LinkedIn. Estos expertos a menudo comparten noticias, análisis y consejos sobre las últimas novedades tecnológicas.

6. **Pruebas de concepto y laboratorios:** Realizar pruebas de concepto y experimentar con tecnologías emergentes en entornos de laboratorio. Esto permite al auditor comprender cómo funcionan estas tecnologías y cómo podrían afectar la seguridad de la organización.

7. **Participar en proyectos de innovación:** Colaborar con equipos de innovación y desarrollo de tecnología en la organización para estar al tanto de los proyectos y soluciones emergentes que se están implementando.

8. **Participar en grupos de trabajo y eventos profesionales:** Unirse a grupos de trabajo o comités dedicados a la seguridad informática y participar en eventos profesionales relacionados. Esto ofrece oportunidades de networking y aprendizaje.

9. **Suscripciones a boletines de noticias:** Inscribirse en boletines de noticias de organizaciones y sitios web

especializados en seguridad informática. Estos boletines proporcionan actualizaciones regulares sobre temas relevantes.

10. **Participar en programas de aprendizaje en línea:** Utilizar plataformas de aprendizaje en línea para acceder a cursos y tutoriales sobre tecnologías emergentes y temas de seguridad informática.

Mantenerse actualizado con las nuevas tecnologías es esencial para que el auditor informático pueda evaluar y abordar adecuadamente los riesgos de seguridad en un entorno en constante evolución. Al adoptar estas recomendaciones, el auditor estará mejor preparado para realizar una auditoría informática efectiva y ofrecer un mayor valor a la organización.

# 9 Anexos

Aquí se presentan anexos relacionados a los temas tratados en este libro.

# Anexo A: Glosario de términos

A continuación, se muestra la lista de términos usados en este libro.

| Concepto | Significado |
| --- | --- |
| **Acuerdos de nivel de servicio (SLA)** | Es un acuerdo o "contrato" interno donde el departamento de tecnología de la información se compromete a mantener los sistemas (aplicaciones) funcionando dentro de un tiempo (horario) y un nivel de funcionalidad durante el tiempo laboral del negocio. |
| **Amenaza** | Las amenazas son eventos o situaciones que pueden causar daño o afectar negativamente los activos de información de la organización. |
| **Aplicación** | Software instalado en las computadoras del negocio o servicio de software usado por las computadoras del negocio (como internet) que son usados para la información necesaria para realizar los procesos del negocio. |
| **Autoverificación de controles** | Es la revisión interna que realiza el departamento de TI para asegurarse que sus operaciones mantengan el cumplimiento de la normatividad y desempeño que la organización necesita. Normalmente se basa en una auditoría previa, sus hallazgos y recomendaciones. |
| **Base de datos** | Repositorio de información, puede ser un archivo de software o un conjunto de archivos (tablas) relacionadas que guardan y organizan la información de los negocios. Una |

| | |
|---|---|
| | base de datos se accede o lee mediante una aplicación específica. |
| **BCP** | BUSINESS CONTINUITY PLAN. Ver Plan de continuidad del negocio. |
| **Cambio o cambio informático** | Es la acción de modificar la capacidad o configuración de un activo informático para cambiar su desempeño o funcionalidad. Existen los cambios de urgencia (CU), los cambios estándar (CE) y los cambios preaprobados (CP). |
| **Confiabilidad** | Capacidad de una aplicación o equipo de cómputo de generar los mismos resultados o cálculos (siempre) al ingresar los mismos insumos. |
| **Dirigente** | Ver Stakeholder |
| **Disponibilidad** | Nivel de confianza de la información o aplicaciones de estar disponible o accedible en el momento que se necesita para la persona autorizada. |
| **Escalabilidad** | Capacidad de sistema de información de crecer para adaptarse a las nuevas necesidades a través de adquirir más hardware o software. |
| **Frameworks** | Ver Marcos de Trabajo. |
| **Gestión de cambios** | Proceso mediante el cual se reciben, atienden y solucionan las solicitudes de cambios (RFC) informáticos de forma profesional en una empresa, basado en algún marco de trabajo como ITIL o ISO 20000. |
| **Gestión de incidentes** | Proceso mediante el cual se reciben, atienden y solucionan los incidentes informáticos de forma profesional en |

| | |
|---|---|
| | una empresa, basado en algún marco de trabajo como ITIL o ISO 20000. |
| **Gestión de problemas** | Proceso mediante el cual se reciben, atienden y solucionan los problemas informáticos de forma profesional en una empresa, basado en algún marco de trabajo como ITIL o ISO 20000. |
| **Gestión de proyectos** | Proceso mediante el cual se administran los proyectos informáticos de forma profesional en una empresa, basado en algún marco de trabajo como PMBOK, PRINCE o Agile. |
| **Gestión de servicios informáticos** | Proceso mediante el cual se reciben, atienden y solucionan las solicitudes de servicio (RFS) y las solicitudes de información (RFI) de forma profesional en una empresa, basado en algún marco de trabajo como ITIL o ISO 20000. |
| **Hardware** | Equipos, dispositivos o accesorios físicos, que mediante software ayudan a ingresar, procesar o extraer información a una aplicación para llevar a cabo una tarea especifica. |
| **Incidente** | Evento anómalo presentado en algún activo informático que afecta el comportamiento del servicio o aplicación reduciendo su velocidad o afectando su capacidad de producir resultados de forma intermitente. |
| **Marcos de trabajo** | Son documentos como libros, manuales o guías que contienen las buenas prácticas mundiales para administrar procesos informáticos. |

| | En inglés se les conoce como Frameworks. |
|---|---|
| **Plan de Continuidad del Negocio (ante desastres informáticos)** | Consta de los planes y procesos para garantizar que ante un desastre informático, la información y los servicios informáticos críticos del negocio sigan disponibles y funcionando de forma disminuida o ralentizada mientras se restablecen los servicios a su nivel normal. |
| **Problema** | Evento anómalo presentado en algún activo informático que impide el funcionamiento del servicio de una aplicación o componente informático. |
| **Red (de computadoras)** | Son 2 o más equipos de hardware comunicados por cables (medios físicos) o inalámbricos para compartir información. Para conectar 2 o más equipos se pueden usar dispositivos intermedios como los concentradores, los switches, los módems y los puntos de acceso. |
| **Rendimiento (Performance)** | Capacidad de un equipo informático o aplicación para proporcionar la información necesaria dentro del tiempo esperado. |
| **Segregación de funciones** | La segregación de funciones es un principio de control interno que se utiliza para reducir el riesgo de fraude, errores y abuso en una organización. Consiste en dividir las tareas y responsabilidades relacionadas con procesos críticos entre diferentes personas o grupos para evitar que una sola persona |

| | |
|---|---|
| | tenga control absoluto sobre una actividad o proceso completo. |
| **Seguridad** | Capacidad de una aplicación o equipo de cómputo para permitir que sea accedido sólo por el personal autorizado y dejando evidencia de quien lo utilizo y para que. |
| **Sistemas operativos del negocio** | Son los procesos internos del negocio gestionados por software necesarios para obtener los insumos y el control adecuado para producir los productos o servicios que el negocio vende y entrega a los clientes. |
| **SLA** | Ver Acuerdo de nivel de servicio. |
| **Solicitud de Cambios (RFC o Request for Change)** | Es una solicitud o petición presentada por un usuario de tecnología informática que dispara una revisión para determinar si se autoriza o se rechaza para realizar o no el cambio en un activo informático. |
| **Software** | Programas de cómputo o aplicaciones que las personas usan para registrar, consultar, procesar o modificar información útil para llevar a cabo actividades de trabajo o aprendizaje. |
| **Stakeholder o dirigente** | Es una persona de la organización con rango alto que tiene el poder administrativo y económico para decidir algún cambio en la infraestructura informática para mejorar los procesos del negocio. |
| **TI** | Tecnología(s) de la Información. Conjunto de hardware, software, |

| | políticas, marcos de trabajo y personal técnico que administran y proporcionan los servicios informáticos. |
|---|---|
| **Vulnerabilidades** | Son las brechas de seguridad presentes en cualquier software. Si se explotan, estas fallas pueden permitir a los atacantes obtener acceso no autorizado a información confidencial o, en general, causar problemas que ponen en riesgo a toda la organización. |

Para saber más sobre esto conceptos o términos puedes buscar en otros libros de auditoría o en internet.

# Anexo B Ejemplo de Análisis FODA para análisis de riesgos preliminares

Ejemplo del análisis FODA aplicado para evaluar los riesgos preliminares de una auditoría informática en una empresa de comercio electrónico:

### Análisis FODA - Auditoría Informática en Empresa de Comercio Electrónico

1. **Fortalezas:**
   - **Equipo de TI experimentado y capacitado:** La empresa cuenta con un equipo de profesionales de TI altamente calificados y con experiencia en la implementación y mantenimiento de sistemas informáticos.
   - **Infraestructura tecnológica robusta:** La empresa ha invertido en una infraestructura tecnológica sólida que incluye servidores seguros, firewalls y medidas de protección de datos.
   - **Políticas de seguridad bien definidas**: La empresa ha establecido políticas y procedimientos de seguridad informática que incluyen la autenticación de usuarios, el cifrado de datos y el control de acceso.
2. **Oportunidades:**
   - **Implementación de nuevas tecnologías:** La empresa tiene la oportunidad de implementar nuevas tecnologías, como la inteligencia artificial y el análisis de big data, para mejorar la experiencia del cliente y la eficiencia operativa.
   - **Actualización de sistemas obsoletos:** Existe la oportunidad de actualizar los sistemas y software obsoletos para mejorar la seguridad y el rendimiento de los sistemas informáticos.
   - **Capacitación y concientización del personal:** La empresa puede brindar capacitación y concientización en seguridad informática a sus empleados para reducir los riesgos asociados con la ingeniería social y el descuido humano.
3. **Debilidades:**
   - **Falta de controles de acceso adecuados:** La empresa tiene deficiencias en sus controles de acceso, lo que podría dar lugar a accesos no autorizados a la información confidencial.
   - **Escasez de políticas de gestión de contraseñas:** La falta de políticas claras para la gestión de contraseñas puede aumentar

el riesgo de contraseñas débiles o compartidas, lo que pone en peligro la seguridad de los sistemas.

o **Respuesta inadecuada a incidentes de seguridad:** La empresa carece de un plan de respuesta a incidentes bien definido, lo que podría afectar negativamente su capacidad para gestionar y mitigar las brechas de seguridad.

4. **Amenazas:**

o **Ciberataques:** La empresa está expuesta a amenazas como ataques de phishing, malware y ransomware que podrían comprometer la seguridad y la integridad de los datos.

o **Fugas de datos:** La falta de controles adecuados podría aumentar el riesgo de fugas de datos confidenciales de los clientes, lo que afectaría la reputación y la confianza de los clientes en la empresa.

o **Cumplimiento normativo:** Las regulaciones cambiantes en materia de privacidad y protección de datos podrían exponer a la empresa a sanciones y multas si no se cumple adecuadamente.

| FORTALEZAS | DEBILIDADES |
|---|---|
| ▪ Equipo de TI experimentado y capacitado<br>▪ Infraestructura tecnológica robusta<br>▪ o Políticas de seguridad bien definidas | ▪ Respuesta inadecuada a incidentes de seguridad<br>▪ Escasez de políticas de gestión de contraseñas<br>▪ Falta de controles de acceso adecuados |
| OPORTUNIDADES | AMENAZAS |
| ▪ Implementación de nuevas tecnologías<br>▪ Actualización de sistemas obsoletos<br>▪ Capacitación y concientización del personal | ▪ Ciberataques<br>▪ Fugas de datos<br>▪ Cumplimiento normativo |

El análisis FODA permite identificar y evaluar los riesgos preliminares de una auditoría informática en una empresa de comercio electrónico.

Al conocer las fortalezas, oportunidades, debilidades y amenazas, el equipo de auditoría puede centrar sus esfuerzos en las áreas clave que requieren atención para mejorar la seguridad y eficiencia de los sistemas informáticos y reducir los riesgos identificados.

# Anexo C: Ejemplo de Matriz de Análisis FODA para análisis de riesgos preliminares

Ejemplo del análisis FODA aplicado para evaluar los riesgos preliminares de una auditoría informática en una empresa de comercio electrónico:

A continuación, se muestra una representación gráfica del análisis anterior.

| FORTALEZAS | DEBILIDADES |
|---|---|
| • Equipo de TI (personal técnico) experimentado y capacitado<br>• Infraestructura tecnológica robusta<br>• Políticas de seguridad bien definidas | • Falta de controles de acceso adecuados<br>• Escasez de políticas de gestión de contraseñas<br>• Respuesta inadecuada a incidentes de seguridad |
| OPORTUNIDADES | AMENAZAS |
| • Implementación de nuevas tecnologías<br>• Actualización de sistemas obsoletos<br>• Capacitación y concientización del personal | • Ciberataques<br>• Fuga de datos<br>• Cumplimiento normativo (incumplimiento) |

# Anexo D: Ejemplo de Análisis PESTEL en listado

Ejemplo del análisis PESTEL aplicado a una auditoría informática en una empresa de servicios financieros:

### Análisis PESTEL - Auditoría Informática en Empresa de Servicios Financieros

1. **Político:**
   a. Cambios en las regulaciones de privacidad y protección de datos: Evaluación de cómo los cambios en las leyes de privacidad pueden afectar la recopilación, almacenamiento y procesamiento de datos del cliente.
   b. Legislación sobre ciberseguridad: Verificar si la empresa cumple con las regulaciones y estándares gubernamentales relacionados con la ciberseguridad y la protección de la información confidencial de los clientes.

2. **Económico:**
   a. Tendencias económicas: Analizar cómo la situación económica actual y las tasas de interés afectan la inversión en tecnología y la capacidad de la empresa para implementar nuevas soluciones tecnológicas.
   b. Presupuesto de TI: Evaluar si la empresa tiene suficiente presupuesto asignado para abordar adecuadamente los riesgos de seguridad informática y mantener sus sistemas actualizados.

3. **Social:**
   a. Cambios en el comportamiento del cliente: Considerar cómo los cambios en las preferencias y expectativas de los clientes afectan las necesidades de seguridad y servicios tecnológicos que la empresa debe proporcionar.
   b. Conciencia de la seguridad informática: Evaluar el nivel de conciencia de los empleados y clientes sobre las amenazas de

seguridad informática y si la empresa está tomando medidas para educar y sensibilizar sobre la seguridad cibernética.

4. **Tecnológico:**
   a. Avances tecnológicos: Analizar cómo las últimas tecnologías, como la nube, la inteligencia artificial y el Internet de las cosas, pueden afectar la seguridad y la eficiencia de los sistemas informáticos de la empresa.
   b. Capacidad de actualización y adaptación: Evaluar si la empresa tiene la capacidad de mantenerse al día con las últimas tecnologías y tendencias de seguridad informática.

5. **Ambiental:**
   a. Cumplimiento ambiental: Evaluar si la empresa está cumpliendo con las regulaciones y normativas ambientales al manejar adecuadamente la disposición de equipos electrónicos obsoletos y reducir el consumo de energía en sus centros de datos.

6. **Legal:**
   a. Contratos y acuerdos de terceros: Verificar si la empresa tiene contratos y acuerdos legales con proveedores de servicios de TI y socios de negocios, asegurando que se protejan adecuadamente los datos y la propiedad intelectual.

El análisis PESTEL proporciona una visión integral de los factores externos que podrían afectar la seguridad y eficiencia de los sistemas informáticos de la empresa de servicios financieros. Este análisis permite a los auditores informáticos identificar riesgos y oportunidades relevantes y comprender cómo el entorno externo puede influir en la estrategia y operaciones de la empresa en el contexto de la tecnología de la información.

# Anexo E: Ejemplo de Matriz de Análisis PESTEL en matriz

Ejemplo del análisis PESTEL aplicado a una auditoría informática en una empresa de servicios financieros:

| Elemento | Factores Externos | Ejemplos |
|---|---|---|
| Político | • Cambios en regulaciones gubernamentales | • Cambios en leyes de protección de datos y privacidad<br>• Políticas de ciberseguridad del gobierno |
| Económico | • Tendencias económicas<br>• Fluctuaciones en tipo de cambio | • Recesión económica que afecta al presupuesto de TI<br>• Aumento en el costo de la tecnología y software importado |
| Social | • Cambios en el comportamiento del cliente<br>• Mayor conciencia de la seguridad informática | • Aumento en el uso de dispositivos móviles para acceder a servicios financieros en línea<br>• Preferencia por servicios financieros sostenibles y éticos |
| Tecnológico | • Avances en tecnología<br>• Cambios en la industria de tecnología | • Implementación de inteligencia artificial para la detección de fraudes en tiempo real<br>• Nuevas herramientas de análisis de big data para mejorar la toma de decisiones |

| Ambiental | • Factores ambientales<br>• Iniciativas de sostenibilidad | • Esfuerzos para reducir el consumo de energía en los centros de datos<br>• Cumplimiento con las regulaciones sobre el reciclaje de equipos electrónicos |
|---|---|---|
| Legal | • Cambios en regulaciones legales<br>• Normativas de seguridad cibernética | • Cumplimiento con la ley de Datos Personales en el país de operación<br>• Cumplimiento con las regulaciones de seguridad informática en el sector financiero |

# Anexo F: Ejemplo de formato de matriz de riesgo

Ejemplo de matriz de riesgo utilizada en una auditoría informática para evaluar y clasificar los riesgos identificados.

| MATRIZ DE RIESGO | | | |
|---|---|---|---|
| **Riesgos** | **Probabilidad** | **Impacto** | **Prioridad** |
| Riesgo 1 | Alta | Medio | Alta |
| Riesgo 2 | Media | Alto | Alta |
| Riesgo 3 | Baja | Bajo | Baja |
| Riesgo 4 | Media | Medio | Media |
| Riesgo 5 | Alta | Alto | Alta |
| Riesgo 6 | Baja | Alto | Media |

**Prioridad = Probabilidad X Impacto**

En esta matriz de riesgo, se han identificado y evaluado varios riesgos informáticos. Cada riesgo se clasifica según su probabilidad de ocurrencia y su impacto en la organización. La probabilidad y el impacto se califican generalmente en escalas de baja, media y alta.

La prioridad de cada riesgo se determina multiplicando la probabilidad por el impacto. Los riesgos con una alta prioridad son aquellos que tienen una alta probabilidad de ocurrencia y un alto impacto en la organización y, por lo tanto, requieren una atención inmediata.

El equipo de auditoría puede utilizar esta matriz de riesgo para priorizar los riesgos identificados y enfocar sus esfuerzos en abordar los riesgos más críticos y de mayor impacto para la organización. También puede ser útil para comunicar los resultados de la auditoría y las recomendaciones a la dirección y otros interesados.

# Anexo G: Listado de riesgos informáticos agrupados por categorías

A continuación, te presento un listado de riesgos informáticos agrupados por categorías:

1. **Seguridad de la información:**
   a. Vulnerabilidades de seguridad en sistemas y aplicaciones.
   b. Acceso no autorizado a información confidencial.
   c. Fugas de datos y brechas de seguridad.
   d. Ataques de malware, virus y ransomware.
   e. Robo de información y activos digitales.

2. **Cumplimiento y legal:**
   a. Incumplimiento de regulaciones de protección de datos (por ejemplo, GDPR, HIPAA).
   b. Violación de leyes de privacidad y seguridad cibernética.
   c. Uso indebido de información personal.
   d. Falta de cumplimiento normativo en sistemas y procesos.

3. **Continuidad del negocio y recuperación de desastres:**
   a. Falta de planes de continuidad del negocio.
   b. Ausencia de estrategias de recuperación de desastres.
   c. Interrupciones en servicios críticos de TI.
   d. Falta de disponibilidad de sistemas y aplicaciones clave.

4. **Gestión de acceso y contraseñas:**
   a. Contraseñas débiles o no seguras.
   b. Uso de contraseñas compartidas.
   c. Administración inadecuada de cuentas de usuario.
   d. Falta de autenticación multifactor.

5. **Ingeniería social y phishing:**
    a. Manipulación de empleados para obtener información confidencial.
    b. Ataques de phishing y spear phishing.
    c. Suplantación de identidad para acceder a sistemas.

6. **Seguridad física:**
    a. Acceso no autorizado a instalaciones con equipos informáticos.
    b. Robo o daño a dispositivos y equipos.
    c. Fallas en la seguridad de centros de datos y salas de servidores.

7. **Desarrollo de software:**
    a. Errores y vulnerabilidades en el código de aplicaciones.
    b. Falta de pruebas de seguridad en el desarrollo de software.
    c. Uso de software no autorizado o pirata.

8. **Infraestructura de red:**
    a. Fallos en la configuración de dispositivos de red.
    b. Vulnerabilidades en routers y switches.
    c. Ataques de denegación de servicio (DDoS).

9. **Mal uso de recursos:**
    a. Uso inadecuado de internet y redes por parte de empleados.
    b. Instalación no autorizada de software y aplicaciones.
    c. Descarga de contenido no seguro o ilegal.

10. **Gestión de incidentes:**
    a. Falta de un plan de respuesta a incidentes.
    b. Mala gestión de incidentes de seguridad.
    c. Retraso en la detección y respuesta a amenazas.

Este listado proporciona una visión general de los riesgos informáticos más comunes, y puede variar según la naturaleza y el tamaño de la organización, así como las regulaciones específicas que se apliquen en cada caso. La identificación y gestión efectiva de estos riesgos son fundamentales para garantizar la seguridad y la integridad de los sistemas informáticos de una empresa.

# Anexo H: Cuestionario de riesgos informáticos agrupados por categorías

A continuación, te presento un cuestionario de riesgos informáticos agrupados por categorías. Este cuestionario puede ser utilizado por el equipo de auditoría para evaluar la presencia de riesgos informáticos en una empresa:

## CUESTIONARIO DE RIESGOS INFORMÁTICOS

1. **Seguridad de la información:**
   a) ¿Se realizan evaluaciones periódicas de vulnerabilidades en sistemas y aplicaciones?
   b) ¿Existe un control de acceso adecuado para garantizar el acceso solo a personal autorizado?
   c) ¿Se han implementado medidas para prevenir y detectar fugas de datos y brechas de seguridad?
   d) ¿Se realizan pruebas de malware y virus regularmente en todos los sistemas y dispositivos?


2. **Cumplimiento y legal:**
   a) ¿La empresa cumple con las regulaciones de protección de datos aplicables en su industria?
   b) ¿Se han establecido políticas y procedimientos para proteger la privacidad de la información de los clientes?
   c) ¿Se manejan correctamente los datos personales de los empleados y clientes?
   d) ¿Existe un programa de capacitación en cumplimiento normativo para los empleados?


3. **Continuidad del negocio y recuperación de desastres:**
   a) ¿Se han desarrollado planes de continuidad del negocio para mantener la operatividad en caso de desastre?
   b) ¿Se realizan simulacros periódicos de recuperación de desastres?
   c) ¿Se cuenta con sistemas de respaldo y redundancia para garantizar la disponibilidad de servicios críticos de TI?

4. **Gestión de acceso y contraseñas:**
   a) ¿Se aplican políticas de seguridad para garantizar contraseñas fuertes y cambiantes regularmente?
   b) ¿Se implementa la autenticación multifactor para proteger el acceso a sistemas y aplicaciones críticas?
   c) ¿Se revisan regularmente los privilegios de acceso de los usuarios para evitar accesos no autorizados?

5. **Ingeniería social y phishing:**
   a) ¿Los empleados reciben capacitación sobre cómo identificar y evitar ataques de phishing?
   b) ¿Se realizan pruebas de ingeniería social para evaluar la conciencia de los empleados sobre seguridad informática?
   c) ¿Se implementan filtros y controles para detectar correos electrónicos maliciosos y fraudulentos?

6. **Seguridad física:**
   a) ¿Se tienen controles de acceso físico para proteger las instalaciones con equipos informáticos?
   b) ¿Existen procedimientos para asegurar los equipos y dispositivos contra robos y daños?
   c) ¿Se mantienen registros de ingreso y salida de personal en áreas con equipo informático sensible?

7. **Desarrollo de software:**
   a) ¿Se realizan pruebas de seguridad en el proceso de desarrollo de aplicaciones?
   b) ¿Se lleva un registro de errores y vulnerabilidades encontradas en el código de las aplicaciones?
   c) ¿Se implementan parches y actualizaciones para corregir vulnerabilidades conocidas?

8. **Infraestructura de red:**
   a) ¿Se tienen configuraciones seguras en dispositivos de red como routers y switches?

    b)  ¿Se monitorean constantemente los registros de red en busca de actividad sospechosa?

    c)  ¿Se cuenta con un plan de mitigación para ataques de denegación de servicio (DDoS)?

## 9. Mal uso de recursos:

    a)  ¿Se tiene un control sobre el uso de internet y recursos de red por parte de los empleados?

    b)  ¿Se implementan políticas para prevenir la instalación no autorizada de software y aplicaciones?

    c)  ¿Se realizan inspecciones periódicas para detectar contenido no seguro o ilegal en los sistemas?

## 10. Gestión de incidentes:

    a)  ¿Se cuenta con un plan de respuesta a incidentes que detalle los pasos a seguir en caso de una brecha de seguridad?

    b)  ¿Se tienen designados responsables para coordinar y gestionar la respuesta a incidentes?

    c)  ¿Se lleva un registro de los incidentes de seguridad ocurridos y las acciones tomadas para su resolución?

Este cuestionario puede adaptarse a las necesidades específicas de la auditoría y puede servir como una guía para el equipo de auditoría para evaluar los riesgos informáticos en la empresa. Recuerda que la evaluación de riesgos informáticos es un proceso continuo y se deben tomar medidas proactivas para mitigar los riesgos identificados.

**Nota:** Para mejorar la utilidad de este cuestionario conviértelo en un cuestionario web y para las respuestas a cada punto ofrece una escala en forma de opciones (por ejemplo: 1) Si, 2) No, 3) En Parte, 4) No lo sé).

# Anexo I: Listado de verificación de puntos para ser preguntados en las entrevistas con el personal clave.

Aquí tienes una lista de verificación de puntos que puedes preguntar durante una entrevista con el personal de una empresa para obtener información sobre los riesgos y controles existentes en una auditoría informática:

## LISTA DE VERIFICACIÓN SOBRE PUNTOS A PREGUNTAR EN LA ENTREVISTA CON EL PERSONAL CLAVE

1. **Seguridad de la información:**
   a. ¿Cuáles son los principales activos de información de la empresa y cómo se protegen?
   b. ¿Existen políticas y procedimientos de seguridad informática implementados en la organización?
   c. ¿Cómo se gestiona el acceso a sistemas y aplicaciones críticas?
   d. ¿Se realizan pruebas periódicas de vulnerabilidades y evaluaciones de seguridad en la infraestructura de TI?
   e. ¿Qué medidas se toman para prevenir y detectar fugas de datos y brechas de seguridad?

2. **Cumplimiento y legal:**
   a. ¿La empresa cumple con las regulaciones y leyes de protección de datos aplicables?
   b. ¿Se manejan correctamente los datos personales de clientes y empleados?
   c. ¿Existe un programa de capacitación en cumplimiento normativo para los empleados?
   d. ¿Qué medidas se toman para proteger la privacidad y seguridad de la información de los clientes?
   e. ¿Se han identificado los riesgos relacionados con el cumplimiento legal y se han implementado controles para mitigarlos?

3. **Continuidad del negocio y recuperación de desastres:**
   a. ¿Se han desarrollado planes de continuidad del negocio para mantener las operaciones en caso de desastre?

b.  ¿Se realizan simulacros periódicos de recuperación de desastres?

c.  ¿Se tienen sistemas de respaldo y redundancia para garantizar la disponibilidad de servicios críticos de TI?

d.  ¿Qué medidas se toman para proteger los datos y asegurar su recuperación en caso de pérdida?

**4. Gestión de acceso y contraseñas:**

a.  ¿Se aplican políticas de seguridad para garantizar contraseñas fuertes y cambiantes regularmente?

b.  ¿Se implementa la autenticación multifactor para proteger el acceso a sistemas y aplicaciones críticas?

c.  ¿Cómo se gestionan los privilegios de acceso de los usuarios y qué controles se tienen en lugar para evitar accesos no autorizados?

**5. Ingeniería social y phishing:**

a.  ¿Los empleados reciben capacitación sobre cómo identificar y evitar ataques de phishing y de ingeniería social?

b.  ¿Se realizan pruebas de ingeniería social para evaluar la conciencia de los empleados sobre seguridad informática?

c.  ¿Qué medidas se toman para proteger a los empleados contra los intentos de engaño y manipulación?

**6. Seguridad física:**

a.  ¿Se tienen controles de acceso físico para proteger las instalaciones con equipos informáticos?

b.  ¿Existen procedimientos para asegurar los equipos y dispositivos contra robos y daños?

c.  ¿Qué medidas se toman para proteger los equipos y servidores en los centros de datos?

**7. Desarrollo de software:**

a.  ¿Se realizan pruebas de seguridad en el proceso de desarrollo de aplicaciones?

b.  ¿Cómo se manejan y corrigen los errores y vulnerabilidades encontradas en el código de las aplicaciones?

   c.  ¿Qué medidas se toman para garantizar la seguridad de las aplicaciones antes de su implementación?

8. **Infraestructura de red:**
   a. ¿Se tienen configuraciones seguras en dispositivos de red como routers y switches?
   b. ¿Se monitorea constantemente la red en busca de actividad sospechosa?
   c. ¿Qué medidas se toman para proteger la red contra ataques de denegación de servicio (DDoS)?

9. **Mal uso de recursos:**
   a. ¿Se tiene un control sobre el uso de internet y recursos de red por parte de los empleados?
   b. ¿Se implementan políticas para prevenir la instalación no autorizada de software y aplicaciones?
   c. ¿Cómo se previene y detecta el acceso no autorizado a sitios web y contenido no seguro?

10. **Gestión de incidentes:**
    a. ¿Se cuenta con un plan de respuesta a incidentes que detalle los pasos a seguir en caso de una brecha de seguridad?
    b. ¿Se tienen designados responsables para coordinar y gestionar la respuesta a incidentes?
    c. ¿Cómo se registran y documentan los incidentes de seguridad y las acciones tomadas para resolverlos?

Recuerda que esta lista de verificación puede personalizarse según las necesidades específicas de la auditoría y la estructura de la organización. Es importante realizar preguntas abiertas para obtener información detallada y completa sobre los riesgos y controles existentes en la empresa.

# Anexo J: Actividades clave para realizar durante la revisión de políticas y procedimientos en una auditoria informática

Durante la revisión de políticas y procedimientos en una auditoría informática, las actividades clave a realizar son las siguientes:

1. **Recopilación de documentos:** Obtener todas las políticas, procedimientos y documentos relacionados con la seguridad informática, cumplimiento normativo, continuidad del negocio y otros aspectos relevantes de la empresa.

2. **Análisis de contenido:** Revisar detalladamente el contenido de cada política y procedimiento para comprender su alcance, objetivos y requisitos.

3. **Evaluación de la adecuación:** Verificar si las políticas y procedimientos cumplen con los estándares y mejores prácticas de la industria, así como con las regulaciones aplicables.

4. **Identificación de brechas:** Identificar cualquier brecha o inconsistencia entre las políticas y procedimientos y las necesidades reales de la organización.

5. **Comparación con la normativa vigente:** Verificar que las políticas y procedimientos estén alineados con las leyes y regulaciones relevantes que afectan a la empresa.

6. **Revisión de actualizaciones:** Asegurarse de que las políticas y procedimientos sean revisados y actualizados periódicamente para reflejar cambios en el entorno de seguridad y tecnológico.

7. **Consulta con partes interesadas:** Conversar con los responsables de cada área para asegurarse de que comprendan y sigan las políticas y procedimientos establecidos.

8. **Validación de implementación:** Verificar que las políticas y procedimientos se estén aplicando de manera efectiva en toda la organización.

9. **Identificación de áreas de mejora:** Identificar áreas donde las políticas y procedimientos pueden mejorarse para aumentar la seguridad y eficiencia de los procesos.

10. **Documentación de hallazgos:** Registrar todos los hallazgos y recomendaciones derivados de la revisión de políticas y procedimientos.

11. **Comunicación de resultados:** Presentar los hallazgos y recomendaciones a la alta dirección y responsables de TI para su revisión y acción.

12. **Seguimiento de acciones correctivas:** Asegurar que se implementen las acciones correctivas necesarias para abordar las brechas identificadas.

La revisión de políticas y procedimientos es una etapa crítica en una auditoría informática, ya que ayuda a garantizar que la empresa esté cumpliendo con las mejores prácticas de seguridad y cumplimiento normativo. Además, proporciona una base sólida para mejorar la efectividad de los controles internos y la gestión de riesgos en el entorno de tecnología de la información.

# Anexo K: Herramientas informáticas para el mapeo de procesos

En las auditorías informáticas, existen diversas herramientas de mapeo de procesos que son ampliamente utilizadas para comprender, visualizar y documentar los flujos de trabajo y las interacciones entre los diferentes elementos del sistema de información. Algunas de las herramientas más comunes son:

1. **Microsoft Visio:** Microsoft Visio es una de las herramientas más populares para el mapeo de procesos. Permite crear diagramas de flujo y organigramas de manera intuitiva y ofrece una amplia variedad de formas y símbolos para representar diferentes elementos del proceso.

2. **Lucidchart:** Lucidchart es una plataforma basada en la nube que facilita la creación de diagramas de flujo, organigramas y mapas conceptuales. Es una herramienta colaborativa que permite a múltiples usuarios trabajar en el mismo diagrama al mismo tiempo.

3. **Bizagi:** Bizagi es una herramienta de modelado de procesos BPMN (Notación de Modelado de Procesos de Negocio) que ofrece una amplia gama de capacidades para modelar y automatizar procesos de negocio.

4. **Draw.io:** Draw.io es una herramienta de diagramación en línea que proporciona una interfaz intuitiva para crear diagramas de flujo y otros tipos de diagramas.

5. **Gliffy:** Gliffy es otra herramienta basada en la nube para el mapeo de procesos que ofrece una variedad de plantillas y formas predefinidas para facilitar la creación de diagramas.

6. **SmartDraw:** SmartDraw es una herramienta de diagramación que ofrece plantillas y símbolos específicos para mapear procesos y flujos de trabajo.

7. **IBM Blueworks Live:** IBM Blueworks Live es una plataforma de modelado de procesos que permite a los equipos colaborar en la creación de diagramas y documentar flujos de trabajo.

Estas herramientas ofrecen diversas funcionalidades y características que facilitan el proceso de mapeo de procesos durante las auditorías informáticas. La elección de la herramienta adecuada dependerá de las necesidades específicas del proyecto y las preferencias del equipo de auditoría. Es importante seleccionar una herramienta que sea fácil de usar, proporcione una representación clara y visual de los procesos y permita una colaboración efectiva entre los miembros del equipo.

# Anexo L: Ejemplo de verificación del cumplimiento con la norma GDPR

La GDPR (Reglamento General de Protección de Datos) es una normativa de la Unión Europea que regula la protección y privacidad de los datos personales de los ciudadanos europeos. Es importante para los auditores informáticos asegurarse de que las organizaciones cumplan con los requisitos establecidos por la GDPR en cuanto a la recopilación, almacenamiento, procesamiento y transferencia de datos personales.

A continuación, se presenta un ejemplo de cómo un auditor informático podría verificar el cumplimiento de una organización con algunos aspectos clave de la GDPR:

### Verificación de cumplimiento del reglamento GDPR

**Objetivo de la auditoría:** Verificar el cumplimiento de la organización con los principios de protección de datos de la GDPR.

**Preguntas clave a realizar en la auditoría:**

1. ¿La organización ha designado un Responsable de Protección de Datos (DPO) de acuerdo con la GDPR?
2. ¿Existe una política de privacidad que detalle cómo se recopilan, almacenan y procesan los datos personales?
3. ¿La organización obtiene el consentimiento explícito de los individuos para el procesamiento de sus datos personales?
4. ¿Se informa a los individuos sobre sus derechos en virtud de la GDPR, como el derecho de acceso, rectificación y eliminación de datos?
5. ¿Se realiza una evaluación de impacto de protección de datos (DPIA) para las actividades de procesamiento de alto riesgo?
6. ¿Se implementan medidas técnicas y organizativas para garantizar la seguridad de los datos personales?
7. ¿Existe un registro de actividades de procesamiento de datos, que incluya detalles sobre los tipos de datos recopilados, propósitos del procesamiento y plazos de retención?

8. ¿Se notifican las violaciones de datos personales a las autoridades competentes y a los individuos afectados, según los plazos establecidos por la GDPR?
9. ¿La organización tiene acuerdos de procesamiento de datos con terceros (procesadores) que cumplan con los requisitos de la GDPR?
10. ¿Se realiza capacitación periódica al personal sobre las obligaciones y responsabilidades de la GDPR?

**Ejemplo de hallazgo en la auditoría:**

**Hallazgo:** La organización no ha designado un Responsable de Protección de Datos (DPO) como lo exige la GDPR.

**Recomendación:** La organización debe designar a un DPO responsable de supervisar el cumplimiento de la GDPR y garantizar que se tomen las medidas necesarias para proteger los datos personales de acuerdo con la normativa.

En este ejemplo, el auditor informático identifica un incumplimiento en el cumplimiento de la GDPR, y proporciona una recomendación para corregir la situación y garantizar que la organización cumpla con los requisitos de protección de datos.

# Anexo M: Ejemplo de diagrama Gantt

Mira este ejemplo de diagrama Gantt aplicado a la auditoría informática.

Aquí tienes un ejemplo simplificado de un diagrama de Gantt para una auditoría informática:

Supongamos que la auditoría tiene una duración de 4 semanas y se centra en la seguridad de la red de una empresa. Las tareas principales incluyen la recopilación de información, el análisis de vulnerabilidades, la revisión de políticas de seguridad, el informe de hallazgos y recomendaciones, y la presentación a la dirección.

| Actividad o tarea | Duración | Inicio | Fin | Responsable |
|---|---|---|---|---|
| Recopilación de información | 1 semana | 1/1/2024 | 7/1/2024 | Auditor y Gerentes |
| Análisis de vulnerabilidades | 1 semana | 8/1/2024 | 15/1/2024 | Auditor |
| Revisión de políticas | 1 semana | 16/1/2024 | 23/1/2024 | Auditor |
| Informe de hallazgos | 1 semana | 24/1/2024 | 31/1/2024 | Auditor |
| Presentación a la Dirección | 1 día | 1/2/2024 | 1/2/2024 | Auditor y Comité Directivo |

En este ejemplo, las tareas se muestran en la columna izquierda y se muestra la duración de cada tarea en la columna "Duración". Las fechas de inicio y fin se indican en las columnas "Inicio" y "Fin". Además, se asigna un responsable para cada tarea en la columna "Responsable".

Cabe mencionar que un diagrama de Gantt completo incluiría más detalles y tareas específicas con sus respectivas dependencias. También se podrían agregar hitos o eventos importantes para marcar puntos clave en el cronograma de la auditoría.

X

# Anexo N: Ejemplo de Matriz RACI

A continuación, te muestro un ejemplo simplificado de una matriz de responsabilidades (también conocida como RACI) para una auditoría informática:

| Actividad o Tarea | Auditor principal (A) | Equipo de auditoría (E) | Dirección (D) | Personal de TI (T) |
|---|---|---|---|---|
| Recopilación de información | R | A, C | I | I |
| Análisis de vulnerabilidades | R | A, C | I | C |
| Revisión de políticas | R | A, C | I | C |
| Informe de hallazgos | R, A | C | A | I |
| Presentación a la Dirección | A | C | R | I |

En esta matriz RACI, se definen cuatro posibles roles:

**R (Responsable):** Es la persona o el equipo responsable de realizar la tarea.

**A (Aprobador):** Es la persona que debe aprobar el resultado final de la tarea.

**C (Consultado):** Son las personas o equipos que se consultan para aportar conocimientos o información en la tarea.

**I (Informado):** Son las personas o equipos que deben ser informados sobre el progreso o los resultados de la tarea.

En el ejemplo, el Auditor Principal (A) tiene la responsabilidad principal de todas las tareas, pero en algunas tareas, el Equipo de Auditoría (E) también puede estar involucrado en la ejecución. La Dirección (D) es la que debe aprobar el informe de hallazgos y tiene interés en la presentación final de la auditoría. El Personal de TI (T) puede ser consultado para proporcionar información o para colaborar en ciertas tareas.

Es importante que la matriz de responsabilidades sea comunicada y acordada con todas las partes involucradas para asegurar una comprensión clara de los roles y responsabilidades durante la auditoría.

# Anexo O: Listado de actividades para organizar una reunión de planeación.

Organizar y llevar a cabo una reunión de planificación en una auditoría informática es crucial para establecer una base sólida para el proceso de auditoría. Aquí están los pasos para organizar y llevar a cabo una reunión de planificación:

1. **Definir el objetivo de la reunión:** Determine el propósito específico de la reunión de planificación. Puede ser establecer el alcance de la auditoría, identificar riesgos clave, definir los recursos necesarios, entre otros.

2. **Identificar a los participantes:** Invite a las personas clave que deben asistir a la reunión. Esto puede incluir al equipo de auditoría, representantes del área a auditar y otros interesados relevantes.

3. **Establecer una agenda:** Elabore una agenda clara y estructurada que incluya los temas a tratar en la reunión. Organice los temas en orden lógico para facilitar el flujo de la discusión.

4. **Recopilar información previa:** Antes de la reunión, asegúrese de recopilar toda la información relevante necesaria para la planificación de la auditoría. Esto puede incluir políticas, procedimientos, informes previos, etc.

5. **Comunicar la reunión:** Envíe una invitación a los participantes con la fecha, hora, lugar y detalles de la reunión. Incluya la agenda para que los asistentes sepan qué esperar.

6. **Realizar la reunión:** Lleve a cabo la reunión siguiendo la agenda establecida. Asegúrese de que todos los temas sean discutidos y que los puntos clave sean aclarados.

7. **Establecer el alcance y los objetivos de la auditoría:** Defina claramente el alcance de la auditoría y los objetivos que se quieren lograr.

8. **Identificar los riesgos:** Realice una evaluación preliminar de los riesgos relacionados con el área a auditar. Identifique los riesgos clave que requieren una mayor atención.

9. **Determinar los recursos necesarios:** Identifique los recursos (personal, herramientas, tiempo, etc.) que serán necesarios para llevar a cabo la auditoría de manera efectiva.

10. **Establecer un cronograma:** Defina un cronograma detallado para la auditoría, incluyendo fechas límite para diferentes tareas y etapas.

11. **Acordar los roles y responsabilidades:** Asegúrese de que todos los participantes comprendan sus roles y responsabilidades durante el proceso de auditoría.

12. **Documentar las conclusiones:** Tome notas detalladas durante la reunión y asegúrese de documentar todas las decisiones y conclusiones importantes.

13. **Seguimiento:** Después de la reunión, envíe un resumen a los participantes y asegúrese de que todos estén al tanto de los próximos pasos y tareas.

Organizar y llevar a cabo una reunión de planificación de manera efectiva ayudará a asegurar que la auditoría se realice de manera eficiente y cumpla con los objetivos establecidos.

# Anexo P: Ejemplo de la técnica Delphi

Ejemplo de la técnica Delphi de estimación para una auditoría informática:

Supongamos que un equipo de auditores necesita estimar el tiempo que tomará realizar una auditoría de seguridad informática en una empresa. Se seleccionan tres expertos en auditoría de seguridad informática para participar en el proceso de estimación utilizando la técnica Delphi.

1. Se prepara una lista de tareas detalladas que se espera realizar durante la auditoría (por ejemplo, evaluación de la infraestructura de red, revisión de políticas de seguridad, análisis de vulnerabilidades, etc.).
2. Se envía la lista de tareas a los tres expertos de manera individual y se les pide que proporcionen estimaciones en horas de trabajo para cada tarea.
3. Los expertos envían sus estimaciones de manera confidencial al coordinador de la técnica Delphi.
4. El coordinador compila las estimaciones de los expertos y calcula la media aritmética para cada tarea.
5. Se envía nuevamente la lista de tareas a los expertos, junto con las estimaciones medias de cada tarea. Se les pide que revisen sus estimaciones originales a la luz de la media y realicen ajustes si es necesario.
6. Los expertos envían sus ajustes nuevamente al coordinador de manera confidencial.
7. El coordinador compila nuevamente las estimaciones y calcula una nueva media aritmética para cada tarea.
8. Se repite el proceso hasta que las estimaciones convergen y se obtiene un consenso entre los expertos.

Al finalizar este proceso, se obtendrán estimaciones consensuadas para cada tarea de la auditoría de seguridad informática. Estas estimaciones pueden utilizarse para planear el cronograma de la auditoría y asignar recursos adecuadamente.

Es importante tener en cuenta que la técnica Delphi se basa en el consenso de expertos y puede resultar en estimaciones más precisas y realistas que simplemente tomar una sola opinión. Además, esta técnica permite mantener la confidencialidad de las estimaciones individuales, lo que evita que los expertos se influyan entre sí.

# Anexo Q: Ejemplo de la técnica de Causalidad y Efecto (Ishikawa)

El análisis de causalidad y efecto, también conocido como diagrama de Ishikawa o diagrama de espina de pescado, es una herramienta visual utilizada para identificar las causas que pueden estar contribuyendo a un problema o efecto específico. En el contexto de una auditoría informática, esta técnica puede ser útil para analizar las causas de un incidente de seguridad, una falla en el sistema, o cualquier otro problema relacionado con la tecnología de la información.

**Ejemplo de análisis de causalidad y efecto en una auditoría informática:**

Supongamos que, durante una auditoría de seguridad informática, se ha detectado un incidente de acceso no autorizado a la red corporativa de una empresa. Para analizar las posibles causas de este incidente, el equipo de auditoría podría realizar un análisis de causalidad y efecto de la siguiente manera:

- **Paso 1: Definir el problema o efecto:** El equipo de auditoría define claramente el problema o efecto que desea analizar, en este caso, el incidente de acceso no autorizado a la red corporativa.

- **Paso 2: Identificar las categorías de causas:** El equipo de auditoría identifica las principales categorías de causas que podrían contribuir al problema. En el contexto de seguridad informática, algunas categorías comunes podrían ser: políticas de seguridad, contraseñas débiles, acceso físico no controlado, vulnerabilidades de software, etc.

- **Paso 3: Identificar las causas específicas:** El equipo de auditoría, junto con otros expertos en seguridad informática, realiza una lluvia de ideas para identificar las causas específicas dentro de cada categoría. Por ejemplo:

- **Categoría: Políticas de seguridad**
  - **Causa específica:** Política de contraseñas débiles o expiradas.
  - **Causa específica:** Política de acceso no restringido para ciertos usuarios.
- **Categoría: Contraseñas débiles**
  - **Causa específica:** Los empleados no reciben capacitación sobre la importancia de contraseñas seguras.
  - **Causa específica:** Falta de una política que exija contraseñas complejas.


- **Paso 4: Construir el diagrama de causalidad y efecto:** El equipo de auditoría utiliza un diagrama de espina de pescado para visualizar las causas y efectos. Las categorías de causas se representan como "espinas", y las causas específicas se representan como "huesos". El efecto (incidente de acceso no autorizado) se representa en la cabeza del pez.


- **Paso 5: Analizar las causas y priorizar acciones:** El equipo de auditoría revisa el diagrama y analiza las posibles causas. Luego, prioriza las acciones que se deben tomar para abordar las causas identificadas y evitar futuros incidentes similares.


El análisis de causalidad y efecto permite a los auditores informáticos identificar las causas fundamentales detrás de los problemas y tomar medidas correctivas adecuadas. Además, es una herramienta colaborativa que involucra a diferentes miembros del equipo de auditoría y expertos en seguridad informática para obtener una visión más completa de la situación.


La representación visual del diagrama de Causa-Efecto o de Ishikawa se ve a continuación.

Diagrama de Causa-Efecto

# Anexo R: Ejemplo de evaluación de riesgos por escenarios

Supongamos que el auditor informático está evaluando los riesgos de seguridad en un sistema de gestión de bases de datos de una empresa. Utilizará el método basado en escenarios para identificar y evaluar los riesgos asociados con el acceso no autorizado a la base de datos.

### Paso 1: Identificación de activos y vulnerabilidades

- **Activo:** Base de datos con información confidencial de clientes y empleados.
- **Vulnerabilidad:** Contraseña débil para la cuenta de administrador de la base de datos.

### Paso 2: Identificación de amenazas y posibles eventos

- **Amenaza:** Ataque de fuerza bruta para descifrar la contraseña del administrador de la base de datos.
- **Evento:** Intento de acceso no autorizado a la base de datos.

### Paso 3: Escenarios de riesgo

- **Escenario 1:** Un atacante utiliza un programa de fuerza bruta para intentar descifrar la contraseña del administrador de la base de datos y tiene éxito en su intento.
- **Escenario 2:** Un empleado descontento con acceso a la base de datos intenta acceder a información confidencial de otros empleados sin autorización.

### Paso 4: Evaluación de riesgos

Para cada escenario, el auditor informático evaluará el impacto potencial y la probabilidad de que ocurra el evento. Por ejemplo:

- **Escenario 1:**
  - o **Impacto:** Alto (posible acceso no autorizado a información confidencial).
  - o **Probabilidad:** Media (debido a la existencia de la vulnerabilidad de contraseña débil).

- **Escenario 2:**
  - o **Impacto:** Medio (posible acceso no autorizado a información de otros empleados).
  - o **Probabilidad:** Baja (debido a controles de acceso y políticas de seguridad adecuadas).

## Paso 5: Priorización de riesgos

El auditor informático priorizará los escenarios de riesgo en función de la combinación de su impacto y probabilidad. Aquí, el escenario 1 es el de mayor riesgo y requerirá una atención inmediata para mitigar la vulnerabilidad de la contraseña débil.

## Paso 6: Acciones correctivas

El auditor informático recomendará acciones correctivas para abordar el riesgo identificado en el escenario 1. Por ejemplo, se podría implementar una política de contraseñas más sólida y mecanismos adicionales de autenticación para el acceso a la base de datos.

El método basado en escenarios permite al auditor informático identificar riesgos específicos y evaluar su impacto potencial, lo que permite una toma de decisiones informada para mejorar la seguridad y reducir la exposición a amenazas en el sistema de información.

# Anexo S: Pasos para un análisis de vulnerabilidades y prueba de penetración

El análisis de vulnerabilidades y las pruebas de penetración son dos actividades cruciales para evaluar la seguridad de un sistema informático. Aquí están los pasos generales que se siguen en estos procesos:

1. **Recopilación de información:** Obtener toda la información relevante sobre el sistema o red que se va a analizar, incluyendo la arquitectura, aplicaciones, sistemas operativos, servicios y posibles puntos de entrada.

2. **Identificación de activos:** Identificar y catalogar todos los activos y recursos involucrados en el sistema, como servidores, dispositivos de red, bases de datos y aplicaciones.

3. **Enumeración y escaneo de vulnerabilidades:** Utilizar herramientas automatizadas para escanear el sistema y encontrar posibles vulnerabilidades conocidas. Esto implica realizar un análisis exhaustivo de todos los activos para identificar posibles puntos débiles.

4. **Análisis manual:** Realizar una revisión manual para identificar vulnerabilidades que no son detectadas por las herramientas automatizadas, como problemas de configuración, errores de lógica y posibles puntos de entrada no convencionales.

5. **Evaluación de riesgos:** Clasificar y priorizar las vulnerabilidades encontradas según su gravedad y su impacto potencial en el sistema.

6. **Pruebas de penetración:** En esta etapa, se llevan a cabo pruebas activas para intentar explotar las vulnerabilidades identificadas y acceder a la red o sistemas de manera no autorizada. Estas pruebas pueden incluir intentos

de acceso a cuentas, ataques de fuerza bruta, explotación de fallos de seguridad, etc.

7. **Documentación de hallazgos:** Registrar todos los resultados y hallazgos obtenidos durante el análisis de vulnerabilidades y pruebas de penetración en un informe detallado.

8. **Recomendaciones y acciones correctivas:** Basándose en los hallazgos, el equipo de auditoría informática debe proporcionar recomendaciones para mejorar la seguridad del sistema y mitigar los riesgos identificados. Esto puede incluir parches de seguridad, cambios en la configuración, implementación de medidas de protección adicionales, etc.

9. **Validación:** Verificar que todas las recomendaciones y acciones correctivas se implementen correctamente y que los problemas de seguridad han sido resueltos de manera efectiva.

10. **Seguimiento continuo:** La seguridad informática es un proceso continuo, por lo que es importante llevar a cabo análisis de vulnerabilidades y pruebas de penetración de forma regular para garantizar que el sistema se mantenga seguro frente a nuevas amenazas y vulnerabilidades.

Es esencial realizar estas actividades con el permiso y la cooperación del propietario del sistema o red para evitar cualquier interrupción o daño no deseado.

# Anexo T: Herramientas para obtener la aprobación de un plan de auditoría

Existen herramientas y técnicas que pueden ayudar a obtener la aprobación de un plan de auditoría informática. Algunas de las más comunes incluyen:

1. **Presentación ejecutiva:** Preparar una presentación resumida y efectiva del plan de auditoría dirigida a la alta dirección o los responsables del área auditada. Esta presentación debe resaltar los objetivos, alcance, beneficios y la importancia de la auditoría para la organización.

2. **Justificación de recursos:** Explicar detalladamente los recursos necesarios para llevar a cabo la auditoría, incluyendo personal, tiempo, herramientas y otros recursos requeridos para asegurar el éxito del proceso.

3. **Valor agregado:** Destacar cómo la auditoría informática puede agregar valor a la organización al identificar y mitigar riesgos de seguridad, mejorar la eficiencia de los procesos y proteger la información confidencial.

4. **Evaluación de riesgos preliminares:** Presentar los riesgos preliminares identificados en la fase de evaluación de riesgos, mostrando cómo la auditoría ayudará a abordar y mitigar esos riesgos.

5. **Cumplimiento normativo:** Resaltar cómo la auditoría ayudará a asegurar que la organización cumpla con los marcos legales y normativos relevantes, como GDPR, HIPAA, SOX, entre otros.

6. **Beneficios a largo plazo:** Destacar los beneficios a largo plazo que se obtendrán a través de la auditoría, como la mejora de la seguridad de la

información, la confianza de los clientes y socios comerciales, y el cumplimiento con las mejores prácticas de la industria.

7. **Informes anteriores:** Si la organización ha realizado auditorías previas, presentar ejemplos de informes y recomendaciones anteriores que hayan sido efectivas para convencer a la alta dirección de la importancia y eficacia del proceso de auditoría.

8. **Asesoría de expertos:** Contar con el respaldo y recomendación de expertos en auditoría o consultores externos puede aumentar la confianza de la alta dirección en el plan propuesto.

Es importante tener en cuenta que cada organización y contexto puede ser diferente, por lo que el enfoque de la aprobación del plan de auditoría debe adaptarse a las necesidades específicas de la empresa y sus interesados. La comunicación clara, la transparencia y la demostración del valor de la auditoría son fundamentales para obtener la aprobación del plan. X

# Anexo U: Herramientas para evaluar riesgos preliminares

Para evaluar los riesgos preliminares en una auditoría informática, existen diversas herramientas y técnicas que pueden ser utilizadas. Algunas de las herramientas más comunes son:

**1.     Análisis de riesgos:** Utilización de técnicas de análisis de riesgos, como el análisis FODA (Fortalezas, Oportunidades, Debilidades, Amenazas) y el análisis PESTEL (Político, Económico, Social, Tecnológico, Ambiental, Legal), para identificar factores internos y externos que podrían afectar la seguridad y eficiencia de los sistemas informáticos. Para ver un ejemplo del análisis FODA ve al anexo B. Para ver un ejemplo del análisis PESTEL mira el anexo D.

**2.     Matrices de riesgos:** Uso de matrices de riesgos para visualizar y clasificar los riesgos preliminares en función de su probabilidad e impacto. Las matrices de riesgos permiten priorizar los riesgos y enfocarse en aquellos que podrían tener un mayor impacto en la organización. Para ver un ejemplo de matriz de riesgo ve al anexo F.

**3.     Cuestionarios de riesgos:** Elaboración y administración de cuestionarios de riesgos a diferentes áreas y departamentos de la organización para recopilar información sobre los riesgos percibidos y sus controles actuales.

**4.     Entrevistas con el personal:** Realización de entrevistas con el personal de TI y otras partes interesadas para obtener información más detallada sobre los riesgos y controles existentes.

**5.     Revisión de políticas y procedimientos:** Examinar las políticas, procedimientos y controles de seguridad informática de la organización para identificar posibles lagunas o debilidades.

**6.    Herramientas de mapeo de procesos:** Utilizar herramientas de mapeo de procesos para visualizar y comprender los flujos de trabajo y los puntos críticos en los sistemas informáticos.

**7.    Auditorías de cumplimiento:** Realizar auditorías de cumplimiento para evaluar el grado en que la organización cumple con las regulaciones y normativas aplicables en materia de seguridad de la información.

**8.    Análisis de vulnerabilidades y pruebas de penetración:** Realizar análisis de vulnerabilidades y pruebas de penetración para identificar posibles brechas de seguridad en los sistemas informáticos.

**9.    Consultoría con expertos:** Consultar con expertos en seguridad informática o empresas de consultoría especializadas para obtener una evaluación más profunda y objetiva de los riesgos preliminares.

Es importante destacar que la elección de las herramientas dependerá del alcance y los objetivos de la auditoría, así como de los recursos disponibles. Combinar diferentes técnicas puede proporcionar una evaluación más completa y precisa de los riesgos preliminares en una auditoría informática.

# Anexo V: Ejemplo de Matriz de responsabilidades para fase de planeación de auditoría

Matriz de responsabilidades que muestra los principales roles involucrados en la fase de planeación de una auditoría informática y las actividades que cada uno de ellos puede realizar:

| Actividades de Planeación | Auditor Líder | Equipo de Auditoría | Gerente/Responsable del Área | Director de TI/CIO | Representante de la Alta Dirección | Responsable de Seguridad de la Información | Equipo de TI | Otros Interesados |
|---|---|---|---|---|---|---|---|---|
| Definir alcance y objetivos de la auditoría | ✔ | ✔ | | | ✔ | | | |
| Identificar recursos necesarios | ✔ | ✔ | | | ✔ | | | |
| Obtener aprobación del plan de auditoría | ✔ | | | | ✔ | | | |
| Establecer cronograma y asignar tareas | ✔ | ✔ | | | | | | |
| Revisar documentación y políticas existentes | ✔ | ✔ | ✔ | | | ✔ | | |
| Identificar riesgos preliminares | ✔ | ✔ | ✔ | | | ✔ | | |
| Realizar análisis de riesgos y priorización | ✔ | ✔ | ✔ | | | ✔ | | |
| Definir técnicas de recolección de información | ✔ | ✔ | | | | | | |
| Establecer comunicación con el equipo de TI | ✔ | ✔ | | | | | ✔ | |
| Coordinar reuniones con los involucrados | ✔ | ✔ | | | | | | ✔ |
| Revisar normas y regulaciones aplicables | ✔ | ✔ | ✔ | | | ✔ | | |
| Evaluar la disponibilidad de los recursos | ✔ | ✔ | | | | | ✔ | |
| Analizar el contexto organizacional | ✔ | ✔ | ✔ | | | | | |

En esta matriz, se han enumerado algunas de las actividades clave que se realizan durante la fase de planeación de una auditoría informática, así como los roles que normalmente estarían involucrados en cada actividad. Es importante tener en cuenta que la participación de ciertos roles puede variar dependiendo del alcance y la naturaleza específica de la auditoría. Además, otros interesados también pueden estar involucrados según las necesidades particulares del proyecto. La colaboración y coordinación efectiva entre estos roles son fundamentales para el éxito de la auditoría informática.

# Anexo W: Aplicaciones de software para gestionar auditorias

Existen diversas aplicaciones de software utilizadas para la gestión de auditorías, que ayudan a los auditores a planificar, ejecutar y dar seguimiento a las auditorías de manera más eficiente. Algunas de las aplicaciones de software más usadas para la gestión de auditorías son:

1. **TeamMate Audit:** Es una solución completa de gestión de auditorías que permite a los auditores planificar y llevar a cabo auditorías de manera colaborativa. Proporciona herramientas para la programación de auditorías, trabajo en equipo, seguimiento de hallazgos y generación de informes.

2. **ACL GRC:** Esta aplicación ayuda a los auditores a analizar grandes conjuntos de datos, identificar riesgos y realizar pruebas de auditoría. También permite automatizar tareas de auditoría, como la extracción de datos y la revisión de registros.

3. **IDEA Data Analysis:** Es una herramienta de análisis de datos que permite a los auditores importar y analizar grandes volúmenes de datos. Facilita la detección de patrones y anomalías que podrían indicar posibles riesgos o fraudes.

4. **AuditBoard:** Es una plataforma de gestión de auditorías basada en la nube que ofrece módulos para la planificación, ejecución y seguimiento de auditorías. También proporciona herramientas para la gestión de riesgos y el cumplimiento normativo.

5. **Workiva Wdesk:** Esta plataforma ofrece soluciones para la automatización de procesos de auditoría, la gestión de riesgos y el seguimiento de controles. Permite una colaboración efectiva entre los equipos de auditoría y otros departamentos.

6. **Thomson Reuters Checkpoint:** Esta herramienta proporciona información y recursos para la realización de auditorías, incluyendo guías, estándares y prácticas recomendadas.

7. **Wolters Kluwer CCH Audit Accelerator:** Es una herramienta que automatiza y estandariza los procesos de auditoría, lo que permite a los auditores realizar pruebas de manera más eficiente y efectiva.

8. **SAP GRC (Governance, Risk, and Compliance):** Es una suite de aplicaciones de SAP que ayuda a las organizaciones a gestionar riesgos, cumplimiento normativo y controles internos.

Es importante mencionar que la elección de la aplicación de software dependerá de las necesidades específicas de la organización y de la complejidad de las auditorías a realizar. Cada herramienta tiene sus características y funcionalidades únicas, por lo que es recomendable evaluar cuidadosamente las opciones disponibles antes de tomar una decisión.

# Anexo X: Software para auditorías basados en COBIT

Existen aplicaciones de software que se basan en el framework COBIT (Control Objectives for Information and Related Technologies) para realizar auditorías informáticas y ayudar a las organizaciones a gestionar sus procesos de TI. Estas aplicaciones están diseñadas para facilitar la implementación y el seguimiento de los controles y mejores prácticas definidos por COBIT.

Algunas de las aplicaciones de software que se basan en COBIT para auditorías informáticas incluyen:

1. **COBIT Assessor Tool:** Es una herramienta oficial desarrollada por ISACA (Information Systems Audit and Control Association) que permite a los profesionales de TI evaluar el nivel de madurez de los procesos de TI de acuerdo con COBIT 2019. Facilita la identificación de brechas y oportunidades de mejora.

2. **OneTrust GRC:** Es una plataforma de gestión de riesgos y cumplimiento que incluye módulos específicos para COBIT. Permite a las organizaciones evaluar y gestionar sus controles de TI de acuerdo con COBIT y otros marcos de referencia.

3. **Symfact:** Esta aplicación de gestión de riesgos y cumplimiento incluye funcionalidades para alinear las operaciones de TI con COBIT y otros estándares. Facilita la identificación de riesgos y controles, y proporciona herramientas para la monitorización y seguimiento.

4. **MetricStream:** Esta plataforma GRC ofrece módulos específicos para COBIT, lo que permite a las organizaciones evaluar y gestionar el cumplimiento de los controles definidos por COBIT.

Es importante destacar que COBIT es un marco de referencia ampliamente utilizado en la industria de TI para el gobierno y gestión de tecnologías de la información. Aunque existen aplicaciones de software que se basan en COBIT para facilitar las auditorías y la gestión de TI, la efectividad de estas herramientas dependerá de cómo se adapten a las necesidades específicas de la organización y de cómo se implementen en conjunto con un enfoque integral de gobierno de TI. Cada organización debe evaluar cuidadosamente sus requerimientos y objetivos antes de seleccionar una aplicación de software específica.

# Anexo Y: Aplicaciones para gestión de auditorías basados en ITIL

Existen aplicaciones de software que se basan en ITIL (Information Technology Infrastructure Library) para facilitar la gestión de auditorías informáticas y la implementación de procesos de gestión de servicios de TI. ITIL es un marco de referencia ampliamente utilizado para la gestión de servicios de TI, y existen herramientas que ayudan a las organizaciones a alinear sus prácticas con los procesos y mejores prácticas definidos por ITIL.

Algunas de las aplicaciones de software que se basan en ITIL para la gestión de auditorías informáticas y servicios de TI incluyen:

1. **ServiceNow:** Es una plataforma de gestión de servicios de TI que incluye módulos específicos para la gestión de incidentes, problemas, cambios, configuraciones y otros procesos definidos por ITIL. También ofrece funcionalidades para realizar auditorías y seguimiento de cumplimiento de los procesos de TI.

2. **BMC Helix ITSM:** Esta herramienta proporciona un conjunto de soluciones de gestión de servicios de TI basadas en ITIL. Incluye módulos para la gestión de incidentes, problemas, cambios, configuraciones y más, así como funcionalidades para el análisis y reporte de datos para auditorías.

3. **ManageEngine ServiceDesk Plus:** Es otra herramienta que ofrece una suite de gestión de servicios de TI basada en ITIL. Proporciona funcionalidades para la gestión de incidentes, problemas, cambios, configuraciones y activos, así como características para realizar auditorías y seguimiento de cumplimiento.

4. **Cherwell Service Management:** Es una plataforma de gestión de servicios de TI que se basa en ITIL. Ofrece módulos para la gestión de servicios, activos, problemas y cambios, y proporciona herramientas para realizar auditorías y reportes.

Es importante mencionar que ITIL es un marco de referencia que se centra en la gestión de servicios de TI, mientras que las auditorías informáticas abarcan una gama más amplia de temas relacionados con la seguridad, cumplimiento, controles internos, entre otros. Las aplicaciones mencionadas anteriormente pueden ayudar en la gestión de servicios de TI y cumplir con las prácticas recomendadas por ITIL, pero para abordar la gestión de auditorías informáticas de manera integral, es posible que se requiera complementar estas herramientas con otras específicas para auditoría y cumplimiento.

# Anexo Z: Aplicaciones para gestionar auditorias basadas en PMBOK

Algunas de las aplicaciones de software que se basan en PMBOK para la gestión de auditorías y proyectos incluyen:

1.  **Microsoft Project:** Es una de las herramientas más populares para la gestión de proyectos. Permite planificar, programar, asignar recursos, hacer seguimiento y gestionar el alcance, tiempo, costo y calidad de un proyecto. Aunque no está específicamente diseñada para auditorías, puede adaptarse para gestionar proyectos de auditoría utilizando las funcionalidades de gestión de proyectos.

2.  **Oracle Primavera P6:** Es otra herramienta ampliamente utilizada en la gestión de proyectos y programas. Proporciona herramientas para la planificación, programación, control de costos y recursos, y gestión de riesgos. También se puede adaptar para gestionar proyectos de auditoría.

3.  **Jira:** Es una herramienta de gestión de proyectos y desarrollo ágil de software que se utiliza comúnmente en equipos de desarrollo de software. Aunque está orientada al desarrollo de software, también se puede personalizar y adaptar para gestionar proyectos de auditoría.

4.  **Smartsheet:** Es una herramienta de colaboración y gestión de proyectos que permite crear planes, realizar seguimiento de tareas, asignar responsabilidades y automatizar flujos de trabajo. Puede ser utilizada para gestionar proyectos de auditoría y mantener un seguimiento de los resultados y hallazgos.

Es importante destacar que el PMBOK es una guía para la gestión de proyectos en general, y las aplicaciones mencionadas anteriormente pueden ser útiles para la gestión de proyectos de auditoría, pero también pueden requerir adaptaciones específicas para cumplir con los requerimientos y necesidades particulares de una auditoría.

Además de estas herramientas, existen otras aplicaciones de software específicas para la gestión de auditorías que pueden integrar aspectos como la planificación de auditorías, programación de tareas, seguimiento de hallazgos, documentación de evidencia y generación de informes.

# Acerca del Autor

Alejandro Chávez es auditor certificado (CISA) por la ISACA desde 2007 y se dedica a asesorar y auditar negocios en México, además de impartir cursos y charlas sobre temas informáticos en empresas y universidades de Jalisco.

Para ver la contribución de video en YouTube visita el canal de "Auditor Informático", para solicitar algún servicio o curso vista el sitio web de

www.consultia.mx